东南学术文库

SOUTHEAST UNIVERSITY ACADEMIC LIBRARY

基于风险管控的社区矫正制度研究

The Research on the System of Community Corrections Based on the Theory of Risk Management

李 川◆著

东南大学出版社
·南京·

图书在版编目(CIP)数据

基于风险管控的社区矫正制度研究/李川著. —南京：东南大学出版社，2017.11

ISBN 978-7-5641-7452-1

Ⅰ.①基… Ⅱ.①李… Ⅲ.①社区—监督改造—研究—中国 Ⅳ.①D926.74

中国版本图书馆 CIP 数据核字(2017)第 254614 号

⊙ 江苏省社会科学基金青年项目(13FXC013)“基于风险管控的社区矫正理论与实践研究”成果

基于风险管控的社区矫正制度研究

出版发行：东南大学出版社
社　　址：南京市四牌楼 2 号　邮编：210096
出 版 人：江建中
网　　址：http://www.seupress.com
经　　销：全国各地新华书店
排　　版：南京星光测绘科技有限公司
印　　刷：江阴金马印刷有限公司印刷
开　　本：700mm×1000mm　1/16
印　　张：16.75
字　　数：412 千字
版　　次：2017 年 11 月第 1 版
印　　次：2017 年 11 月第 1 次印刷
书　　号：ISBN 978-7-5641-7452-1
定　　价：78.00 元

本社图书若有印装质量问题，请直接与营销部联系。电话：025-83791830

编委会名单

身处南雍　心接学衡

——《东南学术文库》序

每到三月梧桐萌芽，东南大学四牌楼校区都会雾起一层新绿。若是有停放在路边的车辆，不消多久就和路面一起着上了颜色。从校园穿行而过，鬓后鬓前也免不了会沾上这些细密嫩屑。掸下细看，是五瓣的青芽。一直走出南门，植物的清香才淡下来。回首望去，质朴白石门内掩映的大礼堂，正衬着初春的朦胧图景。

细数其史，张之洞初建两江师范学堂，始启教习传统。后定名中央，蔚为亚洲之冠，一时英杰荟萃。可惜书生处所，终难避时运。待旧邦新造，工学院声名鹊起，恢复旧称东南，终成就今日学府。但凡游人来宁，此处都是值得一赏的好风景。短短数百米，却是大学魅力的极致诠释。治学处的静谧景，草木楼阁无言，但又似轻缓倾吐方寸之地上的往事。驻足回味，南雍余韵未散，学衡旧音绕梁。大学之道，大师之道矣。高等学府的底蕴，不在对楼堂物件继受，更要仰赖学养文脉传承。昔日柳诒徵、梅光迪、吴宓、胡先骕、韩忠谟、钱端升、梅仲协、史尚宽诸先贤大儒的所思所虑、求真求是的人文社科精气神，时值今日依然是东南大学的宝贵财富。给予后人滋养，勉励吾辈精进。

由于历史原因，东南大学一度以工科见长。但人文之脉未断，问道之志不泯。时值国家大力建设世界一流高校的宝贵契机，东南大学作为国内顶尖学府之一，自然不会缺席。学校现已建成人文学院、马克思主义学院、艺术学院、经济管理学院、法学院、外国语学院、体育系等成建制人文社科院系，共涉及 6 大学科门类、5 个一级博士点学科、19 个一级硕士点学科。人文社科专任教师 800 余人，其中教授近百位，“长江学者”、国家“万人计划”哲学社会科学领军人才、全国文化名家、“马工程”首席专家等人文社科领域内顶尖人才济济一堂。院系建设、人才储备以及研究平台等方面多年来的铢积锱累，为东南大学人文社科的进一步发展奠定了坚实基础。

在深厚人文社科历史积淀传承基础上，立足国际一流科研型综合性大学之定位，东南大学力筹“强精优”、蕴含“东大气质”的一流精品文科，鼎力推动人文社科科研工作，成果喜人。近年来，承担了近三百项国家级、省部级人文社科项目课题研究工作，涌现出一大批高质量的优秀成果，获得省部级以上科研奖励近百项。人文社科科研发展之迅猛，不仅在理工科优势高校中名列前茅，更大有赶超传统人文社科优势院校之势。

东南学人深知治学路艰，人文社科建设需戒骄戒躁，忌好大喜功，宜勤勉耕耘。不积跬步，无以至千里；不积小流，无以成江海。唯有以辞藻文章的点滴推敲，方可成就百世流芳的绝句。适时出版东南大学人文社科研究成果，既是积极服务社会公众之举，也是提升东南大学的知名度和影响力，为东南大学建设国际知名高水平一流大学贡献心力的表现。而通观当今图书出版之态势，全国每年出版新书逾四十万种，零散单册发行极易淹埋于茫茫书海中，因此更需积聚力量、整体策划、持之以恒，通过出版系列学术丛书之形式，集中向社会展示、宣传东南大学和东南大学人文社科的形象和实力。秉持记录、分享、反思、共进的人文社科学科建设理念，我们郑重推出这套《东南学术文库》，将近些年来东南大学人文社科诸君的研究和思考，付之枣梨，以飨读者。知我罪我，留待社会评判！

是为序。

作者简介

李川，1980 年生，法学博士，东南大学法学院教授、博士生导师。入选江苏省“青蓝工程”中青年学术带头人、东南大学优秀青年教师资助计划。美国宾夕法尼亚大学、德国马尔堡大学访问学者。2015 年在江苏省司法厅挂职副处长。近年来主持国家社科基金、教育部人文社科研究项目、江苏省社科基金等数项省部级以上课题，并主持或参与十多项其他课题。在《中国法学》、《法学研究》、《法学评论》、《法律科学》、《法学》等法学 CSSCI 杂志发表十多篇论文，其他杂志发表论文数十篇，多篇被《人大复印报刊资料》转载。出版专著《刑罚目的理论的反思与重构》一部。

内容摘要

本书从具有鲜明时代特征的风险社会范式出发，反思传统社区矫正特殊预防一元论之理论和实践不足，在此基础上考量由风险治理需求决定的他者刑事政策、规范矫治理念和恢复性司法思潮对社区矫正制度的复合影响，科学重塑基于多元风险管控目标的社区矫正复合理论体系，进一步澄明矫正实践难题根结，推动矫正实践科学化。

本书分为理论探究与制度分析两部分。前四章主要基于风险管控原理反思社区矫正传统特殊预防论难题并探索新的理论体系。后五章在风险管控论基础上探索社区矫正的制度完善和未来发展。第一章详细分析了传统特殊预防论造成的矫正随意、失效等实践难题和价值危机。第二章探究了前述问题的根源在于特殊预防论与当下风险社会的背景脱节，从而对矫正中风险因素予以忽视。第三章进而有针对性地提出社区矫正应在理论上切换矫正哲学的视角，并实现矫正原理上从个别矫正向风险管控的转型。第四章进一步从风险管控的视角论述了社区矫正监控、矫治和修复三元论的复合内涵。第五章开始进入制度实践探讨，分析了发达社区矫正实践基于风险管控论的四代实践模式演变。第六章基于风险管控论研究了作为矫正基础的风险评估所应具备的人身可矫性和社会危险性的二元属性。第七章基于风险管控的机能多元化需求，探讨了未来对中间刑制度的借鉴和完善。第八章基于风险管控论探讨了禁止令、恢复性司法与被害保护，以及循证矫正制度的完善问题。第九章以劳教废止后社区矫正制度的可能扩展为例，探讨了社区矫正的未来发展空间。

本书不局限于传统刑罚教义学分析，而是综合运用法学、社会学、犯罪学的多元知识和研究方法，既有深入理论分析、又有广泛实践探讨，不仅对社区矫正制度本身，而且对行刑处遇制度整体的理论和实践探讨都可以提供有效参考。

关键词：社区矫正　风险社会　风险管控　规范矫治　被害保护

Abstract

From the perspective of the paradigm of risk society with distinctive characteristics of the times, this book reflects the theoretical and practical defections of the traditional special prevention monism; on this basis, takes into account the criminal policy of the others, the concept of normative correction and the restorative judicial thought determined by the demand of risk management to the compound effect of community corrections system, reshapes scientifically compound theoretical system of community correction based on multiple risk management objectives, to further clarify the root problems of the practice of correction and promote the scientific practice of corrections.

This book is divided into two parts: theoretical inquiry and institutional analysis. The first four chapters mainly focus on the reflection of the traditional special prevention theory and explore the new theoretical system based on the principle of risk management. On the basis of risk management theory, the last fifth chapters explore the systematical perfection and future development of community corrections.

The first chapter analyzes in detail the practical problems and the value crisis such as invalidity and randomness of corrections caused by the traditional special prevention theory. The second chapter explores the root of the above problems that lies in the disjoint between special prevention theory and the current risk society of the background of the community, leading to the overlook of the risk factors of corrections. The third chapter then puts forward that the community corrections should switch theoretically the perspective of corrective philosophy, and transfer the principle of correction from the individual correction to the risk management. The fourth chapter further discusses the compound ternary contents of community corrections, which including monitoring, correction and restoration from the perspective of risk management. The fifth chapter begins to enter the practice of the system, and analyzes the evolution of four generations of practice mode based on risk management theory. The sixth chapter studies the possibility of corrections and social risk as the dual attributes of the risk assessment which is the basis of the corrections based on the risk management theory. The seventh chapter explores the future of the middle penalty system for reference and improvement based on the diversification of risk management needs. The eighth chapter explores the perfection of the injunction, restorative justice and victim protection and evidence-based corrections based on risk management theory. The ninth chapter explores the possible expansion of the community corrections system after the abolition of labor education system, which is taken as an example to discuss the future development space of community correction.

This book is not limited to the traditional penalty doctrine analysis, but use the comprehensive theory and research methods of law, sociology, criminology, and includes both in-depth theoretical analysis and extensive discussion of practice, which can provide effective reference for not only on the community corrections itself, but also on the overall theory and practice of execution of punishment and treatments.

Key words: community corrections; society of risks; risk management; normative corrections; victim protection

目　录

下　编　制度篇：面向风险管控的制度回应

导 论

风险、矫正与社会变迁

在我国社区矫正制度十多年的发展过程[①]中,理论上坚持以防范再犯的特殊预防理念及受其决定的教育矫正论作为制度展开的基础。然而,这样看似准确清晰的理论预设却在社区矫正具体实践中面临了许多诸如社会排斥、脱逃再犯、矫正无效等难以应对和回答的复杂问题。这些复杂问题涉及外部社会环境和内部矫正机制诸多因素的交错影响,关联理论的深度和广度都远远超过了单纯的刑罚目的和行刑机能理论的范围,而与整个社会认识特征、时代发展逻辑以及刑事政策走向紧紧联系在一起,从而暗含了一种科际整合的方法论进路和问题解决取向的必要性。因此,研究社区矫正的理论和实践问题所要关注的绝不仅仅是行刑论内部的简单逻辑演化,而必须以行刑的社会背景为线索,在梳理刑罚哲学、刑事政策和社会认识论的复杂联系的基础上,回应刑事司法需求和实践经验教训,才能对此问题作出系统、科学的有效性回答。

而从这种复合方法论进路出发,社区矫正现有的特殊预防一元论就存在值得反思的严重问题。将定型于 20 世纪中叶的特殊预防论放在当下我国社区矫正的社会背景和刑事司法环境中检视,会发现当下作为社会和法律背景

---

① 社区矫正在我国是一种“年轻”的行刑制度。最早在 2000 年左右,北京、上海等地开始了社区矫正工作的实践探索。以 2003 年 7 月 10 日最高人民检察院、最高人民法院、司法部和公安部联合发布的《关于开展社区矫正试点工作的通知》正式试点起算不过 14 年的时间,而被《刑法修正案(八)》确立为正式行刑制度更不过 6 年时间(截止到 2017 年)。

特征的风险社会境况、他者犯罪刑事政策、恢复性司法发展等具备鲜明时代特色的行刑决定要素都没有得到必要的考量和关注，特殊预防论仍停留在20世纪中叶矫治至上时代产生的医疗式思维逻辑之中，因此，受其指导的社区矫正理论与实践就不可能解决风险时代社会风险管控所产生的种种需求和任务，从而产生前述的种种实践难题难以妥解。

当然，之所以造成社区矫正理论上特殊预防论固化的现状，也是由我国社区矫正的独特发展机制所决定的。与国外社区矫正制度一体化演进、处刑与行刑认识同步发展的模式不同，我国的社区矫正制度的发展具有处刑与行刑分阶发展的独特性，是在已有缓刑、假释等监外处刑制度的基础上，基于对监禁刑的过度适用和惩罚性的纠偏以及对监外处刑适用和改造效果的扩展，而将社区矫正作为监外行刑方式引入的。[①] 然而，这一特点从两方面造成了对社区矫正机能认识的狭窄化，我国社区矫正机能研究因此形成强调特殊预防的一元论：一方面，分阶发展将处刑机能和行刑机能相对区隔，社区矫正作为行刑制度处于对缓刑、假释等处刑制度的机能补足角色，在缓刑、假释已有惩罚报应等机能内涵的情形下，社区矫正仅应关注原有处刑中相对不足的矫治预防机能；另一方面，就行刑模式内部而言也出现机能分离，社区矫正是作为与监禁行刑相区隔的纠偏制度出现，在机能上便自觉与监禁行刑所强调的惩罚性与监管性保持泾渭分明，以凸显其制度的独立意义，由此造成了对特殊预防的绝对强调。然而，如前所述这种特殊预防一元论的影响使我国社区矫正理论明显滞后于时代发展，在解决实践中的各种现实问题时捉襟见肘，缺乏与时代特征和刑事政策发展的整合。放眼世界社区矫正的发展趋势，其制度理念早在风险社会时代特征和风险控制刑事政策新趋向的影响下，走向了风险管控统摄下兼顾救济、矫治和管理的多元架构。这表明我国社区矫正制度理念需紧跟世界发展趋势和最新前沿发展，在紧扣风险社会的时代背景和风险管理的刑事政策基础上，面向风险管控理论进行必要的更新，如此才能满足社区矫正制度发展的时代要求，在社区矫正的起步阶段即能正本清源，通过理论指导下合理的制度设计和机制形塑，真正面对和解决社区矫正实践中的各种难题。

---

① 参见吴宗宪主编：《社区矫正导论》，中国人民大学出版社，2011年版，第31－41页。

一、风险管控：风险社会的刑罚学新叙事

风险社会理论是研究当前社会问题的一种新范式，这种范式从反思现代性开始，以风险为视角，图景式描绘了当代社会变迁所产生的关键特征与发展趋势。"风险社会"本身主要是由德国学者乌尔里希·贝克（Ulrich Beck）于1986年作为理解社会的关键概念而提出，他认为当前时代人类成为风险的主要生产者，造成了当下社会的风险更加难以捉摸且破坏力更加强大，风险出现了不同以往的不确定性和偶然性，全球性的风险对人类的生活造成了空前的威胁和危机，从而要求人们必须提前应对和管理。[①] 而社会学家吉登斯（Anthony Giddens）也持有类似的观点，将不确定或难以预测的人为风险视为不同以往风险形式的当下社会独特之处："风险的客观特征以及对风险的主观判断是决定治理形式变迁的两个变量。我们今天生活在一个人为不确定的世界，其中的风险与现代制度发展的早期阶段的风险完全不同。"[②]而生活在今天这个风险重重的社会之中，就必须"去做更多的事情，而不是麻木不仁，更不是一定要去证明这样一种假设：现代性将会导向一种更幸福更安全的社会秩序"。[③]

与这种聚焦于人为风险的风险社会之鲜明叙事相适应，为防范风险的连锁反应和社会的崩溃，就必然需要对作为人为风险极端形式的犯罪风险进行重点和提前的防范应对，从而也进一步要求犯罪控制和刑罚处遇理论对这种基于风险的社会需求作出积极回应。因此，近几十年来世界刑事政策和刑罚学领域兴起了与以往要么矫正修复、要么报应威慑完全相区别的对犯罪"风险管控"的新叙事。这种"风险管控"的新刑罚理念要求从量刑到行刑的整个过程都必须围绕着对犯罪人的风险管理为核心展开，对犯罪人不再如以往的矫治论述般相信犯罪人自我改善能力，而是对其采取处处设防、处处监督的质疑态度，通过对犯罪人的提前预防和严格管理控制不可预测的犯罪风险发

---

① 参见[德]乌尔里希·贝克：《风险社会》，何博闻译，译林出版社，2004年版，第20－40页。

② [英]安东尼·吉登斯：《超越左与右》，李惠斌、杨雪冬译，社会科学文献出版社，2005年版，第82页。

③ [英]安东尼·吉登斯：《现代性的后果》，田禾译，译林出版社，2000年版，第9页。

生。[1] 当然，这种风险的严格管控与以往直接高压严惩的惩罚主义犯罪控制理念不同，其强调对犯罪人风险的精确统计与精准计算，借鉴保险学"大数法则"作出精算管控，因此，行刑实践必然转向所谓的"精算司法"。[2] 斐利（Feeley M.）和西蒙（Simon J.）进一步将这种基于精算司法行刑的"风险管控"新理念体系化发展为以"风险管控"为核心的新刑罚学，并对当代世界包括社区矫正在内的行刑理念产生了广泛的影响。这种风险管控刑罚学认为，刑罚并非如传统理论所认识的那样是针对个人的惩罚或改造，而是通过对犯罪风险的抽象评估归纳出依据犯罪风险类型和程度而采取的对危险人口的集中管理和控制措施。[3] 这种集中管理控制措施在属性上既非强调惩戒也非强调教育，而是以最大程度的压制再犯风险为目标。这一理论预设的发展和流行在世界范围内对当下行刑制度、特别是社区矫正制度的发展形塑产生了深远的决定意义，成为当下社区矫正研究必须关注和深入探讨的核心原理。

二、走向风控：社区矫正的兴衰与转型

社区矫正制度自诞生之日起就与教育矫治理念存在密不可分的逻辑联系。社区矫正制度的雏形就始于早期美国法庭所确认的志愿者基于朴素教育矫治观而对犯罪人的教育矫正[4]；而社区矫正的兴起也受教育矫治论流行的直接推动。传统的社区矫正从评估体系到行刑措施都是围绕着教育矫治目标而设计展开，社区矫正就是为了实现对犯罪人的良好矫正而实施的专门制度，可见教育矫治对社区矫正的影响是全面而深入的。然而，1970 年代世界范围内社区矫正的种种实践问题接踵而至，甚至有学者通过实证研究认为社区矫正并不是一种成功的矫正制度。这一判断所代表的公众质疑给了社区矫正制度和教育矫正理论以沉重的打击，行刑理念此消彼长之间，报应论和惩罚论出现了超越教育矫正地位的理论回潮。社区矫正也更加倾向于严厉的监管措施与社会的积极参与，虽然并不否定教育矫正的核心地位，但仍

---

① See, Garland D. The Limits of the Sovereign State: Strategies of Crime Control in Contemporary Society. The British Journal of Criminology, 1996(36), pp. 461 - 462.

② See, O'Malley P. Crime and Risk. London: Sage, 2000, pp. 12 - 16.

③ See, Feeley M. Simon J.. The New Penology: Notes on the Emerging Strategy of Corrections and Its Implications. Criminology, 1987(2), pp. 457 - 460.

④ See, Joan Petersilia. Community Corrections: Probation, Parole and Intermediate Sanctions. Oxford: Oxford University Press, 1997, p. 56.

然导致了社区矫正制度在报应惩罚与教育矫正的取向之间摇摆不定。值得反思的是，这种报应惩罚与教育矫正互相抵触、此消彼长的传统行刑机能逻辑结构造成了社区矫正制度取向的不稳定性，导致实践中制度反复和矛盾迭出，影响矫正效果和有效性。因此，这就要考量是否能够有新的思路和框架对其进行突破，使得社区矫正成为符合社会特征和司法需求的稳定结构。特别是进入 21 世纪，风险社会语境下，犯罪风险管理和控制成为新的行刑目标，这就进一步需要社区矫正的传统理论模式进行符合风险时代特征的转型。

不得不说，风险管控的新刑罚学为这一社区矫正理论转型提供了既符合时代需求、又保证社区矫正安定性的思路突破。风险管控刑罚学用风险叙事代替了传统的各种行刑机能目标，从而将以前存在相互抵触关系的报应惩罚和教育矫正分别以不同类型的风险进行逻辑勾连，并增添了风险防范的新维度。① 这样，以传统教育矫正为核心、与报应惩罚此消彼长的矫正论就被多元风险防范的风险管控理论所取代：以风险话语表达，教育矫正就转换为通过人格修复实现对未来长远再犯风险的管控；报应惩罚转换为通过被害人正义主张的满足实现对加害—被害的社会撕裂风险的管控；风险防范还应包括对矫正中当下侵害社会风险的管控。通过对未来再犯风险、当下侵害风险、社会撕裂风险的管理和控制，社区矫正不仅能够兼具原来教育矫正与报应惩罚的功能，还能对存在龃龉关系的二者进行体系性定位和整合，并增加对当下社会风险防范的关注，实现对风险社会需求的满足与回应。

三、实现风控：社会变迁与制度重塑的需求

前述分析表明，社区矫正的制度实践虽然缘起于特殊预防及其决定的教育矫正需求，但亦应随着社会境况变迁和刑事政策演变而不断创制、实验、转捩、形塑并最终实现整体重构。社会变迁决定了社区矫正制度不可能是一成不变的，它必须随着符合社会新需求的理论形塑而不断进行制度改革和创造。我国社区矫正制度一直坚持特殊预防一元论的问题就在于将社区矫正理论与实践当作一种静态不变的运行范式，从而，只在社区矫正初创时期形

① 参见[英]皮特·雷诺：《解读社区刑罚——缓刑、政策和社会变化》，刘强、王贵芳译，中国人民公安大学出版社，2009 年版，第 112－113 页。

成的教育矫正论中寻求制度依据，自然就无法保证受此决定的社区矫正制度能够反映社会变迁和时代发展的需要，更谈不上社区矫正制度面向社会新需求进行更新与变革。这是我国社区矫正制度实践存在诸多问题的深层根源。因此，想要保证社区矫正制度的合理性和有效性，重要的不在于对国外社区矫正制度不加辩证的拿来主义式照搬，而是应该深入分析当下社会变迁的新图景及其导致的对包括社区矫正在内的行刑制度的新需要。只有在深刻理解和把握这种社会变迁趋势和时代背景特点的基础之上，才能形成符合实践需求的社区矫正基本理论，并以此指导实践，实现对社区矫正制度体系的合理化再造。

社区矫正机能的演进史就是社会变迁和实践需求推动的刑罚理念递嬗史，其经验表明：社区矫正机能理论并非僵化不变，而是随着社会背景和制度实践需要而不断的发展回应，并进而在研究成果的基础上回哺指导社会矫正制度展开更新，形成理念与制度的推进型互动。在社会发展的新常态下，如果仍固守前矫正时代的特殊预防视角，不仅可能将社区矫正实践隔绝于其生发的当下社会情境而难生成效，且在借鉴国外基于复合机能的相关制度时无法理解其背后机理，有造成盲人摸象般借鉴错位和运行失效的危险。因此，在我国社区矫正尚在制度借鉴和发展初期的大背景下，需深入探究新时代社区矫正制度与其背后复合机能的复杂渊源和生发逻辑；并在风险社会和恢复性司法等新情境下，回溯厘清作为制度生发基础的机能基因，以此为逻辑基础展开制度实践，才能保证社区矫正的科学性和有效性。

经过社会的快速变迁，我国当下也借由全球化机制与各国同步进入了风险高发与难以预测的风险社会时代，社会中同样存在着对包括犯罪风险在内的人为风险进行前置管控的社会需求。顺应这种需求的社区矫正制度就存在以风险管控为核心进行设计和改造的可行性和必要性。因此，要从风险管控的逻辑出发，对基于特殊预防及其决定的教育矫正论的传统社区矫正制度以风险管控为核心进行升级再造，社区矫正中风险评估、矫正模式、行刑措施都要以风险管控为标准进行分析检视，形成符合风险管控理念的系统性社区矫正新制度，为我国未来社区矫正的立法设计与司法展开提供科学可行的有效制度资源。

四、本书的意义：理论反思与研究展望

与《刑法修正案（八）》和《社区矫正实施办法》为代表的社区矫正制度规

范以及司法实践自21世纪初就开展的社区矫正工作相适应，我国学术界对社区矫正从理论借鉴到制度设计各方面进行了大量的推进性研究，使得社区矫正逐步成为我国刑法学研究的热点之一，公开发表论文数多达六千多篇、论著约六百本之多，成果丰富。① 学术界对社区矫正的研究大体分成两个方面：一方面，少量的研究是对社区矫正的基础理论的研究，在社区矫正之理论根据基础上阐释社区矫正之必要性、性质和功能，如代表性的观点认为社区矫正之理论根据在于刑法学中的教育刑或特殊预防理论，因此，社区矫正之性质不在惩罚，而在教育矫正，其功能不在报复和威慑，而在于特殊预防；另一方面也是主要的研究内容，表现为社区矫正的具体制度设计和实证反思，探讨了社区矫正之实施和监督主体、施行范围和程序，以及与刑事诉讼的接轨等具体制度框架和运作机制问题。随着社区矫正实践的不断深入和细化，特别是《刑法修正案(八)》之后迫切的具体制度化和实践化要求，先前研究也暴露出一些思路上的短板和局限。首先是多种理论之间的冲突与调和问题。域外各国在社区矫正理论与实践上存在多元观点和多种设计模式，我国究竟该借鉴何种理论进路和模式选择尚存较大争论。其次是基础理论研究与制度实证研究之间有所脱节。实践部门的制度设计几乎是对国外相关制度的直接借鉴，而忽略了这种制度在域外的适用理论基础和情境，如实证研究中强调借鉴国外相应制度设置了风险评估机制，却忽视了这种风险评估制度设计背后的风险管控理论及其逻辑演化。由此导致最后一点局限，即我国社区矫正研究缺乏对理论最新成果之关注，从而对具体实践产生消极影响。如作为美国许多州社区矫正理论之基础的风险管控理论已经经过了四代的演进，导致其社区矫正之风险评估与处遇机制已与以往大大不同，而我国实践部门的制度设计仍是借鉴其第一代或第二代的危险理论基础上形成的评估处遇标准，如有名但相对滞后的威斯康星标准，学术界更是几乎对社区矫正相关的风险理论发展没有关注(只有不到十篇论文关注到风险理论问题且集中于实践中风险评估实践设计而非结合其背后风险管控机理之研究)。

以上问题说明，我们对社区矫正最新的前沿理论缺乏认识和研究，导致了理论无法跟上实践的步伐。而国外基于风险管控的社区矫正理论发展则

① 截止到2016年10月，通过中国知网(www.cnki.net)搜索含“社区矫正”为篇名得出的论文数量为6 400多篇。而从国家图书馆检索的以“社区矫正”为篇名的图书为580多本。

正是理论与实践良好互动的结果。二战后，仅以特殊预防论为基础的社区矫正制度在勃兴发展过程中，却出现了一系列实践难题，预防效果出现倒退、再犯率大增与公平性受到质疑，使得西方学者反思在理论上以难以抽象化的人身危险性因素为核心构建社区矫正之逻辑缺陷。[①] 直到 20 世纪 70 年代受风险社会背景影响和降低社会整体风险需求，超越个案处遇和再犯防范的风险控制（Risk Control）理论兴起，这个难题才有所改观。风险控制模式既兼顾了人身危险性因素的考量（以等级风险评价之排列组合来体现），又符合了一般法律之抽象逻辑（客观风险因素可抽象），调和了一般预防与特殊预防之逻辑冲突，并适应社会治安风险防范的需要，从而指导社区矫正制度实践更为准确有效。基于风险控制理论而进一步形成的广义的风险管控理论（Risk Management）更逐渐成为社区矫正制度的指导理念。[②] 在此基础上，各国纷纷形成各自的社区矫正风险评估核心机制，如有名的加拿大再犯矫正指标等。当然，这种风险管控之理论与实践亦非一成不变，发展至今，应社区矫正实践需要，已经历了从静态风险评价、动态风险评价、风险/需求评价到四元受容性评价四种模式演进，也指导着社区矫正之评估和管治实践更加科学化和准确化。

《刑法修正案（八）》正式确立了社区矫正制度的法律地位，社区矫正必将面临着进一步全面制度化和实践化的迫切任务。然而，虽然基本制度已有《社区矫正实施办法》的规定，具体制度实践方面特别是社区矫正评估和管控标准任由各省各自试点探索，实践中有迫切的社区矫正研究需求，但如前所述理论界受特殊预防一元论所累，无法关注最新的产生自风险社会实践需求的风险刑罚学和风险管控理论，理论与实践出现了脱节。如果不进行理论的更新及其制度实践阐释来解决这一问题，未来社区矫正的探索容易走向一条困难重重的道路。而本书正试图通过对理论上面向风险管控的转型反思，为社区矫正制度的实践发展正本清源式确定科学而合理的理论基础，并在此基础上提出具体的制度发展建议。

所以，本书理论意义在于借鉴域外最新的主流的基于风险管控的社区矫

① See, American Bar Association. Standard Relating to Probation. Chicago: ABA Documents, 1981, pp. 33 - 36.

② See, Bonta J.. Risk-needs Assessment and Treatment, in A. T. Harland. Choosing Correctional Options that Works: Defining the Demand and Evaluating the Supply. Thousand Oaks, CA: SAGE Publishing, 1996, pp. 115 - 120.

正理论研究的基础，反思我国的社区矫正理论研究与实践之脱节问题，一方面可以更新借鉴社区矫正最新的域外研究成果，弥补我国社区矫正对风险管控最新研究之相对缺失；另一方面也通过比较借鉴，为我国社区矫正制度的评估和管控机制提供更加科学化和规范化的进路选择。而本书的应用价值在于：在风险社会的情势下，社区矫正制度作为刑罚制度不得不考虑风险管控的需要，必须基于风险准确评估和管控矫正者风险满足这种要求。本书通过对最新基于风险管控的社区矫正新制度的借鉴，结合我国的社区矫正当前制度需求进行了完善性研究，提出了许多基于风险管控理论而系统建构社区矫正制度的创新性建议，努力推动社区矫正制度的合理化和科学化。

五、本书的内容：基于风险管控的社区矫正研究

从根本意义上解决我国社区矫正制度运行中面临的盘根错节问题出发，本书力求从理论和制度实践两个方面全面梳理和阐释社区矫正的理念根基和机制形塑问题。本书首先回溯源头，从传统基于特殊预防一元论的社区矫正制度所面临的理论和实践危机切入，通过理论与实践的双重视角分析探究出这种危机的根源在于同风险社会的时代背景之脱节及因此导致的对矫正风险因素的忽视。其次，进一步要解决社区矫正的难题就必须借鉴成熟社区矫正适应时代发展的前沿理论，转换其矫正视角和矫正逻辑，以风险管控为基础，重新整合社区矫正的多元目标和功能，形成基于风险管控的多元复合理论。再次，基于这一风控理论，发达社区矫正实践已经经历了四代模式演变，并形成了较为成熟的三维风险需求响应模式，值得我国过于陈旧单一的模式进行借鉴。最后，以风险管控理论和风险需求响应模式为参照，我国的社区矫正制度实践在风险评估、禁止令依据、被害人参与、分类重点矫正等方面需要全面反思和梳理，形成科学的矫正理念和制度实践，并基于风险管控的需要借鉴发达社区矫正实践行之有效的中间刑制度，填补劳教废止后的矫治真空，可以通过多元制裁手段保证风险管控的效率和科学，以及与其他社会风险管控方式的一致性。按照这一逻辑顺序，本书的基本内容如下：

第一章首先论述了传统基于特殊预防的社区矫正理论与制度实践存在的种种危机。第一节进行制度溯源，研究了我国社区矫正理论长期以来坚持的特殊预防一元预设，即以特殊预防目的和教育矫治模式为制度立基点。这种观点有发生学意义的合理性。二战后正是社区矫正契合教育刑进路缓解

了监禁交叉感染、社会剥离等弊端，使社区矫正成为主流行刑方案，同时，矫治主义形成话语霸权。第二节介绍了20世纪70年代开始世界单以特殊预防理念支撑的社区矫正实践问题层出不穷，代表性的表现为矫正改造效果有限、处刑相对随意与行刑不够公平、社会安全感不足、报应需求大增。第三节更进一步研究发现在这一实践问题表象背后是更为严重的价值难题，矫正的随意性带来了社会处遇的公平性问题，入矫标准相对随意和宽严不一的矫正措施更进一步造成了对个体权利的威胁。最后，第四节研究认为造成上述实践和价值难题背后的理论原因是传统社区矫正医疗模式的个别化逻辑困境：这种模式因为信奉特殊预防原教旨主义，相信矫正绝对差异而难以规范化，只能过度信任和依赖司法专家并不可靠且良莠不齐的个人能力，从而导致矫正与法律普适性逻辑的难以自洽，走向个别化的逻辑死角。

第二章在第一章对传统社区矫正危机分析的基础上，进一步探究了其过分局限于个别化逻辑的危机之具体原因和抽象根源，并落脚于与风险社会的背景脱节与对风险因素的忽视。第一节内容介绍了传统社区矫正监督管控理念缺失体现了其对当下存在的社会侵害风险的忽视。第二节研究认为传统社区矫正对矫治基准的认识混乱和模糊体现了其对矫正效果的难以把握，从而诱发未来再犯可能性风险。第三节研究了传统社区矫正对受到伤害的被害人和社区的轻视导致了其无法修复预防社会撕裂的风险。第四节总结研究发现对上述风险因素的忽视体现了传统社区矫正对社会风险控制的需求缺乏关注与回应，与风险社会的时代特征和要求脱节。风险社会的风险高发情境要求行刑矫正必须重视风险控制，强调对犯罪风险的监督和管理，由此导致包括行刑对策在内的刑事政策理念基于风险控制转向形成三方面的内涵，即受管理主义决定之风险控制的即时预防内涵、受效益主义决定之风险控制的精算司法内涵以及受修复主义决定之风险控制的秩序恢复内涵。这三方面内涵决定了风险控制的丰富内容和复杂逻辑，对未来受其决定的社区矫正理论和实践产生重要影响。

第三章在第二章的原因分析基础上，针对性地提出了传统社区矫正应首先在理论上切换矫正哲学的视角，并实现矫正哲学向风险管控的转型。首先，第一节回顾了特殊预防出现理论与实践危机后，国外社区矫正实践期望重新采用综合预防理念缓解特殊预防不足但亦不成功，其原因在于综合预防论内部特殊预防与一般预防存在理论冲突，根本上体现了个别化逻辑与法律一般化逻辑的冲突。综合论下的特殊预防仍有扩展视角以及理论与实践上转型的迫切性。所以,第二节研究认为,首先理论上存在内部逻辑转型的可能性,可以以人身危险向风险转换的方式实现理论上的转型。特殊预防应适应风险社会的需求,向风险管控的需求进行转换。作为特殊预防核心的人身危险性因素,可以通过类型化和抽象化组成一般性人身风险性因素,在适应法律逻辑的同时,可以实现从人身危险向风险的转换,由此,特殊预防论可以通过相对抽象化人身危险内涵的方式实现向风险管控内涵的转变。第三节着眼于实践转型,通过风险预防理念的兴起与作用机制体现了风险管控对行刑实践转型的具体影响。风险社会背景下的风险预防理念具有丰富的内涵,在惩罚主义难以满足需求时,产生并超越惩罚主义的弊端而兴起。风险预防要求以风险管控作为新生的独立处遇要求,其机能以对处遇对象社会风险性的精算评估并采取相应的监督管控为实践运作逻辑。由此,第四节研究发现社区矫正运作实践跟随行刑实践的发展同步转向,惩治主义向矫治主义发展也无法解决实践难题,因此,社区矫正开始着重风险的评估与直接管控,处遇技术逻辑从个人责任追究与人身危险矫治转变为犯罪人风险标定与分级监管。这标志着集体主义和管理主义的新刑罚学的诞生。社区矫正形成一套以风险治理和剥夺风险制造能力为导向的管理主义制度体系。

第四章在第三章论证的矫正哲学转型必要性和可行性的基础上,进一步从更广义的风险管控的视角论述了社区矫正理论的具体展开。首先,第一节研究了作为风险管控理论基础的他者犯罪学与风险刑罚学的具体影响。一方面,风险社会条件下他者犯罪学(Criminology of Others)兴起,认为犯罪人不是“孺子可教”的矫正对象,而是需监控防范的异己分子,处遇重点不应是信任式的人身危险性评估与改造,而是防范式的依风险程度的分流转处和密集监控,风险管控自然具有刑事政策上的正当性,这就为社区矫正的风险管控理论提供了一般立论基础。而另一方面,基于风险预防理念下风险管控的需要,风险刑罚学逐步发展,犯罪行为变为可以根据日常生活中的输入变量进行风险与效益计算的输出结果,因此,犯罪不再是反常的、偶然的,犯罪风险成为可以理性分析和预测的对象,包括刑罚处遇在内的犯罪治理重点不应再是道德报应、公平正义或罪犯矫正,而是犯罪风险的管理控制。因此,风险刑罚学就进一步为风险管控理论提供了具体展开语境。当他者犯罪学和风险刑罚学通过风险这一因素嫁接,就形成了以风险精算为内核的风险管控理论。当然,传统风险管控进路下的风险概念具有集合性、即时性、定量性特质过于狭窄,不能满足根本性风险管控的要求。因此,风险概念需进行广义化扩展，将长远风险和社会撕裂风险等背后的、定性的不确定风险要素也纳入考量，延展风险外延，形成科学风险管控机制。第二节在第一节基础上阐释了情境理性和风险刑罚学语境下的犯罪风险管控有双重层面的含义：一方面就狭义而言，风险管控是基于风险犯罪学的独立处遇要求，在社区矫正中，其机能是通过对处遇对象密集监督和自由的恰当限制来过滤处遇对象的危险面以防范犯罪风险。然而另一方面，随着风险犯罪学逻辑在刑罚处遇领域的不断扩张，对风险的认识和理解愈加丰富，越来越多的处遇机能通过风险管控概念的涵摄被纳入这套“犯罪人—风险”话语体系中得以整合，应报、矫正等各种早期社区矫正职能都具备了广义的风险管控意义，广义的风险管控成为真正的刑罚处遇一般原理。在广义风险管控语境下，作为社区矫正机能的监督管控、规范矫治和正义修复都只是在不同风险层次上的对社会风险的管理和控制：一是监督管控作为最典型的风险管控机制，所要预防的是犯罪人在社区矫正过程中的现实风险；二是规范矫治要控制的风险性质是矫正后的再犯风险，即保证经过处遇的犯罪人不再具备危害社会的直接风险；三是正义修复所预防的风险相对更为间接和遥远，可以防范犯罪行为带来的因为社会秩序和被害人利益受损而造成的社会撕裂风险。第三节进一步研究了三种机能基于风险的内部逻辑结构。上述三种机能的风险内涵决定了三种机能之间具有互补关系，而在相互冲突时可以区分出先后顺序，表明不同机能冲突时应有优先择序，监督管控所预防的矫正现实风险最为急迫应作优先考量，规范矫治所管控的矫正后再犯风险时限略晚可作为次优选择，而正义修复所防范的社会风险相对最为遥远和间接而作为最后考量。

第五章在第四章明确了风险管控理论内涵的基础上，将其运用于社区矫正实践模式研究，分析了发达社区矫正实践基于风险管控理论的模式演变。首先，第一节介绍了发达国家社区矫正实践早在20世纪70年代之前兴起的一股因循特殊预防个别化逻辑的所谓“诊断式处遇”(Clinical Treatment)模式之热潮，虽然，未能区分危险与风险之根本差异从而落入了“缘心”处遇的主观专断式窠臼，但“诊断式处遇”毕竟首次强调了人身风险性之存在及其在社区矫正中的核心作用，所以，西方的风险管控论者都将这种机制视为是第一代风险管控模式。其次，第二节介绍了第二代风险静态量化模式，即从犯罪人过去的生活史和行为史因子来可靠预测评估其当下人身风险性程度并采取相对的处遇措施。由于其强调人身风险性的稳定不变和历史预测，所以是静态模式，但无法考察人身风险性因素随时间维度的动态进展而具有局限性。再次，第三节研究了第三代动态量化模式，综合了影响人身风险性的历史性常量因子和现时性的变量因子，力求建构更加科学有效的风险分类管控体系。由于强调犯罪人人身风险的变量因子追踪与评价，所以，特别注重社区矫正实践中犯罪人与社区矫正处遇措施的互动性变化，要求对人身风险性相关之现时动态信息进行敏感性监控。第四节介绍了最新的风险需求响应模式，其将社区矫正的风险评估与处遇机制细化成以实现最大程度降低再犯率目标的三个相互关联的维度：一是风险指标（Risk Index）维度，其意涵是通过对社区矫正前犯罪人之犯因性历史的回顾性调查和评断来量化犯罪人身风险性基本指数区间；二是需求指标（Needs Index）维度，其意旨是考察现时犯罪人之动态犯因性需求的变化，及时修正和补充风险指标所厘定的处遇措施；三是响应性指标（Responsivity Index）维度，这个指标用来表征犯罪人之风险水平对矫正措施的响应效果，其基本目标是通过提高矫正处遇措施之有效性，以求达到矫正处遇机制的效益最大化。第五节对上述模式演进进行了评价：风险需求响应模式以风险水平的评估与监控为核心，较全面地平衡和整合了影响风险水平的犯罪史因素、现时变化因素和处遇措施有效性因素，以求最大程度提升社区矫正制度的科学有效性，是目前最有效的风险分类管控进路下的社区矫正模式理论。目前，世界范围内具有代表性的典型社区矫正实践模式如加拿大罪犯矫正量化评估指标（OIA）等，都是在风险需求响应理论指导下的逻辑展开，这一模式最值得我国借鉴。我国应借鉴国外经验建立完善的三维风险管控机制，避免逐代演进的覆辙，且需要根据我国实际需要确定符合我国国情和刑事司法特点的风险评估处遇和风险响应机制。

第六章在第五章论述风险管控的社区矫正实践模式这一基本实践问题之后，进一步研究了风险管控理论视野下作为社区矫正制度展开核心的风险评估之二元机制问题。第一节详细阐明了社区矫正风险评估应明确区分双重属性。基于风险管控的社区矫正监督管控与规范矫治机能都以风险的精确评估作为前提。然而，由于矫治和监控两种机能的理论来源和保护目的差异，风险评估在评估出发点、风险性质和评估目的等基础问题上在不同机能视野中呈现出差别性的面向，决定了风险评估的双重属性。第二节进一步论述这种风险评估的二元机制内涵。一方面，监督管控机能决定下的风险评估应成为防控型风险评估。这种评估出发点是集体主义视野下的社会风险标定需求。风险评估的任务就是用不同的风险级差标定过滤出不同风险性的犯罪倾向者，加以监督控制。监督管控所要控制的风险是矫正时的当下社会侵害风险，这种风险标准应基于“实施大多数犯罪的少数人”的社会学精算统计，风险的可矫性在所不论。另一方面，规范矫正机能决定下的风险评估应为矫治型风险评估。这种评估出发点是个体视角下的人格可矫性判断。其所要依据的风险是未来的个体再犯风险，这种风险需依靠行为认知规律和犯罪心理学机理确定。需评估的风险实际上具备社会学宏观属性和行为认知心理学微观属性的双重意义。规范矫治和监督防控两种功能的必要性意味着实现这两种功能的两种风险评估都是不可或缺的，矫治型风险评估和防控型风险评估都是社区矫正过程中保证其功能完整性的必要风险评估的内容，在两者在逻辑上不能整合的情形下，应保持风险评估的二元机制，分别评估人身可矫性和社会危险性，并针对性地实施教育矫治和监督防控措施。第三节将这种二元风险评估对照我国社区矫正风险评估实践进行了启示性分析，认为应设置完善的矫前风险二元评估机制、矫正中风险二元评估机制和出矫风险二元评估机制，并配套相应的处分举措。

第七章在第六章检视了社区矫正风险评估机制基础上对下一步的处遇制度实践进行了研究。基于风险管控的机能多元化需求，我国社区矫正处遇实践应借鉴国外多元、体系性的中间刑制度加以制度化完善。第一节明确了社区矫正中引入中间刑的必要性。我国在全开放式社区矫正行刑与监禁刑之间没有中间适应性刑罚措施，造成了社区矫正手段单一易脱逃等问题。这是对不同矫正对象的风险表征缺乏多元对应手段造成的，中间刑制度可以较好地解决这一问题。首先，由于不同的处遇对象及同一处遇对象的不同阶段其风险表征都有所差别，因此，对多元机能的需求组合也动态变化，在此影响下强调不同属性社区矫正措施也需实现多样化和动态化，社区矫正必须通过丰富多样的举措类型来满足变动中的多种机能需求。第二节介绍并评价了先进的社区矫正制度在长期实践中形成了能满足不同机能需求且可动态调整的、有效且节约资源的多元中间刑制度，在处遇制度设置上提供了社区矫正领域内适应不同机能需求的多种中间刑方案。即在完全剥夺人身自由的监禁刑与相对彻底开放式处遇的定期报到制之间，分布了各有侧重的各种中间处遇措施：既有倾向于隔离性和满足监督管控需要的居家处遇、中途之家和电子监控；也有倾向于矫正性和满足教育矫正的社会服务和日间报告所；还有倾向于惩罚性和满足正义修复的改造营和被害人定向服务等。因此，第三节研究了应在我国设置较为正式的中间刑制度作为社区矫正的重点处遇机制：一方面，明确设置侧重于满足各自机能需要的中间刑方案，通过规则明确中间刑基于机能的适用标准和适用程序，配备中间刑的制度设置。而基于当下应对监督管控和正义修复机能的重点强调，注重隔离性和修复性的中间刑制度如电子监控、被害人定向服务等应优先加以引进借鉴。另一方面，明确与定期风险评估和社会需求满足相结合的动态中间刑实施制度，根据定期的风险评估结果以及社区和被害人需求所体现的机能重点，动态确定实施相适用的中间刑方案。

第八章从风险管控的理论出发，反思了我国社区矫正制度中的具体实践问题。第一节研究明确了禁止令依据问题。从特定意义而言，禁止令就是司法判决的可选择的特定社区矫正措施，社区矫正所要满足的三重风险预防机能也同时应该是禁止令所要满足的机能，因此目的论意义上，判定禁止令是否实施及实施内容的依据可从其机能出发得以确定。第一，“改造和预防再犯罪的需要”来自教育矫治机能需求。第二，从监督管控机能出发，禁止令依据也可以是预防犯罪风险的现实需要。第三，禁止令最容易被忽视的依据是社会秩序的修复和被害人保护机能。受机能复杂性影响，禁止令的决定根据应该是择一或复合的。除了少量的择一性考量之外，应在复合机能需求的基础上进一步明确多元适用根据，扩展适用范围。第二节研究了恢复性司法和被害人保护在社区矫正中的体现。对社会撕裂风险的预防最终决定了社区矫正应满足应报正义为核心的社会修复和被害人保护机能，这一机能表明社区矫正措施应定向满足社区和被害人的正义心理需求及物理性需求，以合理修复社会秩序。在此机能的决定下，社区与被害人在社区矫正中居于不可或缺的独立地位，对适合的社区矫正措施具有重要决定权，并作为矫正服务的必然对象和矫正评估的关键主体面貌出现。此外，成熟的社区矫正实践逐步重视矫正的回报社会效果和被害人补偿机制，确定社区服务令既需考虑社区的受益情况和公众效应，以满足公众正义期待心理；又需考虑对被害人的心理和物理补偿，对被害人定向的悔罪式交流和补偿性劳务成为社区矫正处遇中不可忽视的必要措施。第三节研究认为，作为科学管控风险的良好经验做法，循证式矫正特别强调根据矫正时空背景动态总结归纳适应性矫正方法，采用循证手段，进行经验归纳式矫正。这点对确立我国特色的社区矫正制度有重要的借鉴意义。

第九章从立法论和政策论的视角，以劳教制度废止后的空白填补制度设计为例，阐释了社区矫正基于风险管控的机能，对我国完整处遇制度未来发展所起的积极意义。基于风险管控的社区矫正制度可以有效平衡权利保障和风险管控两大基本目标，既消除原劳教制度的弊端，又能填补原劳教制度废止后的不足，值得从行刑制度向行政处遇扩张。第一节研究了社区矫正作为替代方案的必要性。原劳教废止后的诸种替代方案都存在重重弊端，要么突破刑法谦抑性、要么牵一发动全身的动摇整体刑事制度，因此，难以解决劳教废止后的矫治真空问题。社区矫正制度从原理上能够实现权利保障和风险管控这两大矫治基本要求，可以成为劳教废止后的有效替代方案。第二节研究了从制度设计和衔接的层次应该采取双轨制，在社区矫正制度之外另行设计对原劳教对象的社会矫正制度，与我国现行犯罪与治安违法行为的二元治理机制相协调。第三节研究了社会矫正需要完整制度设计，从执行机关到执行程序方面都必须形成严格的提请、决定到执行的规范程序，并坚持司法认定的基本原则。第四节研究了作为社会矫正重要补足组成部分的社会矫正救助制度。社会矫正救助制度从复归社会、防范再犯风险意义上具有必要机能，故需为补充社会矫正制度而设立，该制度着眼于福利性社会回归支持和帮助，通过过渡安置、职业培训、生活保障和完善福利等措施帮助矫正对象顺利融入社会，因此，需设立单独的机制、程序和责任主体加以落实，与社会矫正改造措施相互衔接和配合，依靠社会化力量实现有效的体系性帮扶。

最后，结语部分进行了全书的引申总结。基于风险管控的社区矫正行刑，其实是矫正中防范与矫正后复归的综合机能应用，基于防范与矫正作用于风险管控的不同层次，两者不仅不会冲突，更起到互为补充的积极作用：社会防范是社会复归机能实现的基础，社会复归是社会防范的目的。要想无缝实现刑罚的风险管控目标，就必须将社会复归和社会防范两种功能紧密结合，以最终保证刑罚社会化实施的最佳效果。这也是风险管控下社区矫正能够优越于监禁刑和全开放行刑的制度优势。风险社会情形下，复归与防范相互配合共同实现了社区矫正的圆满实施，也是刑罚社会化的必经之路。

上　编

理论篇：从特殊预防到风险管控

第一章

基于特殊预防的社区矫正理论与实践危机

《刑法修正案（八）》和两高两部《社区矫正实施办法》出台后，我国社区矫正制度厘清了法律地位和基本程序，从而在实践中得以迅速铺展。然而，在规范和实践快速发展的背后，一个指涉矫正质量和制度成效的基础问题却亟待破解，即社区矫正的处遇目的和运作机能应如何科学的定位展开。在此问题上，理论与实践存在一定程度的需求脱节和理解误差：与理论界相对执着于特殊预防一元论及犯罪人矫正研究相对照，社区矫正作为面向复杂社会开放式处遇的行刑制度，实践中面对的却是多元主体的多重诉求和疑难问题需要化解；诸如社区对服刑人员危险担忧与融入排斥[①]、被害人得不到妥解的正义和补偿需要，以及矫正工作者对矫正效果参差的无解和脱管的无奈[②]等实证难题都无法简单用特殊预防理论一言蔽之。这表明理论界对社区矫正理论的认识过于单一，缺乏能有效地回应实践需求的科学机能范式。易言之，

① 参见张绍彦：《社区矫正在中国——基础分析、前景与困境》，载《环球法律评论》2006年第3期。

② 参见任华哲：《社区矫正中重新犯罪的风险与控制刍议》，载《理论月刊》2011年第8期。

在新世纪风险社会及管控、他者刑事政策[①]、恢复性司法与被害人保护等社会和司法新生理念制度背景下，20 世纪中期定型的特殊矫正一元论和单纯教育矫正论已难以适应我国社区矫正情境变迁和实践发展的需要，社区矫正研究需要根据实践需求和最新理论前沿发展，反思传统特殊预防一元论的理论和实践问题，辩证发展科学机能理论，进而推动社区矫正的制度创新，满足实践需要。

第一节　制度溯源：特殊预防与社区矫正的兴起

当下社区矫正的主流理论及其影响的实践理念仍持传统矫正预防的一元预设，认为区别于监禁刑强调报应惩罚和威慑预防目的，社区矫正以特殊预防目的和教育矫治模式为其制度着眼点，希望通过对人身危险性较轻的可矫犯罪人实行开放式处遇和社会化行刑，有效恢复其社会融入复归能力、防范再犯可能。[②] 受此目的决定，社区矫正在运行逻辑上采用个案评估处遇的医疗模式，根据不同犯罪人的人身危险性量身定制个殊化矫治改造和社会参与方案，消减其再犯可能性从而无害复归社会。[③] 这一理论模式直接埋下了社区矫正制度 20 世纪 70 年代实践大危机的重要伏笔。因此，要科学考察社区矫正运行问题的根源，首先需要明确特殊预防一元论的理念及其与社区矫正制度形成的密切关系。只有在厘清这一由理论到制度的紧密逻辑联结后，才可能准确切入判断社区矫正制度的运行问题之根源，从理论根基上寻求社

---

① 又称他者犯罪学，是由英国犯罪学家 Garland 总结的当代社会有别于以往的刑事政策重要特征，这一政策或犯罪学思路与传统自我犯罪学所主张的对犯罪人关心改造逻辑大相径庭，但却在社会中发挥重要影响，其核心内容是社会管理的严格化，将犯罪人视为对立方或陌生人、加以严密排除防范。See, Garland D.. The Limits of the Sovereign State: Strategies of Crime Control in Contemporary Society. The British Journal of Criminology, 1996(36), pp. 461-462.

② See, Eric J. Wodahl, Brett Garlan. The Evolution of Community Corrections: The Enduring Influence of the Prison. The Prison Journal, 2009(3), pp. 91-92.

③ 由于实证学派社会决定论的认知起点，教育矫正与复归社会理念有内在逻辑联系，并交互形成了社会防卫观和行刑社会化理念。一方面目的论上，复归社会意味着犯罪人对社会危险的消除，这与特殊预防目标一致，所以也是教育矫正要达成的目的之一，由此催生了社会防卫观念；另一方面机制论上，由于犯罪人格受社会因素决定而形成，所以，在社会中教育矫正效果最佳，复归社会也是教育矫正的实施逻辑，这就产生了行刑社会化需求。社会防卫论和行刑社会化的代表观点都是实证学派提出的。参见苗有水：《保安处分与中国刑法发展》，中国方正出版社，2001 年版，第 32-34 页。

区矫正合理化的解决之道。

一、特殊预防论的基本内涵

特殊预防论又称个别预防论，包含了特别威慑、隔离和教育矫正等理念。其基本观点是刑罚的目的除传统强调的报应和威慑（或一般预防）之外，还应该包括预防已经犯罪的受刑人将来再实施犯罪行为。这种理论提出时并不限于作为社区矫正制度的基本理念，而是作为统摄整个刑罚制度的基本理论或正当化根据。但社区矫正制度的出现和兴起却直接得益于这种理论，因此需要对其内涵作一明确梳理。

刑罚理论中，早期旧派预防目的论的代表人物，如边沁、贝卡里亚等人除了主张一般预防外，还都提到了特殊预防的目的。如贝卡里亚认为刑罚的目的包括："阻止罪犯再重新侵害公民，并规诫其他人不要重蹈覆辙。"①但是，这些早期的预防目的论代表人物都将论述的重点放在一般预防上，强调一般预防的首要地位，即强调刑罚的目的首先是通过刑罚的实施实现对社会一般人的有效威慑，普遍性的防范社会中的潜在犯罪人实施犯罪行为。这同一般预防更符合当时传统的功利理论有关，早起的预防论者也同时都是功利主义的支持者，他们认为，一般预防的威慑是通过功利的机制，将刑罚作为一种痛苦展现于公众面前，潜在犯罪人因为避苦求乐的功利本性而为了回避遭受刑罚的痛苦不去犯罪。但与一般预防理论相对单一的原理不同，特殊预防论实际上包含了许多不同的观点，这些不同的观点甚至源自不同的基础理论，并不能简单的为功利主义所涵盖：特殊预防论中的特殊威慑论强调了对罪犯的心理强制的功利原理，而另一派教育矫正论要求对罪犯进行教育、改造和隔离，其理论来源是生物和社会决定论的实证科学思想。个别预防论真正得到勃兴，是晚近 20 世纪的事情，"在现代，个别预防论不但风卷残云般地摧毁了报应论与一般预防论的理论阵地，而且独领刑罚根据论之风骚，并且迅即统帅了整个刑事实践"。② 尽管其极端的理论运用到实践造成的问题层出不穷并广受争议、引起了报应论和一般预防论的回潮，但特殊预防论还是对现存的刑罚制度产生了空前的影响。对特殊预防论的组成观点分述如下。

（一）特殊威慑论

最早出现的特殊预防理论是特殊威慑论。以往在谈到特殊预防论时，往

① ［意］贝卡里亚：《论犯罪与刑罚》，黄风译，中国大百科全书出版社，1997 年版，第42 页。
② 邱兴隆：《关于惩罚的哲学：刑罚根据论》，法律出版社，2000 年版，第 159 页。

往只谈教育矫正论或者将教育矫正论同这里所说的特殊威慑论混为一谈。不可否认，特殊预防理论主要的内容是教育矫正，这点尤其为大陆法系所认可，但是，英美刑罚理论上的特殊威慑论却有其独立的意义。特殊威慑理论的概念同教育矫正论预防方向一样，旨在排除罪犯的未来再犯可能。但与教育矫正观不同，其强调的是外在消极的威慑犯罪人，而非积极的教育矫正之。特殊威慑的理论基础是一种心理学的自我体验观："一个人自身经验所造成的心理影响要比他人经验（即从理性上吸取教训）所造成的印象深刻得多。所以，刑罚特殊威慑作用比普通威慑作用更为明显。"[①]基于这种心理上的自我体验，罪犯往往对刑罚有更深刻的心理印象，对刑罚之恶大于犯罪之利这一点有更直接的体悟，这种更加深刻的体悟进一步威慑犯罪者未来不敢犯罪。其与教育矫正的区别进一步由此可得：教育矫正是以将罪犯本质上从坏人改造成好人为目的，而特殊威慑不关心这种改造，施加更加强烈的外在威胁是其目的。将监狱改造的更加阴森恐怖可以加强特殊威慑的效果，但是，却明显不利于教育矫正，"让监狱最大限度的留下负面印象可以挫败造访者的再次光临（即再犯），但却起不到教育矫正的目的"[②]。特殊威慑理论在刑罚上一个直接的体现是对累犯的加重处罚。

（二）隔离论

特殊预防论还包括隔离论，又称丧失能力论，或者剥夺再犯能力论。这种理论认为，刑罚的根本目的是将罪犯强制与社会相隔离，剥夺犯罪分子危害社会的能力，使其不致再危害社会。这种理论主要由新派学者提出，随着近代自由刑的勃兴而产生，体现了自由刑除一般预防的目的之外的其他独立价值。新派学者都认为隔离具备除威慑目的之外的独立地位。对那些需要长期训练作案技巧的罪犯以及发泄性罪犯来说，隔离是最好的降低此类犯罪的方法。因为前者的犯罪需要长期训练，所以很难为新的潜在犯罪者所补充，犯罪人数相对固定而非弹性，隔离一个少一个；后者在犯罪时并不考虑成本收益问题，会不计成本的犯罪，所以，最好的控制此类再犯的方法就是隔离。[③]

隔离论的典型代表人物是龙勃罗梭。龙勃罗梭前期的观点认为，人之所

---

① 储槐植：《美国刑法》，北京大学出版社，1987 年版，第 303 页。

② Arnold H. Loewy. Criminal Law in a Nutshell. West Group, 2003, p. 6.

③ See, Ernest van den Haag. Punishing Criminals: Concerning a Very Old and Painful Question. NY: Basic Books, Inc. Publishers, 1979, pp. 57 – 58.

以犯罪在于其生物学的基础，是遗传基因造成的，所以有"天生犯罪人"的观点，即便在后期，龙勃罗梭仍然认为除了后天因素的决定外，天生犯罪人占到了三分之一的比例。对天生犯罪人来说，隔离是最好的方法。从其犯罪自然决定论和社会决定论的角度出发，龙勃罗梭提出了保安处分、生理治疗和流放监禁处死的三元刑罚观，其中，保安处分和流放监禁其实都起到了隔离的效果，因为龙勃罗梭相信对于无法治疗的犯罪人以及潜在犯罪人（他观点中的绝大多数犯罪人），唯一能做的就是将之于社会相隔离，剥夺其犯罪能力，消灭其危害社会的可能性，来保护社会。① 其后继者加罗法洛亦持同样的观点，他认为"正如讲究的家庭通过客人的言辞或举动发现客人缺乏社会教养而拒绝他做客一样，……同样地，从总体上看，社会也应该把那些个别行为足以清楚地说明他们缺乏适应能力的犯罪人驱逐出去"②。加罗法洛这种将犯罪者"排斥出社会圈"的看法为隔离理论提供了直接正当性。从自然犯的角度讲，犯罪是由生物原因决定的，无法予以教育矫正，在这种情况下，当然最好的方法就是将之隔离，剥夺其再犯能力。问题只是在于这种无法矫正、需要隔离的自然犯占整个罪犯的比例之大小及如何确定，广存争议。

（三）教育矫正论

特殊预防论最重要的组成部分是教育矫正论，又称教育论、教育改造论或矫治论，这一理论是特殊预防论的核心。教育矫正论认为，刑罚的目的在于教育矫正犯罪者，通过刑罚的教育矫正，使得犯罪者改恶向善，人身危险性消失，从而不致再危害社会。教育矫正论的立论前提是所谓的实证主义"一般决定论"：即人的意志并非自由，而是由生物属性和社会属性所决定，罪犯就是由生物原因和（或）社会原因造成的病态人格，如李斯特所言"犯罪是由实施犯罪行为当时行为者的特性，加上周围环境的影响所产生的"③。正是由于犯罪并非是由罪犯自身的意志使然，而是自然因素与社会因素单独或结合而导致的一种病态人格反映，所以，社会有义务对这种病态人格者进行治疗、教育和改造，使之以正常的人格复归社会。

主张教育矫正论的学者主要是刑法学新派的理论家们，他们从实证分析的结论入手，在批判意志自由论为基础的报复刑主义的基础上，将刑罚导向

① 参见[意]龙勃罗梭：《犯罪及其原因和矫治》，吴宗宪等译，中国人民公安大学出版社，2009 年版，第 77 - 101 页。

② [意]加罗法洛：《犯罪学》，耿伟、王新译，中国大百科全书出版社，1996 年版，第197 页。

③ 甘雨沛、何鹏：《外国刑法学（上册）》，北京大学出版社，1984 年版，第 119 页。

了教育矫正的温和目的。如刑法学新派代表人物菲利所言:“当用现代实证研究方法武装起来的近代心理学否认了意志自由的存在,并证明人的行为均系人格与人所处的环境的相互作用的结果时,你还怎么相信自由意志的存在呢?”[①]而如前所述,自由意志及其基础上的理性责任论正是报应主义刑罚存在的基础。所以,教育矫正论从根基上否定了报应主义的基础理念,并与之明显区隔。也正是在这种不同理念的基础之上,教育矫正论的代表人物李斯特才提出了目的刑与报应刑之划分,明确了刑罚的特殊预防(主要是教育矫正)目的。此外,作为特殊预防理论,教育矫正论也同时反对一般预防理论,因为这种理论把人视为可以功利计算的“正常人”,而这与矫正论把人看成有危险人格“病人”的前提根本不符。新派思想家批评一般预防论过于狭隘,认为很多犯罪如激情犯的产生,并非基于功利计算,犯罪人有时犯罪并不理性的计算苦乐,只是一种受生物和环境决定的变态人格反应。所以可以看出,教育矫正论采用了与报应和一般预防较不一样的决定论和变态人格理论预设,因此对刑罚的要求也不一样,更强调对罪犯思想的改造,而非仅仅惩罚或者威慑,其视野中的刑罚正是福柯意义上的从肉体的惩戒转换到精神的强制。

二、特殊预防的新派决定论基础和教育矫正核心

(一)特殊预防的新派决定论基础

整个刑罚预防论体系内部有一般预防和特殊预防两种理论观点,通常预防整合论者认为一般预防和特殊预防相互配合衔接,互补形成预防未来犯罪体系:一般预防是通过刑罚的痛苦施加效应而对一般社会主体形成普遍威慑,针对的是未犯罪的一般主体对象;而特殊预防是通过对犯罪人的威慑或改造而防范其将来再犯,针对的是已犯罪的特殊对象。然而,一般预防和特殊预防在逻辑上并非如整合论论者所认为的那么和谐,而是存在着源自刑罚旧派与新派对立立场基础上产生的观点冲突。与一般预防的旧派功利主义观相区别,特殊预防是在批判旧派(或古典学派)理性选择和心理强制观点过程中逐渐形成的实证哲学决定论立场基础上才形成的新派观点表达。

一般预防是为了防止潜在的社会一般人犯罪的可能性,刑罚通过自身的

---

① [意]菲利:《实证派犯罪学》,郭建安译,中国人民公安大学出版社,2004年版,第132页。

威慑效力使得社会的一般人不敢犯罪。所以按照一般预防的设计，刑罚的实施不是对已经犯罪的人起作用，而是对那些没有犯罪的社会一般人起的作用，所以，其机制属于“墙里开花墙外香”的外在制约型。因此，如果具有一般预防目的的刑罚起到它所要达到的效果，应该是社会中没有犯罪，或者犯罪很少。而特殊预防则是针对已经犯罪的人进行的教育改造活动，所以，特殊预防之产生的一个前提假设就是社会仍然存在着一定数量的犯罪人，且犯罪人的多少决定着特殊预防作为刑罚目的的重要程度。如果社会中犯罪的人很少，特殊预防的重要性就会减少，而如果已没有犯罪人，那么就没有特殊预防的必要性。因此，作为特殊预防前提的犯罪人数量的存在和恒定，恰恰说明了刑罚没能有效地遏制社会一般人的犯罪，也即表明了以一般预防为目的的刑罚之失败和无效。正如菲利之看法：“由于刑罚不能防止犯罪行为的发生，每次处刑（从一般预防的角度）都被证明是无效的。因此，这种医治方法毫无价值。对犯罪原因的深入研究表明，人不犯某一罪行，是因为有完全不同的原因，而不是畏惧刑罚，这些强有力的基本原因并非立法者的威吓所具备的。”①

一般预防所要达到的效果是要消除社会一般人的犯罪，因此，恰恰也消灭特殊预防的存在的前提，即取消特殊预防存在的必要性，二者之间的对立由此产生。而造成这种对立背后的原因就在于二者的理论前提并不相同，甚至存在矛盾，也就是两种预防观从根本上对犯罪原因认识存在显著差异。一般预防观出现于启蒙时期，其理论渊源主要是费尔巴哈的心理强制和边沁的功利主义，所以，其所认为的犯罪产生原因在于行为人的基于避苦求乐心理和功利原则作出的自我选择，是行为人意志自由②的产物，而非由外在因素所决定，所以，一般预防论仍然坚持了犯罪原因论上的旧派观点，认为人是理性和意志自由的，可以认识自身行为和作出符合客观规律如功利主义的理性选择，如同托奇的总结“古典犯罪学（旧派）都是以一致心理学为坚实基础的。

① ［意］菲利：《实证派犯罪学》，郭建安译，中国人民公安大学出版社，2004 年版，第 156 页。

② 虽然费尔巴哈认为从法的角度讲人并非意志自由，而是受趋利避害的因果律所决定的。但是，其实他没有考虑到他的观点暗含了意志自由的内容在。如果人并非是意志自由而完全是由因果律所已经决定，那么，后来法律对已经被决定了的人的意志就不可能促使其改变。人如果想要真正趋利避害，其首先必须具有自我行为决定的意志自由。

它们都认为，每一种犯罪行为都是经不起引诱而由自由意志决定的结果”[①]。因为人是意志自由的，所以，功利的考虑可以引诱自由意志的人们选择犯罪，也可以用来引导人们不犯罪，从而预防犯罪。只要利用刑罚增加行为人作犯罪选择时的痛苦程度，使之超过犯罪之利，便对行为人产生了心理上的威慑强制，使得行为人在认知刑罚之苦后，意志上作出不犯罪的选择。从这个意义上说，一般预防是可以对行为人是否犯罪的选择起作用的。而特殊预防论者正是在批评这种观点的基础上，伴随着十九世纪中期实证主义和科学的决定论立场而逐步发展起来的，因此，被称为新派决定论。比如，特殊预防论代表人物菲利就认为，受激情支配的人不是刑罚的威慑所能控制得了的，甚至预谋犯罪人也并不在乎刑罚对犯罪的威吓。[②] 而之所以在特殊预防论者看来一般预防理论起不到必要的遏制犯罪的作用，是因为其对犯罪发生原因产生了认识错误。特殊预防论者批判了作为一般预防认识论基础的意志自由论，认为人的行为并非是意志自由的产物，人也不能自由选择其行为，不管是龙博罗梭、加洛法罗强调生物学和自然决定论，还是菲利的生物、地理和社会三元决定论，或李斯特的自然与社会两元决定论，都认为犯罪与人的自由意志无关，而是已经被自然和(或)社会原因所决定了，这就是意思必致论或决定论的犯罪原因观，“我们的行为依我们身体上(有形及无形的)要素与我们环境的要素的竞合而左右，从而为之的意思也依此等要素是必然的自然而然的因果，而我们绝没有成为意思自由之物”[③]。所以，人们一旦被自然和(或)社会因素决定了，就无法根据心理强制机制和功利主义原则作出因势利导的自由选择，一般预防对预防犯罪这时是没有用处的，一般预防也不能真正地减少和消灭犯罪，这就是为什么特殊预防论者对一般预防漠不关心的原因所在。而真正对社会预防犯罪有用处的除了特殊预防之外，就是改变导致犯罪发生的自然因素和社会因素，实施良好的刑事政策，而非通过刑罚的方式来进行一般预防。当然，刑事政策的问题已经远远超越刑罚的范围。从决定论角度讲，刑罚只对教育改造已经犯罪的人起到了作用，其意义在于特殊预防

---

① [美]汉斯·托奇主编：《司法和犯罪心理学》，周嘉桂译，群众出版社，1986 年版，第 212 页。

② 菲利为此专门举了伪造货币罪的例子证明威慑没有效果。伪造货币的犯罪分子在伪造货币时天天看到货币上所标注的对伪造货币罪的惩罚，但是仍然无动于衷。犯罪事实已经提醒了罪犯有法律的威胁，但犯罪人仍然很冷静的犯罪。参见[意]菲利：《实证派犯罪学》，第 157 页。

③ 马克昌主编：《近代西方刑法学说史》，中国检察出版社，2004 年版，第 142 页。

而非一般预防。

特殊预防论者，比如目的刑主义的提倡者李斯特，对功利主义影响人的自由选择这一点是持怀疑态度的，他只相信犯罪是由自然和社会决定的，其中并没有人进行功利选择的含义，因此，以功利主义机制为基础的一般预防企图对行为人意志选择产生影响并减少犯罪这一点不能成立。所以，李斯特的目的刑主义虽然没有排斥一般预防，但是，作为犯罪原因决定论的代表人物，他还是将目的刑重心落在了与决定论相协调的特殊预防之上。这体现出特殊预防之认识基础与前述功利主义刑罚观的第二个层面——即通过刑罚之苦大于犯罪之利的机制来预防犯罪的观点——是相互冲突的，因为李斯特并不承认功利是决定人的行为选择的机制，而认为人的行为是由外在自然、生物和社会因素决定的。说李斯特的目的刑理论也存在功利主义的因素，至多只能在功利主义刑罚观的第一个层面上——也就是实现社会安全保障即最大幸福这一点上来说，因为李斯特至少承认刑罚预防的目的是保护法益，也就是保护法律上承认的利益，最终也就是增进了边沁功利主义所说的社会的幸福。综上可见，预防论的两大基石即目的刑和功利主义之间虽然在功利目标层面上(保障社会功利幸福即功利目标)可以共存，但是，在功利机制层面上(预防是否采用功利机制)却存在逻辑上的相互冲突而无法相容。

（二）特殊预防的教育矫正核心

特殊预防第一个层面的特殊威慑论同一般预防论具有相同的立论基础，皆是刑法旧派代表的功利主义思想的产物，这就与上述新派决定论的出发点存在逻辑矛盾，难以成为特殊预防的主要内容。而且更进一步而言，由于特殊预防的对象是已经犯罪的罪犯，而这些罪犯存在本身就说明了一般预防通过功利机制去威慑潜在犯罪人不去犯罪的方式并没有起到应有的作用，仍然有大量罪犯不惧威慑而犯罪。因此，同一般威慑论一样依靠威慑机制作为预防手段的特殊威慑论其效果就被普遍质疑，特殊威慑论越来越少的被学者当作特殊预防的内容。

受特殊预防的新派决定论逻辑所决定，特殊预防的主要内容是隔离理论和教育矫正：这种隔离加教育论作为刑法学新派理论的产物，与旧派边沁、费尔巴哈的学说基础存在差异，虽然其与旧派一般预防都可以放在功利预防论的大框架内，但是正如纽曼(Graeme Newman)所说："(隔离和教育的新派理论)由于构建了其自身独有的一套基本原理(生物社会决定论)，它又远远超越了功利论。"①正是由于以上的原因，在刑法学以旧派观点支撑的经典论述中，一般预防论因为代表了传统旧派理论的经典观点常常超越特殊预防论成为预防论的阐述重点，而"一般预防理论全面主宰刑罚理论的情势，直至19世纪末叶经由刑法大师封·李士特(李斯特)提出'特殊预防理论'之后，才发生转变"②。

因为都是新派理论的产物，隔离和教育矫正具有一体两面的特性。隔离论和教育矫正的哲学基础都是新派基于实证主义观的一般决定论，即认为犯罪人是由自然、生物因素和(或)社会因素一起决定的，犯罪人本身没有意志自由，也不是理性的，犯罪只不过是一种病态人格的反应。所以，要对犯罪人根据其人身危险性的大小采取不同的刑罚对策。其中，对可以救治的就采用以教育矫正为目的的刑罚对策；对无法救治的就采用以隔离、剥夺再犯能力为目的的刑罚对策。

不过，即使在隔离和教育矫正两种理念之间，教育矫正居于特殊预防的主导地位。一方面，从新派的理论出发，隔离要么是针对尚未矫正成功的犯罪人的权宜之计，要么是针对极度危险的无法矫正的少数犯罪人的罕见措施，始终处于矫正措施的相对补充地位。这是因为需要专门隔离的受刑对象毕竟是局部的和少数的，隔离本身也正是当下的临时措施，并非长远实现预防再犯的有效手段，无法保证特殊预防目的的实现。而另一方面，几乎所有的犯罪人都具有教育矫正的必要性，只有教育矫正才是特殊预防有普遍代表性的必然逻辑理念，教育矫正也是保证特殊预防防范再犯、实现社会防卫的核心机制，是长远实现再犯预防的必要手段；犯罪人也只有经过了教育矫正恢复了正常人格，才能最终复归社会，从根本上消除再犯可能性。因此，可以说教育矫正是特殊预防的关键机制和中心环节，是直接表征特殊预防理念的理论核心。特殊预防与教育矫正是逻辑存在必然关联的统一理论观点，在包括社区矫正在内的行刑实践中，特殊预防论的主要作用就体现在教育矫正机制对行刑制度的全面影响；教育矫正作为行刑实践的中心环节也正体现了特殊预防论对行刑的主导地位。

三、特殊预防催生社区矫正制度的兴起

社区矫正制度的兴起与特殊预防论中的教育矫正理念的流行有密不可

---

① Graeme Newman. The Punishment Response. Harrow and Heston, 1985, p. 211.

② 林山田：《刑罚学》，台湾商务印书馆股份有限公司，1983年版，第73页。

分的关系，社区矫正作为行刑方式本身肇始于朴素的特殊预防和教育矫正理念，其制度流行也基于特殊预防论的时代需求。

（一）基于朴素特殊预防观的社区矫正缘起

作为一种刑罚执行意义上的社区行刑方式，社区矫正的萌芽可以追溯到十四世纪英国判例法中的承诺缓刑制度。英国法院通过判例允许在犯罪人选择宣誓遵守不再触犯法律的诺言时，就对其予以有条件释放。在释放后，当地的牧师基于挽救犯罪人的朴素矫正观念，志愿承担了对犯罪人的监督和矫正工作，这成为社区矫正的最早雏形。[①] 而近代社区矫正首次出现于美国波士顿法院的附条件释放判例。1841 年，被誉为“美国缓刑之父”的鞋商约翰·奥古塔斯(John Augustus)向波士顿地方法庭请求通过志愿对一名醉酒暴力犯罪人进行监督教育，以换取这名犯罪人不再被监禁，这一做法体现了朴素的通过教育矫正救助犯罪人的特殊预防理念。该法庭给了这名犯罪人三个月的改造宽限期，奥古塔斯给这名犯罪人提供工作，并教育其不要饮酒、对其行为进行监督，对这名犯罪人进行了良好的教育矫正。这名犯罪人在奥古塔斯的教育帮助下三个月后表现良好，法院决定不再予以监禁而是释放。此后如法炮制，到 1859 年奥古塔斯去世，他使用自己的居所共监督教育了 1 956 名犯罪人，其中包括大量的未成年犯罪人，但仅有一名犯罪人再犯，他也成为历史上最早的也是最成功的社区矫正官。奥古塔斯模式就是后来缓刑和社区矫正制度的雏形，波士顿所在的马萨诸塞州借鉴奥古塔斯的经验于 1878 年颁布了世界上第一部成文缓刑法，规定对缓刑对象的有条件释放和教育改造，社区矫正由此与缓刑同步制度化。[②] 从缓刑制度的历史起源中可以发现，社区矫正措施起源于怀有朴素特殊预防理念的志愿缓刑服务，社区矫正与缓刑制度几乎相伴相生。

后来，假释制度自澳大利亚创制并逐步扩展，亚历山大·莫诺奇(Alexander Maconochie)作为英国驻澳大利亚的监狱长，自 1840 年开始在澳大利亚诺福克岛实施有条件提前释放，成为假释制度的萌芽。但这一做法一开始仅是为了缓解监狱负担，让受刑人自食其力，通过社会和受刑人自己分担受刑成本，几乎没有矫治的考虑，这一做法也并未能得到推广。1850 年开始，沃特·克劳福顿(Walter Crofton)借鉴莫诺奇经验在爱尔兰监狱推广“释放

---

① See, Joan Petersilia. Community Corrections: Probation, Parole and Intermediate Sanctions. Oxford University Press, 1997, p. 56

② See, Robert D. Hanser. Community Corrections. SAGE Publications, 2013, p. 78.

券"制度,囚犯表现好可以得券有条件提前释放,进一步完善了假释制度,并开始要求得到有条件释放的受刑人接受管理,其监狱外教育改造情况受到监督。而假释中真正有制度化的教育矫治措施则是1876年在美国密歇根州开始的由则布隆·布洛克维(Zebulon Brockway)适用的有条件提前释放,其释放制度中明确要附加监管和矫正,这就正式确立了假释中社区矫正的行刑方式。① 相比缓刑与社区矫正在起源上的相伴相生,假释制度明显并非社区矫正原生制度,是随着特殊预防理念的兴盛在行刑措施中后来逐渐形成的矫正机制。

而且一直到二战前,相对于监禁刑而言,实行社区矫正的缓刑和假释等非监禁刑一直处于绝对弱势和非主导地位,只能作为监禁刑的补充。②

(二)社区矫正依靠特殊预防理念勃兴

而社区矫正真正兴盛要到二战之后,当时,特殊预防刑罚理念的流行是社区矫正主导行刑的主要原因。虽然特殊预防论出现很早,但实践中以教育矫正为核心的特殊预防论替代一般预防和报应论成为行刑理念的主流则经历了一个漫长的过程。1872年,在伦敦召开的第一届国际监狱会议,确立罪犯教育矫正和复归社会的理念,促进了刑罚目的由传统的"惩罚"向"矫正"的转变。但此后两种观念彼此交锋,特殊预防论缓慢发展一直到二战后才成为了行刑主导理念。而以特殊预防和教育矫正理念审视二战后世界的行刑态势可以发现,主要基于惩罚威慑而生的监禁处遇在实现特殊预防目的时困难重重:交叉感染、社会剥离和犯罪标签等问题导致犯罪人教育矫治效果低下、无法有效融入社会而再犯率高涨。③ 即便监狱部分采纳了新派强调的教育改造方法也无法缓解上述监禁刑的改造压力与矫治弊端,亟需新的行刑模式缓解监禁刑的问题、分流监禁刑的压力。而基于教育矫正和复归社会观念而生的社区矫正制度无疑成了这一替代行刑方式的最优选择。监禁刑的种种弊端在社区矫正制度中都得到了针对性克服:社区中相对自由的服刑降低了交叉感染的可能性,在社区中服刑并不与社会隔绝从而不会产生剥离问题,而且社区服刑没有明显的犯罪人标签,所遭受到的社会排斥与压力较小。

---

① See, Joan Petersilia. Community Corrections: Probation, Parole and Intermediate Sanctions. Oxford University Press, p. 79.

② See, Robert Hanser. Community Corrections. SAGE Publications, 2013, p. 96.

③ See, Eric J. Wodahl, Brett Garland. The Evolution of Community Corrections: The Enduring Influence of the Prison. The Prison Journal, 2009(89), pp. 91 - 92.

也即社区矫正制度首先个别性的考察具体犯罪人之人身危险性，再对不致再危害社会的犯罪人从轻处遇、直接在社会中接受教育矫治，从而改善犯罪人处遇效果和复归社会能力。[①]所以说，“社区矫正是通过各种非监禁性刑罚或者刑罚替代措施，使罪犯在社区改造，以规避监狱的弊端，让社会力量参与罪犯矫正事业的罪犯处遇制度”。[②]

可以说从特殊预防论的角度，社区矫正较为充分地克服了监禁刑的矫治弊端，且契合了教育矫正和复归社会的特殊预防机制，从而与特殊矫正理念同步流行和快速发展。在这一过程中，社区矫正更进一步顺应了当时提倡的刑罚轻缓化的人权保障需求，成为有效控制再犯、实现特殊预防目的最优监刑替代方案，在发达国家渐成勃兴趋势。这一趋势的重要标志是 1973 年在美国明尼苏达州，世界上第一部独立于其他行刑制度的专门《社区矫正法》诞生，该部法律的立法内容专门规定了社区矫正的准入和实施制度，体现了社区矫正在司法行刑中的主流地位。这部法律不仅规制了政府部门的社区矫正计划、社区矫正项目的发展，同时明确了相关权利人的权利与义务，为罪犯提供相应的帮助。此后，美国各州相继制定并通过了本州范围内的社区矫正法律法规。可见，社区矫正是专门为了达成有效矫正机能而采用的制度设计。1970 年代社区矫正已经占据了世界行刑模式的主流地位[③]，标志着矫治主义的刑罚论述形成从行刑思维、机制、结构到运作实践的话语霸权，而与矫治论述相背离的报应、威慑（或一般预防）等理念都被认为是落后的刑罚观而遭到蔑视与排斥，世界刑事司法处遇进入矫治至上时代。

从规范进路而言，社区矫正制度属于整个刑罚体系之一部，当然遵循作为刑罚规范之根基的刑罚正当性或刑罚目的理论。而对刑罚正当性理论的谱系学考察表明，在刑罚目的理念从简单到复杂、从一元到多元的进化历程中，秉承悠久历史传统的报应理论、近代兴起的一般预防理论以及折衷二者的二元论作为刑罚目的的前期理论，都只是对强调惩罚意义的传统实刑刑罚体系产生直接影响；而孕育社会矫正因子的特殊预防论是伴随着科学主义和

① See, E. H. Johnson. Crime, Correction and Society: Introduction to Criminology, Wales: Dorsey Press. 1978, p. 117.

② 参见冯卫国：《行刑社会化研究——开放社会中的刑罚趋势》，北京大学出版社，2003 年版，第 181 页。

③ 目前许多国家尤其是发达国家，社区矫正不仅制度多样，适用面广，而且适用人数已大大超过监禁服刑人数，基本占据行刑方式的主流。参见吴宗宪：《社区矫正比较研究（上）》，中国人民大学出版社，2011 年版，第 45 页。

实证主义之兴盛晚近方对刑罚目的理念产生重大影响，其催生的社区矫正制度更是直到二战后方才勃兴；因此相比于古老的刑罚制度，社区矫正可说是为了适应现代社会犯罪控制和社会治理之需要才兴起发达的新制度设计。

第二节　实践危机：矫正负效、行刑肆意与安全质疑

单以特殊预防理念支撑发展的社区矫正行刑模式虽在二战后在发达国家普及性发展，却在运行中面临了重大挑战，出现了诸如美国 1970 年代社区矫正批判等一系列基于特殊预防理念产生的典型实践危机。一是以再犯率表征的犯罪人改造效果远未达期待，经过社区矫正的犯罪人再犯率仍然不低。许多实证研究都表明社区矫正效果有限，如著名的马丁森实证调查认为矫正对减少再犯几乎没有帮助，社区矫正的改造效果甚至不如监狱①；二是社区矫正缺乏标准的不定期释放和相对随意的处遇与监管措施引起行刑肆意，对行刑确定性存在广泛质疑②；三是犯罪率的高涨和矫正中再犯使得社会对社区矫正开放式处遇之安全性产生疑虑，安全防护重新回归公众的期待重点。

一、社区矫正的改造效果不佳

1970 年代对社区矫正实践种种质疑中诟病最重的就是社区矫正的特殊预防效果比预期出现较大倒退。依据特殊预防理论应强调对矫正对象的个体化行刑处遇、个别因材施刑，导致决定处遇措施的矫正执行者所受之规范限制较少，从而具有相对较大的自由裁量权，所以矫正质量往往因人而异，难以控制和把握，因此，矫正效果往往比预期的理想状态要大打折扣。如在美国 1970 年代社区矫正后的罪犯的再犯率相对较高，表明社区矫正的预防效果不尽如人意。③

1974 年，美国学者罗伯特·马丁森（Robert Martinson）根据其长期对犯罪人矫正效果情况的实证跟踪研究，发表了《什么有效？关于监狱改革的问题与回答》④一文，代表性地提出了特殊预防和教育矫正论在行刑领域一统天

---

① See, Robert Martinson. What Works? Questions and Answers about Prison Reform. The Public Interest, 1974(25).

② 参见许福生：《刑事政策学》，中国民主法制出版社，2006 年版，第 345 页。

③ 同①。

④ 同①。

下之后，包括社区矫正在内的各种矫正措施在实际运行中并不尽如人意。他甚至悲观地得出结论认为，除了极少数和个别的例外情形，迄今所成立的矫正活动都没有对累犯有明显的作用。社区矫正远没有所设想的那样相对于监禁矫正存在超越性的特殊预防效果，而是一样的效果不佳甚至效果更差，出现对比负效。后来，马丁森与利普顿、威尔合作发表了根据其在纽约州的实证调查而全面研究矫正效果的专著《矫治的有效性：处遇评估研究的调查》[①]，更进一步阐述了其对社区矫正矫治效果的悲观立场，认为社区矫正并未形成真正证明有效的具体矫正模式，从效果来看，社区矫正仍然是有待确证的处遇措施。马丁森的实证研究在美国刑事司法理论界和实践界都产生了极大反响，对当时鼓励支持社区矫正并将社区矫正作为替代监禁刑之重大进步的刑事司法实践而言，产生了爆炸性反响和争论，因此，马丁森研究成果也被称为"马丁森炸弹"。"马丁森炸弹"引发了从理论到实践对矫正效果的进一步争论，有人质疑马丁森的研究方法，尤其是实证统计法过于粗糙也不够科学，也有人认为，马丁森本身立场有反教育矫正的偏向性预设。[②] 而更多的研究者则是亲身实证，进一步从自己的研究结果对社区矫正进行了深入反思。此后的许多研究虽然并未一味附和支持马丁森的观点，但也有相当多的研究表明社区矫正效果远未达到预期，社区矫正的理论理想与司法实践尚有一定的距离。[③] 这表明这一时期社区矫正的理论和实践皆值得进一步反思。

二、社区矫正的行刑措施肆意

1960 到 1970 年代，社区矫正过程中和矫正后的罪犯违规率和再犯率大增，表现出社区矫正另外一个突出问题是，社区矫正在量定时标准不够准确，放纵仍然具有较强人身危险性的犯罪人过早复归社会。特殊预防理念要求在法官判定受刑人是否予以复归社会的矫正时机时，可根据犯罪人的人身危险性相对自由裁量，而且这种裁量因为个体差异应尽量少受法规限制。而这恰恰可能导致法定标准不明和量刑不公，无法准确把握矫正过程中复归社会

---

① See, Lipton Douglas, Martinson Robert, Wilks Judith. The Effectiveness of Correctional Treatment: A Survey of Treatment Evaluation Studies. New York: Praeger, 1975, pp. 14 - 39.

② See, Francis T. Cullen, Brandon K. Applegate. Offender Rehabilitations: Effective Correctional Intervention. Aldershot: Dartmouth Publishing Co, 1997, p. 152.

③ 参见吴宗宪：《社区矫正比较研究（下）》，中国人民大学出版社，2011 年版，第 739 页。

的罪犯之违法可能性[①]，表现为社区矫正的行刑措施肆意问题非常严重，不仅再犯率无法有效遏制，更严重的是也造成了矫正公平性问题。实践中社区矫正的行刑措施肆意主要表现在三个方面：

首先，时限方面，不定期刑的采用导致社区矫正的时限出现严重不一致。根据特殊预防论矫正的期限应取决于个别化判断的犯罪人的人身危险性程度，这样就无法通过事先固定的刑期来决定矫正的期限，因为犯罪人的人身危险程度要看矫正中具体的评估情况，因而是无法固定的，这就要求采取相对灵活的不定期刑来给予矫正期限一定的判断幅度。这样虽然在理论上契合了特殊预防和教育矫正的需要，但由于当时评估本身并没有确定的标准，完全靠行刑委员会的个别化主观判断，所以，导致了同类犯罪的行刑期限出现巨大差异。据当时的统计，在美国实行不定期刑的州之行刑案件中，同类性质和程度的犯罪最短和最长的矫正刑期最高相差四倍[②]，这就远远超过了犯罪人自身因素影响刑期的合理水平，出现了明显的行刑期限相对任意认定问题，因此备受社会诟病。

其次，矫正措施方面，社区矫正中对犯罪人的处遇措施在个案判断的原则下随意性大，同案不同矫问题比比皆是。由于特殊预防所依靠的教育矫正机制是个别化的，所以没有一致的矫治标准可以参照，只能针对每个被矫治对象的独特人身危险性情况定制个殊矫治方案，这种方案是否有效则完全依赖于矫正官的主观判断决定。在对矫正官的矫治效果缺乏有效的考评和监督机制的情形下，一方面矫正官的知识水平和矫治能力参差不齐无法保证矫治的科学有效，更难以保证矫治的一致性；另一方面矫治效果外的不当因素可能影响矫正官的方案择取，且由于缺乏规范约束和有效监督，这种不当影响并没有有效机制加以纠正，诸如矫正官为追求矫治数量过分缩短矫正期限、加快矫治流程等问题就难以避免。[③]

最后，监管措施方面，社区矫正同样存在着个别化判断所带来的任意性弊端，对矫正对象究竟是采用相对严格的监督手段，如每日报道的日居中心措施，还是相对宽松的准开放手段，如矫正外出批准措施，完全依赖于矫正官

---

① See, American Friends Service Committee. Struggle for Justice. NY: Hill and Wang, 1991, p. 35.

② 参见李贵方：《不定期刑比较研究》，《法律科学》1992 年第 1 期。

③ See, Edward J. Latessa, Paula Smith. Corrections in the Community. NY: Routledge, p. 384.

的个别判断。矫正官的行刑管理裁量权力较大，但又没有明确的规范依据，这就导致个别化的处遇理论在实践中表现为矫正监管措施的任意性问题。[①]

三、社区矫正的社会安全威胁

社区矫正相对于监禁行刑来说，本来就存在着安全性的劣势：一方面在社区中服刑的犯罪人可以与社会全面和直接的接触；另一方面矫正的监管措施相对于监狱极度弱化，矫正对象享有极大的人身自由：诸如定期报到或外出批示制度等半开放式监管机制相对于监狱系统化、全隔离的严格监督制度不可同日而语。因此，社区矫正在先天安全保障机能上相对于监禁处于不利地位，只能适用于人身危险性较小、对社会安全不构成威胁的犯罪人。然而，由于特殊预防的个别化处遇要求，社区矫正本就弱势的安全监管机能进一步在实践中存在重重保障困难，不仅增大了社会安全风险，也增强了社会整体对社区矫正的不信任感。

首先，个别化的入矫评估缺乏准确性而造成社会安全风险。确定是否进入社区矫正的标准主要是基于犯罪人是否具备对社会的再犯危险性。而这种危险性的评估从特殊预防论的视角出发应该是非标准和个殊性的，只能依靠事先的人身危险性评估。由于特殊预防论影响下的早期评估缺乏具体的量化标准和指标规范，这种评估大多是风险评估工作者依靠经验调查和主观判断的评估过程的产物，这一过程受制于评估原理的不完善、评估工作者的潜在倾向、犯罪人的临场表现和社会政策取向等诸多制约因素，因此，其评估结论的不可靠性一直存在，许多存在潜在危害风险的犯罪人可能被视为允许社区矫正的对象而进入社区矫正范围，造成矫正中对社会安全的实际危险。[②]

其次，前述特殊预防所造成的矫正中监管的随意性造成即刻侵害社会危险。如前所述，矫正中的安全监管措施主要由矫正官来决定，虽然有一定的矫正对象风险评估机制可以相对确定犯罪人的风险程度，但针对具体风险程度采取什么样的监管措施以及如何采取这些措施就完全取决于矫正官的主

---

① See, Leanne Fiftal Alarid. Community based Corrections. Wadsworth: Wadsworth Publishing, 2014, p. 122.

② See, Edward J. Latessa, Paula Smith. Corrections in the Community. NY: Routledge, p. 384.

观裁量。[①] 在矫正官素质参差不齐和观点不一的情形下，矫正监管就难以实现普遍的有效性，对矫正对象缺失必要的监督措施，从而致使脱管漏管常常难以避免，导致对矫正中的再犯也就无法予以事先预防。矫正对象对社会的侵害危险相应增大，许多矫正对象在矫正中趁着监管漏洞而实施犯罪行为。

最后，特殊预防论下的矫正结果评估也无法杜绝矫正后对社会的再犯危险。与入矫评估的个殊性相一致，特殊预防论认识下的出矫评估也具有非标准性和个别判断的问题，这就进一步导致了对矫正对象的结果评估同样存在准确性疑问。在评估工作者的经验判断缺乏有效监督和验证的情形下，难以避免放纵尚有一定危险性的矫正对象被提前解除矫正。而解除矫正后原有的矫正中安全监管措施，诸如定期报到、活动限制和行为抽查等都已不再实施，而仍具备再犯危险者就有再犯的极大可能性，对社会安全的威胁不言而喻。

第三节　价值难题：矫正不公和权利威胁

除了前述由于特殊预防论及其个别预防逻辑所导致的实践问题之外，更为严重的是早期社区矫正进一步造成了对作为行刑基础的重要社会价值的威胁。行刑作为刑罚制度的一部分是建立在一定的价值体如公平、正义和人权的基础上的，行刑制度的运行也是为了更好地满足刑罚的这些价值目标。但特殊预防论下的社区矫正恰恰在实践中无法保证满足作为刑罚基础的那些价值目标，存在从根本上动摇刑罚制度价值基石的可能性。

具体而言，跟特殊预防的个体处遇原则相适应，在量定和执行社区矫正过程中的司法裁量权过大，因此，对人身危险性相同的个体可能在不同的地方其社区矫正的时间、约束措施和完成标准皆不相同[②]，这就一方面导致了前述社区矫正实践的行刑随意问题，并进一步延伸为行刑公平缺失和正义不彰等损害基本行刑法律价值问题，导致社会民众对刑罚制度的公正性产生质疑；另一方面，也导致了对刑罚中权利保障价值产生负面影响，矫正对人身权利限制的必要性和妥当性都存在不足，不仅可造成对人身自由的不当限制，

---

① See, Joan Petersilia. Community Corrections: Probation, Parole and Intermediate Sanctions. Oxford: Oxford University Press, p. 79.

② See, Leanne Fiftal Alarid. Community based Corrections. Wadsworth: Wadsworth Publishing, 2014, p. 122.

也无法实现对刑事司法中受刑人权利的必要尊重和公平保护。

一、刑罚价值及其意义

首先,需要说明的是关于价值的定义非常复杂和广泛,至少有十几种之多。但是,价值一词通常是用在表征主客体关系的意义上。如日本学者牧口常三郎“明确地把价值定义为‘主体与客体之间的关系’”①,即价值用来表征为主体(人及由人所组成的团体)对客体(物)的需要和客体对主体需要的满足。以此引申出价值的两重意义:首先,就主体对客体的需要来说,体现了主体(人)进行实践活动的动机和目的,客体不仅是主体感知和反映的对象,还是主体实践和改造的对象,而这种实践和改造是满足人的需要,即体现了人的价值追求。主体对客体的需要体现了价值含义中人的主观性和目的性,这是价值关系的第一个层面。其次,就客体对主体需要的满足来说,体现了客体(即事物)所具有的对主体有意义、可以满足主体需要的正面功能。在这个意义上讲,当事物对人们来说是有用的、有意义的,能满足人们的需求,我们通常就说这事物是有价值的,而当这个事物对人们来说是没有用的、没有意义,不能满足我们的需要,我们就说这个事物是没有价值的。客体对主体需要的满足体现了价值含义中事物的客观性和目的性,这是价值关系的第二个层面。当这两个层面结合在一起的时候,就体现了完整的主客体之间需要与被需要、满足与被满足的互动关系,体现了价值完整的主客观相统一的内涵。这两个层次的价值的含义其实是相互联系的,没有主体对客体的主观需要,就谈不上客体对主体这种需要的满足,而没有客体对主体需要的满足,仅仅主体对客体的需要也就失去了意义。

虽然并不否认前述价值双层次说,但是人们在使用“价值”一词时,往往对价值的两个层面的意义有侧重的使用,强调价值某个层面上的意义。它既被用来指称人们对事物按照自己的需要所进行的主观评价标准和观念,如道德标准等,即主观对客体的需要的内容,属于价值意义的第一个层面,也就是我们通常所说的价值观;也被用来指称各种抽象的能满足人们需要的事物概念,如安全、幸福、自由等等,属于价值意义的第二个层面,也就是价值体。所以,价值即是“反映的是人们心中关于美好的和正确事物的观念,以及人们

① [日]牧口常三郎:《价值哲学》,马俊峰译,中国人民大学出版社,1989 年 8 月版,英文版序言,第 2 页。

'应该'做什么而不是'想要'做什么的观念",也是指"值得希求的或美好的事物的概念,或是值得希求的或美好的事物本身"。①

从以上两个层面的价值意义来看,社区矫正作为刑罚制度所要体现和保障的价值相对应就有两方面的含义:一方面用来指代通过刑罚所体现出来的某种主观评价标准和道义观念。也即刑罚作为一种载体,体现了人们对作为刑罚调整对象的事物所体现出来的主观要求和价值评判,这是一种具有主观性和目的性的人们需求和意念的体现,常体现为社会的道德伦理观念。比如禁止杀人的刑罚规定的价值,在这层意义上,也就意味着人们主观上对杀人所作出的负面评价。不杀别人是人类社会的一种用以满足人类生存和生活的观念需要,因此,对人们来说就是有价值的,也是一种善的道德要求。也正是在这个意义上,我们把那种认为刑罚需要符合某种社会的道德和正义观念的观点称为行刑价值的观点。

但是需要强调的是,并非任何的道义观念都能成为刑罚所体现和保障的价值观。刑罚制定的形式主体是国家,背后有国家所代表的全体人民,所以,刑罚体现的价值观或道义观不是随便个体或少数群体的价值观和道义观,而必须是通过国家的法定民主程序上升为国家立法意志的人民普遍认可的基本价值观和道义观。这种刑法背后的价值观念被西原春夫经典地称为"国民的欲求",他的总结很好地体现了对刑法所持有的价值观念进行必要限定的逻辑:"刑法是由高度政治化、组织化的社会即国家制定的。因此,刑法是以要求制定刑法的人的欲求为基础的,但每个人的欲求有所不同,因而不能认为每个人的欲求都是平等的。在这里,无论如何要作一定程度的抽象化。也就是说,国家在制定刑法时,作为其直接基础的是'当国民对不良行为的状况以及为此而制定刑法的意义普遍有了正确的认识时所抱有的欲求'。如果用一句话来说,就可以归纳成'国民的欲求'这个概念"②。

另一方面,这种刑罚价值也用来表示刑罚所体现和保障的满足主体需要的抽象事物。刑罚所体现的能够满足人们需要的事物并非具体的事物本身,而是抽象的事物,即客观的抽象价值体,比如安全、自由和利益等等。这些事物虽然以概念化的形式出现,却是在现实中客观存在的,能够为人们主观所感受和体会,而并非仅仅在于人们的主观意念之中。它们能够满足人们生存

① [美]普拉诺等主编:《政治学分析词典》,胡杰译,中国社会科学出版社,1986年版,第187页。

② [日]西原春夫:《刑法的根基与哲学》,顾肖荣等译,法律出版社,2004年版,第127页。

和生活的普遍主观需要，因而对人们来说是有价值的。比如刑法禁止杀人的规定，在这个价值意义上所体现的就是人们生命安全和生命权益的抽象价值体。生命安全和生命权益对个体来说是最重要的、最有价值的事物，满足了人们生存和生活的基本需要，因此，我们说刑法禁止杀人的规定就体现和保障了人们的生命安全和生命权益价值。同样，刑罚所体现和保障的价值事物并非所有的客观存在的价值事物，而是那些抽象的、对人们来说最重要和最基本的价值实存，这同样是由国家通过法定的民主立法程序来予以确认和保障的。

从以上分析可知，作为刑罚所保障和实现的价值有两个层面的含义：一是刑罚所体现出来的主观价值观；一是刑罚所保障实现的客观价值体。这两个层面的含义并非隔离的，作为体现价值基本内涵的两个层面，二者具有密切的相互关系：首先，因为没有需要就没有对这种需要的满足，所以，刑罚所体现的人之需要（即价值观）是特定事物（价值体）满足这种需要的前提条件，即刑罚价值观为价值体提供了观念基础。也就是说，某个抽象事物之所以在法律上说它有价值、是能满足人们需求的价值体，需要建立在这个事物体现并满足人们特定需要的价值观之前提上。没有人们的特定需要，事物就谈不上满足需要的价值。所以说，刑罚保障的价值体一定是符合一定的价值观的。例如对自由和权利这种价值体的法律保障，其实体现了特定时代也就是近现代的法律理性价值观。其次，刑罚价值观也需要价值体来体现才有意义。如果只有价值观而没有价值体，也就是说，只有刑罚所确定的人的需要，但是，这种需要却不能为任何行刑制度所实现，那么，这种价值观就变成在法律上根本无法实现，使得体现这种价值观的刑罚规定没有意义。所以，价值观必须依靠价值体来实现。所以说，法律价值观和价值体之间具有紧密的不可分割的相互关系。

特殊预防下社区矫正的价值难题从根本上说，就在于社区矫正所应该尊重的那些通过刑罚制度来体现的价值观，如公平公正和权利保护理念在特殊预防实践的影响下，实际上并未实现。而之所以没有实现的原因就在于，行刑矫正过于强调特殊预防和教育矫治，只关注个别矫治效果，导致了其他行刑重要价值体如公正和权利都未能有效实现。当这些重要的价值体并未通过社区矫正加以体现和实现，就标志着社区矫正所保障的通过刑罚规定所体现的价值观落空，直接影响到了规范的价值目标，根本上动摇了法律的价值基石，造成了深层次的根本危机。

二、价值难题之一：矫正不公正

公正是刑事法律的基本价值，是整个刑罚制度所要保护的首要价值体。从规定刑罚的刑事法律基本原则而言，法律适用上的人人平等是基本的公正价值观，这一价值观本应贯穿于整个定罪量刑和行刑全过程之中。然而，过于偏重特殊预防的社区矫正实践却难以实现对公正这一基本价值体的保障，从而严重偏离了这一价值观基本需求。

从公正作为价值体的本义出发，刑罚有绝对公正和相对公正两层面含义。其中，绝对公正是指包括量刑和行刑的刑罚对所有主体一视同仁，不考虑刑罚对象的人身特征，仅依据其犯罪行为的严重程度确定和实施刑罚。而相对公正是指刑罚公正不仅要考虑到犯罪行为的严重程度，还要依据犯罪人人身危险性的实际状况来具体施加适当的刑罚，考虑人身特征。[①] 绝对公正观忽视了犯罪人格实质上的差别与不同，因此，常常造成不符合正义需求的刑罚结论，也违反了罪责自负的逻辑，如对精神病人和正常心智犯罪人决定和施加同样的刑罚。刑罚相对公正观实际上进一步考量了危害行为人的现实特殊因素，从而强调了罪责的差别负担程度，更符合客观价值需求，因此，成为刑罚采纳的合理公正价值观。

不能否认的是，特殊预防论在反对绝对公正观、推动刑罚合理性层面上对公正价值有一定的积极促进意义。特殊预防论影响刑罚实践之前，早期刑罚制度的背后逻辑是旧派的行为中心论，将犯罪人视为同样性质的抽象理性人，基本上不考虑犯罪人自身的特性，而是依据犯罪行为作为确定刑事责任、进行刑事处罚的依据，犯罪行为决定了刑罚的性质和程度。然而不可否认的是，将犯罪人抽象化的观点抹杀了实际犯罪人的具体现实区别和差异。[②] 犯罪人并非总是能理性地认识自己行为并为自己的行为负责，比如未成年人和部分严重精神病人就不能或不完全能够认识和控制自己的行为并为自己的行为负责。但是，行为中心论者并没有注意到这种区别，所以，将不能或不完全能控制和认识自己行为的行为人与其他有能力的行为人视为一样，进行同样的处罚，这很明显具有不公正性。而新派的特殊预防论则注意到了行为人

---

① See，Philip Bean. Punishment：A Philosophical and Criminological Inquiry. Philosopy，1983(58)，p. 23.

② See，Edward J. Latessa. Paula Smith. Corrections in the Community. NY：Routledge，p. 384.

之间的差异性，针对不同的犯罪人的人身特殊性确定其刑事责任并采用不同的刑罚对策，从而，填补了早期刑罚制度依行为一刀切的逻辑缺陷，使得刑罚制度更加公正。① 现行刑法吸收了行为人的某些特殊情形（比如未达特定年龄、精神病人）作为刑事责任免除或减轻的标准正体现了这一点。

然而，在实践中特殊预防论影响下的社区矫正却由于其个别化逻辑的极端化走向了公正价值的反面。一方面，从矫正措施与受刑人的人身危险性相对应的纵向公正意义上，社区矫正实践难以保证这种合理对应性。特殊预防个别化逻辑的出发点是期望通过对人身危险性的分别考察采取相应的针对性矫正措施，理念上充满了对纵向公正的期待。但实践中，由于对矫正对象人身危险性的考察和矫正措施的实施都取决于矫正官的主观经验判断，缺乏人身危险性程度与具体的矫正措施之间的对应标准，所以，无法保证矫正措施能很好地对应消除人身危险性，反而如前所述，由于矫正官的素质参差不齐和主观判断的随意性，出现人身危险性较小却采取严厉措施或人身危险性较大却矫正力度不够的双重不合理情形，纵向公正实际上无法落实。② 另一方面，从同样人身危险性的矫正对象应采取相同程度的矫正措施的横向公正意义上，社区矫正亦无法保证同等公平性。如前所述，由于矫正官在没有具体标准的情形下依靠对矫正对象的主观经验判断来决定其矫正措施，这种缺乏一致标准的主观判断的差异性更难以保证不同矫正官的判断具备统一性，进而就无法保证同样人身危险性的矫正对象在不同矫正官的决定下存在同样程度的矫正措施，矫正的横向公正更难以实现。而正是由于无论是纵向公正还是横向公正都存在难以实现的主观判断障碍，所以，才会出现前述民众对社区矫正制度公正价值的质疑，进而产生对社区矫正制度的不信任。

三、价值难题之二：权利受威胁

刑罚作为刑事法治的一个重要环节，当然要以权利保障为目的。刑罚保障的诸种价值中，突出体现现代法治精神的价值体是人权。在启蒙思想家的视野中，法治最重要的目的之一就是对人权的保障。而刑罚作为刑事法治的一个重要手段，当然也要以人权保障为目的。由于刑法在整个法律体系中所处的最后“防波堤”的地位，刑罚手段又是最严厉的法律强制手段，所以，从刑

---

① 参见邱兴隆：《关于惩罚的哲学：刑罚根据论》，法律出版社，2000 年版，第 159 页。

② See, Edward J. Latessa, Paula Smith. Corrections in the Community. NY: Routledge, p. 384.

罚角度所进行的人权保障也有自己的特点,其包含两个层次的含义:一是积极的方面,即刑罚通过惩罚犯罪,要维护和保障社会每个人特别是受害人的人权安全,刑罚的积极保障具有普遍性;一是消极的方面,刑罚惩罚犯罪人,仅限于法定,不能以牺牲犯罪人的正当人权为代价,这就要求刑罚人道和谦抑。

就积极方面而言,规定刑罚的刑法同其他法律一样,要以维护个体基本人权为核心,保障公民的人身、财产和其他权利不受危害;但刑法维护基本个体人权又有不同于其他法律的特点,即刑法所防范的是最严重的危害人权的行为,这些危害人权的行为严重到不得不以严厉的刑罚惩处才能遏制的境地。就这一点而言,我国刑法同其他国家刑法一样,都在分则中分别规定了严重危害人身权利、财产权利、民主政治权利(如破坏选举罪)以及其他自由(如宗教信仰自由)权利的犯罪及其相应的刑罚,以此作为对人权的基本保障。所以,刑罚的积极人权保障目的要求刑罚通过惩罚犯罪来保障和强调刑法的权威,从而,通过公开明确的刑法威慑减少社会中严重危害人权的行为,实现刑法要保障的那些个体的基本人权。刑罚积极方面的人权保障具有普遍性的特点,是对社会中公民个体的无差别保障。

相对于刑罚的积极方面的人权保障目的,消极方面的人权保障在近代具有更重要的意义,所谓刑法的人权保障也更多是从这个角度阐发。① 刑罚的消极人权保障目的是指通过适用必要的和有限的刑罚实现对受刑人权利的保障。这个层面的人权保障更受到关注和重视,这是因为启蒙思想家从封建统治者滥用刑罚权中吸取教训,从限制公权力以保障公民权利的角度要求对国家刑罚权进行有效规制,通过刑法的规定为刑罚适用设置必要的限度,充分保障受刑人享有最大限度的人权。消极人权保障体现了刑罚在法治时代所具有的独特意义,刑罚也因此要符合谦抑性和人道性的要求。谦抑性以刑罚的必要性为内容,要求刑罚必须仅限定在其他法律强制措施无效、必须由刑法加以规制的条件下;而刑罚的人道性要求刑罚要尊重受刑人的人格尊严,不得施加刑法规定以外的刑罚,侵犯受刑人的其他人权。刑罚对受刑人权利的保障在刑法中体现为罪刑法定原则。犯罪和刑罚都应当由法律加以明确的规定,法无明文规定不为罪,法无明文规定不受罚。而罪刑法定毫无

---

① 与刑罚人权保障相关的文献都从保障受刑人的权益角度出发,参见张明楷:《刑罚裁量与人权保障》,载《云南大学学报(法学版)》2005 年第 2 期。

疑问正是刑事法治限制刑罚权滥用的基本表达，所以说，刑罚的消极人权保障典型地体现了法治所具有的限制权力以保护个体权利的重要特征，体现了法治时代的独特性。也正是从这个角度，李斯特认为刑法不仅是受害人的大宪章，更是犯罪人的大宪章。

所以，消极权利保障体现了刑罚在法治时代所具有的独特意义，社区矫正所归属的刑罚也因此要符合谦抑人道和公正保护的要求。[①] 一是谦抑人道以刑罚的必要性为内容，要求刑罚必须仅限定在不得不采取的手段的范围内，且刑罚要尊重受刑人的尊严和人格，刑罚及其行刑方式不能超过必要的限度。[②] 另一是刑罚对受刑人权利要公正保护，对行刑肆意进行有效限制。刑罚由法律加以明确的规定，且只能按照法律的规定来确定和实施后，刑罚施行需要控制在一个合理有效的范围之内，有相对一致的公正性和合理性，行刑需要一定的合比例性要求。[③] 然而，在特殊预防论影响下的早期社区矫正，既无法通过手段必要性保证行刑的谦抑人道，也难以通过限制行刑肆意实现行刑的一致公正。

一方面，不可否认特殊预防论本身有一定的刑罚谦抑性价值，其所强调的教育矫正和复归社会都在某种程度上限制了惩罚的过度应用，在其理念影响下的社区矫正本身相对于监禁行刑就是一种对人身自由限制的必要性收缩，也更加尊重受刑人的自主价值和自觉人格，体现了刑法谦抑人道的精神和对权利的必要保障。但是，就具体的特殊预防论下的行刑过程来说，这种基于谦抑人道的必要性并没有得到进一步的坚持。由于特殊预防的个别化逻辑导致了社区矫正具体处遇和监管措施的相对随意，也反对进行标准化和规则化限制，导致其具体处遇和监管措施不仅没有规范的约束，也不受必要性原则的限制，处遇监管措施在工作便捷性的考虑下难免有过度施用的可能性。如对危险性较小的犯罪人不必要地施加了过于严重的矫治措施，就突破了谦抑的限制，也不能体现出对受刑人自主价值的信任和尊重。

另一方面，如前所述，特殊预防论下的社区矫正行刑并无法限制行刑肆意，无论是不定期刑的决定、还是社区矫正处遇和监管措施的适用都存在个案判断的任意性，无法体现出刑罚实施的一致标准，从而也就不存在一致的公平性和合理性，更谈不上依据一定规则的合比例性。因此，肆意所带来的

① 参见谢望原：《刑罚价值论》，中国检察出版社，1999 年版，第 37 - 40 页。

② 参见张明楷：《论刑法的谦抑性》，载《法商研究（中南政法学院学报）》1995 年第 4 期。

③ 参见陈兴良：《刑法谦抑的价值蕴含》，载《现代法学》1996 年第 3 期。

对受刑人的不平等对待从价值意义上就是对权利平等保护的威胁。刑罚本身所应具有的限制肆意、保障人权的规范品格又通过特殊预防式的个别措施被抛弃。

第四节 理论死角：走向个别化逻辑困境的医疗模式

深入探究前述社区矫正的实践危机和价值失衡难题的原因，在某种意义上与作为社区矫正发生基础的特殊预防一元论有关。现代刑罚理论研究认为，正是特殊预防一元论导致了早期社会行刑实践中医疗模式（Clinic Mode）独霸天下，而这种医疗模式充分承继了特殊预防的个别矫治和纯粹教育刑思路，走向了与实践中法律背景和社会需要的逻辑背离。也即医疗模式所代表的特殊预防一元论逻辑困境最终导致了社区矫正实践中的上述危机，因此，要实现社区矫正面向实践需求的理论转型，就需要从理论上剖析医疗模式的逻辑困境，作为新理论的应对起点。

医疗模式是意大利犯罪学家菲利在特殊预防论的基础上提出的对犯罪人的矫正模式[①]，其核心论点有三：第一，对犯罪人矫正与医生治疗病人一样，应从被矫正对象的特征出发，犯罪行为仅作为矫正对象人格的表征来看待。第二，行刑需要个别化，对被矫正对象的矫正方案正如医生对每个病人开的药方一样，需针对其自身特点"量体裁衣"。第三，对犯罪人的矫正由于因人而异，因此没必要设置固定标准，正如看病依靠的是医生专业知识一样，矫正应依靠矫正官和矫正委员会的专业裁量而非具体刑事法律。社区矫正以特殊预防为目标，因此，从运行机制上就长期接受了医疗模式作为其标准实施方案。但实践中和价值上的种种难题让我们不得不反思特殊预防论下医疗模式的逻辑和理论合理性问题。

一、与刑事法逻辑的悖反

从理论根源而言，医疗模式面临的最大难题是与刑事法律的逻辑相违背，这是由其特殊预防论极端化的理论基础所决定的。实际上，刑事新派的特殊预防论者菲利正是在批判古典学派机械的唯刑事法律是瞻之呆板观点

---

① 参见[意]菲利：《实证派犯罪学》，郭建安译，中国人民公安大学出版社，2004年版，第175页。

基础上提出刑罚的医疗模式。他的批判体现出一个典型的社会防卫论者对建立在旧派基础上的以行为为中心的刑事法律逻辑的反对。“实际上，古典派犯罪学认为所有的盗窃都是‘盗窃犯’，所有的谋杀都是‘谋杀犯’，在立法者的心目中不存在任何具体的人，只有在法官面前才重视这种具体的人。在学者及立法者面前，罪犯只是一种法官可以在其背上贴上一个刑法条文的活标本。除了刑法典所提及的例外的和少有的人类心理状况的情况之外，其他所有案件仅作为法官从刑法典中选择某一适用于犯罪标本之条文的理由。如果在其背上贴的不是第407条而是第404条，上诉法院则反对再进行任何数目上的更改。”①菲利反对刑法条文的僵化保守性，反对将体现具体人格特征的人身危险性当作抽象的法律现象进行处理，他的言论表明了作为新派特殊预防论学者对传统刑事法律逻辑的反感和批判。

就具体内容进一步来讲，刑罚当采特殊预防论为基础时，必然以特殊预防和社会防卫为目的，其逻辑内容自然而然就转化成了与之相符的个别改造和隔离方式，必须针对犯罪人各自的人身危险性，采用不同的适宜措施消除其人身危险性。进一步而言，采纳完全特殊预防论的医疗模式从个别矫正犯罪人理念出发，在理论上依靠特殊预防刑罚个别化原理，导致其处遇措施的程度及性质需根据犯罪人的个殊需要区别对待，难以像古典学派主张的那样实现同罪同罚的抽象规则化。② 正如特殊预防论代表菲利对古典学派批评所言：“他们忘记了罪犯的人格，而仅把犯罪作为抽象的法律现象进行处理。这与旧医学不顾病人的人格，仅把疾病作为抽象的病理现象进行治疗一样。……现代医学宣称，研究病症必须从研究病人入手。同样的疾病，如果病人的情况不同，可以用不同的方法进行治疗。”③

所以，建立在特殊预防和社会防卫论基础上的医疗模式，是按照社会防卫理论的发展必然要求与法律抽象逻辑不相同的刑罚个别化逻辑的。正如菲利的观点：“在刑法中，将法令适用到具体案件中去不是或不应当像在民法中那样，仅仅是一个法律的和抽象的逻辑问题。它必须从心理学的角度把某个抽象的条例适用于活生生的人。因为刑事法官不能将自己与环境和社会

① [意]菲利：《实证派犯罪学》，郭建安译，中国人民公安大学出版社，2004年版，第175页。

② 参见翟中东：《刑罚个别化研究》，中国人民公安大学出版社，2001年版，第15－16页。

③ [意]菲利：《实证派犯罪学》，郭建安译，中国人民公安大学出版社，2004年版，第178页。

生活割裂开来，成为一个在一定程度上有些机械性质的法律工具。每一个刑事判决对人的灵活鉴定都取决于行为、行为人和对其作用的社会情况等，而不取决于成文法。”①

如前所述，医疗模式必须采用个别化的逻辑，走出成文法的约束，形成在社区矫正中两种最重要的反法律逻辑的制度主张。而正是这两种制度主张造成规范作用消减，前面论述的诸种实践和价值问题由此产生。一方面是社区矫正中的事后不定期刑。事后不定期刑是指社区矫正刑期不能受到法律的限制，而应该依据行为人是否还具有人身危险性来决定是否结束刑期。因为新派学者认为，行为人的人身危险性不是由法律所决定的，所以法律也无法决定人身危险性消除所需要的期限，即不能提前在量刑时就确定刑期。如果提前确定刑期，则会放纵那些有人身危险性的犯罪人提前复归，以致不能预防犯罪人再犯，就无法实现社会防卫的目的。另一方面是社区矫正的个别化矫治制度：“刑事政策主要以特殊预防为其目的。因犯罪人犯罪性大小之程度以及犯罪性形成之过程等均各有不同，故各个犯罪人在矫治其犯罪性上之需要因人而异。因此，预期对犯罪人之所为之处遇能真正的发生改善之作用，须依各个犯罪人或犯罪人之个性及需要个别化。”②而这一点法律是很难加以规定的。因为尽管在法律上存在一定的例外，但基本上刑事法律所要求的基本原则是犯罪行为与刑罚之间的均衡，即同样的行为一致的处罚，而基本上较少考虑行为人本身的人身危险性，法律的抽象规定性决定了其不可能规定出完全个别针对性的矫正措施。此外，刑事法律所规定的刑罚从字面上就体现出对处罚的强调，而从刑罚字面上则看不出教育改造的意味。刑事法律中对教育改造无法进行详细的规定，因为这种改造是针对个别主体的不同危险性来进行的，无法一般化。

总之，医疗模式依靠刑罚个别化逻辑而推引出的社区矫正事后不定期刑和个别教育矫正制度，虽然可以满足特殊预防和社会防卫的刑罚目的，但是显然是与刑事法律的逻辑相冲突的，这种冲突源自刑罚个别化与法定的刑罚一般化之间的冲突，最终决定于以新派行为人为中心的人身危险性论与以旧派行为为中心的行为危害性论之间的冲突。而法律治理的逻辑是规范矫治论得以立论的基础，医疗模式与规范矫治的冲突，就从根本上消解了法律的

---

① ［意］菲利：《犯罪社会学》，郭建安译，中国人民公安大学出版社，1990年版，第120页。

② 张甘妹：《刑事政策》，三民书局，1979年版，第12页。

逻辑，导致了规范缺失而可能出现的各种问题。其中，最具代表性的就是前述在实践中的社区矫正处遇措施的随意性和在价值上出现的矫正不公问题。即特殊预防原教旨主义者信奉绝对的刑罚个别化，并在专家诊断和个殊矫正基础上确立了开药方式的医疗模式，但这种模式因为信奉绝对差异而不能规范化，只能过度信任和依赖司法专家并不可靠且良莠不齐的个人能力，从而导致矫正的不公和失效。

二、对报应正义理念的忽视

医疗模式所存在的另外一个重要逻辑问题是仅承认特殊预防和教育矫正的一元论，忽视了实践中其他行刑目的的要求。其中，最早作为刑罚正当化根据的报应正义理念就无法纳入医疗模式的考量范围，从而，进一步导致了实践意义上前述社区矫正的任意裁量和判断不公问题。医疗模式将报应看作是以牙还牙、以眼还眼的报复模式，认为是野蛮落后的复仇主义的体现，于防止再犯没有任何作用，因此也不应该关注考量，而这恰恰体现了医疗模式在对报应的错误认识基础上对其作为刑罚基础理念的忽视，由此导致一系列实践问题就不再奇怪。

报应作为一种古老刑罚理念，与刑罚正义具有紧密的联系。不管是何种报应，始终涉及的是刑罚对犯罪的公正应对关系。这种报应关系的内在机制被引申为决定刑罚正义的罪刑之间的均衡关系或者罪刑相当原则[①]：要求刑罚的严厉程度要同犯罪的严重程度相适应，在罪刑之间实现对应平衡，才能满足刑罚的正义需求；只有首先保证罪刑之间的均衡相当，刑罚才能对犯罪产生符合正义的报应。所以，罪刑均衡（或相当）就成为报应的运行机制。

（一）法律报应的合理化演进

而不同的报应种类所要求的罪刑均衡的依据是不同的，可以说，正是罪刑均衡的机制划分了报应的具体种类。神意报应要求罪刑均衡的依据是宗教信条和教义，比如圣经上所讲“以牙还牙、以眼还眼”的同害报复教义，就要求刑罚的严厉程度同犯罪对被害人伤害程度相适应。在道义报应条件下，罪刑均衡的依据是道德伦理要求，刑罚的严厉程度主要同犯罪的道德恶性相适

① Bradley 就认为罪刑之间的必要关系是报应论的基础，报应之中心是罪刑关系。Bean 则认为报应之罪刑关系为刑罚提供了大体范围，而一般预防的威慑论和特殊预防的矫正论都不能保证这一点。See, Philip Bean. Punishment: A Philosophical and Criminological Inquiry, Philosopy, 1983(58), p. 23.

应。罪犯在道德意义上越邪恶，他所应受到的报应惩罚就越严厉。这可以解释为什么中国古代受最残酷处罚的犯罪是最严重违背礼治道德的“十恶”犯罪。而法律报应则要求刑罚的严厉程度只要同犯罪的法律规定相一致即可，即刑罚严厉程度同犯罪对法律规范的违反程度相一致。这一点体现出法律报应条件下的罪刑均衡同神意报应和道义报应的很大不同。

作为罪刑相应标准的宗教教义和道德伦理原则同法律在属性上存在很大不同，导致法律报应同以往的神意、道义报应所要求的罪刑均衡机制也产生了很大不同。宗教教义和伦理信条都是对罪刑相应原则提出的具体和实质的判断标准，直接体现出人的主观价值判断和感情好恶，这种实质判断标准具有绝对性，不能脱离依据变更。比如康德基于道德善恶判断所提出的“以牙还牙”的等害报复标准。① 他认为任何人对其他人所做的恶行的程度，可以同等看作是对自己作恶，而刑罚的严厉程度就同这种对自己作恶程度相适应。因此，可以从道德属性上来判断行为的恶的程度和施加的刑罚的严厉程度：“如果你诽谤了别人，你就是诽谤了自己；如果你偷了别人东西，你就是偷了你自己的东西；如果你打了别人，你就是打了你自己；如果你杀了别人，你就是杀了你自己。”②所以，要对犯罪人施以诽谤自己的名誉伤害同等程度的公开赔礼、偷自己的财产伤害同等程度的财产剥夺、直到杀死自己程度的死刑。这是一种相当具体但具有绝对性的原则。

法律的规定是一种罪刑均衡的形式判断标准，尽管法律内容反映了一定的实体价值判断和道德原则，但其形式本身是独立于这种内容而存在的，因而以法律为标准，并不能直接体现主观价值判断和感情好恶，而只能直接体现法律形式本身。只要在刑法已经对犯罪及其对应的刑罚作出明确规定的情况下，任何其他道义评价都不能伤及法律报应所确定的这种罪刑均衡本身。因为法律规定的这种罪刑均衡关系是形式性的和抽象化的，它已经为法律形式所固定，同具体的道德评价拉开了距离，尽管可以批评甚至否定其所体现的道义原则，但是，不能否定这种法定的罪刑均衡关系的效力。所以从康德到黑格尔，从道义报应到法律报应，罪刑均衡的原则也从具体的道义等害发展到法律的抽象等价。黑格尔认为犯罪与刑罚具有同一性，但是，“这种基于概念的同一性，不是侵害行为特种性状的等同，而是侵害行为自在地存

---

① 虽然康德承认存在着等害报复的例外，但是他仍然以等害报复为其主要标准。

② ［德］康德：《法的形而上学原理》，沈叔平译，商务印书馆，1991 年版，第 165 页。

在的性状的等同，即价值等同”[①]。而这种价值的等同在黑格尔看来是抽象化和形式性的，它随着不同社会的不同情况而有所区别，“这个质或严重性因市民社会情况不同而有异，于是有时对偷窃几分钱或一颗甜菜的人处以死刑，而有时对偷窃百倍此数甚或价值更贵的东西处以轻刑，都是正当的”[②]。这种抽象一般的等价关系的实质标准内容并非固定的，而是随着不同社会和时代道德价值观变动不居，这一点恰恰符合法律的形式性要求，法律所要求的罪刑均衡也是形式性的，可能随着不同社会和时代而不同。比如在死刑存在的国家，最严重的侵犯生命权的故意犯罪可能和死刑相对应；而在取消死刑的国家，最严重的侵犯生命权的故意犯罪可能就只能和终身监禁相适应。这两种情况下，罪刑均衡的原则都存在，都是黑格尔意义上的等价报应，也是法律形式意义上的罪行相当。在这一点上，黑格尔的等价罪行相当原则同法律报应的观点是相适应的。刑法在不同国家是普遍存在并发挥作用的，可以说，在刑法中的罪刑均衡都是法定化的和有效的，但是每部刑法的罪刑均衡原则所体现的道义内容和价值又是不同的、相对的。

（二）忽视法律报应的医疗模式缺陷

在法律报应的条件下，罪刑之间的均衡关系因为基于法律而具有抽象化和形式化的特点，犯罪与刑罚之间不一定是等害的，但应该是黑格尔意义上形式等价的。这种等价的含义是轻罪轻罚，重罪重罚，只要犯罪在整个犯罪体系中的危害程度同刑罚在整个刑罚体系中的严厉程度是相当的，就是实现了罪刑均衡。这种犯罪与刑罚之等价对应关系实际上实践了贝卡里亚所首倡的罪刑阶梯理论，即犯罪的伤害并非与刑罚的伤害相对等，但是，犯罪受到的刑罚的严厉程度必须按他们的严重程度而有所区分，实现罪刑对称。[③] 正如贝卡里亚所说：“如果对两种不同程度的侵犯社会的犯罪处以同等的处罚，那么，人们就找不到更有力的手段去制止实施能带来较大好处的较大犯罪了。”[④]虽然，他的罪刑阶梯论带有预防论的痕迹，但是，他也提出了一个对法律报应来说非常有效的表达工具。将重罪重罚、轻罪轻罚的形式性罪刑均衡进一步系统化为罪刑阶梯，非常精确地体现了法律报应的内部机制：即首先建立一个一系列犯罪构成的阶梯，并使阶梯中犯罪的危害性同对法律规范义

① ［德］黑格尔：《法哲学原理》，范扬、张企泰译，商务印书馆，1996 年版，第 104 页。
② ［德］黑格尔：《法哲学原理》，范扬、张企泰译，商务印书馆，1996 年版，第 228 页。
③ 参见张明楷：《责任刑与预防刑》，北京大学出版社，2015 年版，第 42－43 页。
④ ［意］贝卡里亚：《论犯罪与刑罚》，黄风译，中国大百科全书出版社，1997 年版，第42 页。

务的违反程度相适应。犯罪阶梯最顶端是危害程度最高、对法律规范违反最严重的犯罪，最底端是最轻微、违反规范义务最轻的犯罪。中间的犯罪按照对犯罪的危害程度从高到低排列。而刑罚也相对应做此排列。刑罚最顶端是法定最严厉的刑罚，对应危害程度最高的犯罪，而刑罚底端是最轻微的刑罚，对应最轻微的犯罪。中间刑罚按照严厉程度从高到低与犯罪危害程度即对规范义务违反程度一一对应。作为法律报应机制的罪刑均衡就是在罪刑阶梯的意义上实现的形式化相当性；只要法定最严厉的刑罚同对法律规范义务违反最严重的犯罪相适应，并按等差递减，直到最轻微的刑罚同对法律规范违反最轻微的犯罪相对应，即是法律报应意义上的罪刑均衡，而并不深究其背后犯罪与刑罚是否在物理或者道德意义上等害、合理。

在报应正义已经从朴素的道德报应逻辑发展到抽象法律报应逻辑之后，刑罚报应已经摆脱了实质僵化，而成为与法律逻辑一致的抽象正义。包括社区矫正在内的行刑理念毫无疑问也应该以法律报应理念为基础之一，这是保证行刑法治和正义的重要前提。但是，医疗模式却忽视了法律报应这一抽象正义体现，仅在批判神意报应和道德报应僵化的基础上就将报应理念整体忽视，从而走向了反规范的个别化极端。受此影响，社区矫正的医疗模式也就忽视法律报应、将法律报应视为量刑因素而非行刑原则而予以排斥，自然引起了与法律报应紧密相连的报应正义的缺失问题，这进一步导致了前述行刑不公和权利威胁的深层价值问题。

三、安全隔离理念的缺失

即便从特殊预防论的刑事法新派原理出发，基于教育改造的逻辑医疗模式本身，也存在着由于忽视隔离或剥夺再犯能力的安全防范理念而产生的缺失，这是导致实践中早期社区矫正存在社会安全威胁的深层理论原因。如前所述，在特殊预防论内部存在着隔离（又称剥夺再犯能力）和教育矫正的一体两面思路[①]：由于行为人的人身危险性是存在个殊化差异的，因此，对不同人身危险性的受刑人必须采取不同的处遇方式，对能够通过教育改造消除人身危险性的受刑人应采取教育矫正的方式消除其未来的再犯可能性；而对人身危险性较高而难以教育矫正或者在教育矫正中危险性尚未消除的，应采取必要的隔离或剥夺再犯能力方式限制其即刻对社会的危险性。当然，由于大多

---

① 参见邱兴隆：《关于惩罚的哲学：刑罚根据论》，法律出版社，2000 年版，第 192 页。

数犯罪人是尚有教育矫正可能性的受刑对象，所以，教育矫正是特殊预防论的核心，但这并不意味着代表安全防范理念的隔离论（或剥夺再犯能力论）就没有存在的价值。相对于教育改造论所控制的长远再犯风险，隔离论所要解决的是当下犯罪人对社会的威胁防范问题，这是教育矫正措施能够顺利展开的前提。

（一）基于安全防范理念的隔离论演进

隔离论或剥夺再犯能力论作为刑事法新派或实证学派的安全防范理念可以追溯至新派思想的初创时期。新派创始人龙勃罗梭就认为，刑罚必须考虑对犯罪人再犯能力的剥夺，对有犯罪倾向的人要预先予以隔离，对天生犯罪人采取生物方法隔离，对危险性较大的犯罪人的隔离措施还必须非常严格，可以包括流放、终身监禁或者死刑。[①] 而加罗法洛则充分承继和发挥了这一剥夺再犯能力的理论，他甚至认为矫正的效果极其不明显，刑罚不应将矫正理念作为核心，而应当将剥夺再犯能力作为刑罚制度的核心理念[②]，所以，他的观点是隔离论或剥夺再犯能力论的集中代表。他认为，犯罪人就是应当被排除在社会圈之外的人，应该与社会适度隔离，社会应该“将那些个别行为足以清楚地说明了他们缺乏适应能力的犯罪人驱逐出去”[③]。因此，他的刑罚理念就是对不同危险性程度的犯罪人采取不同种类的隔离手段：对那些严重侵害社会道德甚至已经具有精神异常状态的犯罪人，应彻底剥夺其犯罪能力或与社会永久隔离，采取无期徒刑或死刑的方式；而对职业惯犯或流浪者考虑到其所处的社会环境为其犯罪提供了一定的可能性，就需要与其所处的社区隔离，采取流放或集中安置监禁的方式；只有对青少年应该采取教育矫正的方式，但是，在矫正过程中也需要与社会适度隔离。

可以说，加罗法洛的理论在某种意义上过度强调了隔离或剥夺再犯能力的意义，虽然走向了与医疗模式相反的另一个极端，但是，也充分展示了隔离论或剥夺再犯能力论对社会安全的重要意义，揭示了隔离论或剥夺再犯能力论的双重适用模式：一方面从刑罚独立功能而言，剥夺再犯能力主要体现为对人身危险性较大而难以教育矫正的受刑人采取物理性隔离的行刑方式，这

① 参见[意]龙勃罗梭：《犯罪人论》，黄风译，中国法制出版社，2000年版，第43-48页。

② 参见[意]加罗法洛：《犯罪学》，耿伟、王新译，中国大百科全书出版社，1996年版，第229-231页。

③ 参见[意]加罗法洛：《犯罪学》，耿伟、王新译，中国大百科全书出版社，1996年版，第197页。

种行刑方式既包括各种长期监禁，也支持作为永久隔离方式的终身监禁和死刑。所以，特殊预防论并不必然代表着刑罚的轻缓化，从剥夺再犯能力这一支派理念还可能得出支持死刑等极端刑罚的结论。另一方面从刑罚的过渡措施而言，剥夺再犯能力主要体现为对受刑人的矫正中必要隔离，是基于安全考量出发的对教育矫正对象的配套危险防范措施。在矫正过程中，受刑对象的人身危险性尚未完全矫治消除，对社会的危险仍然存在，因此，仍然需要从社会防范的意义上加以适度隔离。对其中人身危险性程度较高的可以施加一定的剥夺人身自由的物理隔离措施，如定期的监禁；而对其中人身危险性较低，对社会威胁性小的可以采取相对隔离的措施，允许在社会中服刑，但出于对社会安全的考量，通过严密的监管措施严格限制其部分人身自由，如行动范围的限制和对特定行为资格的禁止。这种双重适用模式表明，隔离论并非如通常认为的仅适用于较大人身危险性的少数受刑人，也是教育矫正中对所有受刑人都要适度考量的措施原理。因此，隔离论或剥夺再犯能力论是基于安全考量的贯彻整个行刑领域的整体行刑理念。

（二）医疗模式对隔离论的忽视

有观点从教育矫正中心论和医疗模式唯一论出发，认为社区矫正作为对人身危险性较轻的犯罪人的处刑方式，是不适用隔离理念的，因为隔离论主要体现为针对人身危险性极大的犯罪人的严重隔离措施，因此，适用对象差异决定了这种理论与社区矫正的行刑模式没有关系，社区矫正行刑只需要贯彻基于教育矫正论的医疗模式即可。① 这种观点在理论上存在严重的认识误区，是导致社区矫正行刑的医疗模式大行其道，从而忽视了社会安全需求和隔离机制的重要原因。其认识偏差主要有三个方面：

首先，错误的将隔离论的适用范围限缩在行刑范围的局部，只注意到了隔离论适用于极高人身危险性的少数情形。但隔离论的适用范围并不仅限于对人身危险性较大或难以矫正的受刑人的物理性隔离，还包括对能够教育矫正的受刑人在矫正中的必要隔离。社区矫正虽然仅适用于人身危险性较轻的受刑人，但这并不等于这些受刑人在矫正中就不需要与社会的适度隔离。尚在矫正中的受刑人其人身危险性并未完全消除，其对社会仍然存在一定的安全危险，因此，必须施加一定的行为监管和限制自由措施，而这些监管和限制措施正是基于社会安全理念和隔离论而实施的，体现了隔离论或剥夺

① 参见刘军：《该当与危险：新型刑罚目的对量刑的影响》，载《中国法学》2014 年第 2 期。

再犯能力理论的必要意义。而社区矫正的医疗模式的理论基础是教育矫正一元论，这就决定了其在逻辑上必然忽视了隔离论的存在和当下社会安全的维护需要。

其次，这种观点将隔离论中的隔离措施不当的缩小为诸如监禁或死刑的物理性隔离措施，而忽视了隔离论也包含了诸如限制行动范围和资格禁止令等在社会中相对隔离的措施。不可否认，针对有极大人身危险性的受刑人，从隔离论的角度视之应采取物理性隔离措施，通过监禁等方式使其彻底消除危害社会的可能性，这一方式确实并不属于社区矫正的范围；但这并不能否认隔离论中也存在对人身危险性较小的受刑人在社会中的相对隔离方式，即虽然允许受刑人与社会接触，但通过限制其行动范围、资格禁止或定期义务等方式使其受到严密监管，在危险性考量上局部与社会隔离，而这种相对隔离方式完全可以纳入社区矫正的范围，因为社区矫正本身就是在社会中进行的行刑方式。因此，不能以社区矫正的社会化行刑不适用物理性隔离的理由否定社区矫正中隔离论的适用，因为，相对隔离方式正是专门适用于社会中的隔离论的具体表现。社区矫正中的医疗模式对隔离论的忽视，也在某种程度上体现为对社区中这种相对隔离模式的忽视，从而，对限制行动范围和资格禁止令等制度仅从改造方便的角度予以考虑，这就导致了这些本应基于隔离论考量的具体制度在运行时的偏差问题。

最后，这种观点也表明了医疗模式对矫正对象在矫正中当下侵害风险缺乏认识，从而对社区矫正中的隔离论行刑需求未加考虑。医疗模式从某种意义上也是对犯罪风险的控制，但是，其主要预防的是受刑人未来长远的侵害风险，而对矫正中当下的即刻社会安全风险并没有关注，自然对社区矫正运行中的社会安全缺乏必要的关注，从而也就不可能认识到主要控制矫正中当下风险的隔离论的必要意义，对基于当下社会安全出发的相对隔离需求及其决定的必要隔离措施就无法关注，进而造成了前述实践中的社会安全问题。

社区矫正的难题及其背后的医疗模式的困境，在某种程度上体现了特殊预防及其决定的教育矫正理论已经不能满足社区矫正制度实践的需要，从而亟需全面检讨和修正。这种检讨修正一方面需要从外部关注特殊预防论对社会变迁和实践需求的忽视问题；另一方面也要从内部检讨考察特殊预防论自身的逻辑问题。只有内外结合的理论思辨，才能进一步在反思基础上为社区矫正的理论原理提供合理科学的发展方向。

第二章

传统社区矫正运行难题的原因探究

与前述社区矫正实践危机、价值难题和逻辑困境相呼应，1970 年代世界行刑理论界对社区矫正医疗模式从三个主要方向进行了批判性反思：第一种进路回应社会的公共安全期待，强调社区矫正最急迫要务不是矫治，而是根据罪犯再犯危险确定适度的隔离防范措施，将宽泛处遇与严密监管结合起来，这是对矫正中犯罪危险的直接管理，必须优先于矫正效果而独立考量。[①] 第二种进路仍然固守特殊预防目的观和行刑社会化逻辑，认为社区矫正预防效果不彰和措施非公平性的原因并非在于社会处遇方向本身，而是医疗模式造成的危险评估和矫治技术缺乏相对明确的规则所致。如前所述，医疗模式的个殊矫正策略要求“诊断式处遇”，依靠司法专家经验确定个别处遇方案但无有效规则参照，这一方面导致了司法专家自由裁量权过大，矫正质量因人而异；另一方面对矫治的行为认知和心理学观点差异导致了矫正标准千差万别，“同案不同矫”和过早复归现象比比皆是。因此，当务之急是统一矫治理念、确定抽象和普遍适用的危险评估与矫治规则标准，确保矫正规范化。第三种进路强调刑罚正义，认为包括社区矫正在内的刑罚处遇存在不公是忽视了刑罚对已然之罪的报应本质，社区矫正仅以未来再犯可能性决定处遇措施存有缺陷，处遇方案也应考虑对已然之罪的均衡与应报(just deserts)，而不

① 参见许福生：《变动时期的刑事政策》，中国民主法制出版社，2006 年版，第 110 页。

应过度偏离，以保证实现刑罚自身的公平正义本质。①

以上三种进路代表了理论界对传统社区矫正运行难题的三种原因分析，其切入视角和理论来源皆不相同，已经远远超过了社区矫正发生学意义上的特殊预防论的逻辑范围，成为对社区矫正理论的复合研究，这表明现代行刑理论研究早已超越传统特殊预防一元论的框架，进入多元理论时代，而这种多元理论需要新的整合范式和切入视角。而考察现代行刑研究，能够整合以上三种研究进路并反映当下行刑实践的真正问题的是以风险预防为视角的社区矫正风险管控研究。在风险社会的背景下，包括社区矫正在内的行刑不得不考虑从风险的控制和预防角度切入分析，从而将行刑视为一种风险预防制度，前述三种社区矫正的不同进路就成为针对不同性质风险因素的分别防控研究：监督管控代表的是通过严密的监督和控制手段，杜绝矫正中的当下侵害风险；规范矫治代表的是通过规范评估处遇增强矫正效果，从而消除矫正对象的未来再犯风险；而正义修复代表的是通过恢复犯罪所破坏的社会关系，降低社会撕裂风险。从三种风险意义上审视传统社区矫正的医疗模式，会发现其在三种风险的管控意义上都存在明显的逻辑缺失，从而，正体现了医疗模式及其代表的特殊预防一元论将来向风险管控模式和风险预防理论的转型需要。

第一节　监督管控缺失：忽视即刻侵害风险

1970 年代传统社区矫正的最大危机来自于其安全保障的不足和监督管控措施的缺失，从而招致了全社会对社区矫正正当性的质疑。而造成这一安全问题的根本原因如前所述，在于社区矫正医疗模式对隔离论或剥夺再犯能力论为代表的安全保障理念的忽视。当然，隔离论和剥夺再犯能力论虽然早已产生，但其一直存在的实践化障碍之一就是隔离或剥夺再犯能力的社会危险性该如何界定的问题。社会危险性如果与矫正危险性一样，本身存在着不同矫正人员判断的不确定性，那么，在此不确定概念基础上也就难以实现有效的隔离或剥夺再犯能力。然而，随着新的社会风险管理理念的兴起，这一问题开始逐渐有了新的确定标准，隔离论或剥夺再犯能力论的刑罚理念开始

① 参见许华孚：《傅科对于当代犯罪控制的启发》，载《犯罪与刑事司法研究》2004 年第 3 期。

与风险防范需求相结合，逐渐向根据犯罪人危害社会风险进行隔离的思路演化，也即根据犯罪人对社会的风险程度来决定对犯罪人的监督控制程度，对犯罪人的监督管控就是为了防范其对社会的侵害风险。然而，传统社区矫正只关注矫正一元而导致隔离视角的缺失就决定了其相对忽视与矫治同步实施、同等重要的监督管控措施，从而造成当下对社会侵害风险的忽视。

一、隔离论的人身危险性判断难题

隔离论或剥夺再犯能力论本是特殊预防论内部产生的、基于防范矫正对象对社会的危害而采取社会隔离的理论。[①] 从特殊预防论的理论预设出发，其与教育矫正论相同，仍然是从人身危险性的判断出发，根据人身危险性的需要来施加具体的隔离或剥夺再犯能力的措施：一方面，针对人身危险性特别大而难以教育改造的犯罪人采取物理性隔离的方式，通过无期徒刑或死刑等方式将其与社会完全隔绝开来，从而彻底杜绝对社会的危害可能；另一方面，针对人身危险性尚可以矫正但在矫正中仍然可能危害社会的矫正对象，采用相对隔离的方式，无需彻底地限制人身自由，而是可以通过各种组合刑期或在社会中的部分限制人身自由和行动方式的措施来防范矫正对象对社会的危害可能性。

由于人身危险性判断是决定隔离或剥夺再犯能力措施的前提，所以，人身危险性的判断就对隔离论变得至关重要。而恰恰同医疗模式对人身危险性判断没有科学客观标准相同，隔离论和剥夺再犯能力早期对人身危险性的判断也限于矫正官的主观经验判断，缺乏准确性和一致性，从而，影响了具体隔离或剥夺再犯能力措施的准确性，无法有效防范再犯。因而，隔离论或剥夺再犯能力也需要确立更科学准确的客观评价指标和评价方法。

二、隔离论向风险管控理论的转化

而出现自20世纪中叶的风险管控新刑罚学为隔离论和剥夺再犯能力论提供了一套新的评价思路或评估基准体系。这种理论从福柯的治理性[②]概念出发，认为刑罚必须通过精密的规划来控制规训社会整体结构，因而，需要一套符合时代特点的全新知识系统和控制计算方法。新刑罚学通过考察当时

---

① 参见邱兴隆：《关于惩罚的哲学：刑罚根据论》，法律出版社，2000年版，第192页。

② 参见[法] 米歇尔·福柯：《规训与惩罚》，刘北成、杨远缨译，三联书店，2007年版，第216-218页。

的时代特征，提出了以风险管控为核心的新的刑罚视角和观点预设，认为刑罚既不是为了惩罚也不是为了改造，而是为了分辨与管控社会的具体风险，防范犯罪人风险向实害的转换。因此作为逻辑展开的前提，风险管理刑罚学首先设计和发展出了一套风险分析和评价理论，用于明确风险判断，以在这种风险判断的基础上进一步进行风险的预防。[①] 这种风险的分析评价体系是建立在"少数人犯了大多数罪"和风险"大数法则"的基础之上，通过参考保险学和会计精算学中风险管理评估的方式，在刑罚体系内设立标准化和规范化的犯罪人风险评估机制来确立犯罪的具体风险。这样风险管控的刑罚理论就实现了从传统人身危险为核心的概念体系向社会风险为核心的概念体系的转换：将原本依靠主观个别判断的人身危险性通过风险这一因素抽象标准化为可以科学判断区分的社会风险评估指标体系，以在此基础上设立科学合理的管控措施。

隔离论或剥夺再犯能力的理论同风险管控理论在保障社会安全、实施监督管理措施的意义上具有逻辑共通之处，其差别主要体现为实施监督管理措施的具体依据标准。而风险管控理论所提出的可以客观化与科学化的风险评估标准，恰恰为困扰隔离论或剥夺再犯能力论的主观判断基准过于模糊随意的难题提供了针对性解决方案，隔离论或剥夺再犯能力论同样可以通过风险评估的方式以科学化和合理化的风险评估机制来确定犯罪人风险的大小，从而，根据这种风险评估结果采取相对科学合理的防范措施。而如果以犯罪人的社会风险大小作为隔离或剥夺再犯能力的标准，则隔离论或剥夺再犯能力论在某种程度上就转换成了依据风险大小采取适当管理防控措施的理论，这就走向了与风险管控异曲同工的理论取向，隔离论逐渐转换为了风险管控理论。当然，风险管控理论内涵非常丰富，不限于隔离论所体现的单纯的隔离性风险管理控制理念，但隔离性风险管理控制理念当然属于风险管理理论的一部分。而社区矫正情形下隔离论向风险管理论的转换，就意味着对尚在矫正中的犯罪人需要形成科学风险评估基准，并在其基础上评估具体的社会风险，根据这种风险程度采取适当的监督管理措施，防范矫正中犯罪人的社会风险转换为实害。

① 参见周愫娴：《以风险评估为基础至新刑罚学：新远道与旧乡愁》，载《月旦法学教室》2013年第124期。

三、传统社区矫正的安全管控缺失与忽视即刻风险

从隔离论转换而来的风险管控理论，要求社区矫正必须首先形成抽象的规范化风险评估体系，并在此风险评估结果的基础上，实施相应的风险管理和控制措施。然而，这是一套与传统社区矫正医疗模式依赖矫正官主观经验判断教育改造犯罪人完全不同的逻辑思路。首先，传统社区矫正将矫正措施主要集中于教育改造方面，而较少关注对社会安全的管理和控制问题[①]，如前所述，这是由于传统社区矫正医疗模式囿于教育改造论而长期忽视隔离论或剥夺再犯能力论而产生的结果，对隔离论或剥夺再犯能力论的忽视自然也就造成了对隔离论转换而来的风险管控理论的忽视，从而对当下管理控制社会安全风险予以某种程度的无视。其次，传统社区矫正并非完全不关注风险控制因素，但其对风险控制的关注是未来再犯风险，而非尚未改造好的犯罪人的当下的即刻社会风险。传统社区矫正通过教育矫正理念体现出来一定程度的风险控制取向，但这种风险控制的对象是未来的长远再犯风险预防，即通过教育改造彻底消除犯罪人的人身危险之后，以消除其未来的再犯风险。而这种未来再犯危险与隔离论转换而来的风险管控思路并不相同，后者关注的是受刑人当下矫正中的社会风险控制。而且值得一提的是，由于传统社区矫正医疗模式对主观经验判断和矫正的依赖，矫正效果并不理想，即对未来长远再犯风险实际上并无法进行很好的预防。最后，传统社区矫正也缺乏风险管理意义上的客观风险评估标准体系，其对人身危险的评估主要依靠主观定性判断。客观风险评估体系作为一种基于风险的抽象化和科学化判断体系，需要对社会风险因素进行实证分析和定量归纳，形成量化的风险评估标准，才能保障其准确化和规范化。[②] 这就与传统社区矫正的人身危险性主观定性判断在逻辑上完全不同。主观定性判断的人身危险性结论如前所述无法保证准确可靠且缺乏一致标准，在科学性和规范性上都难以与定量风险评估相比，因此，传统社区矫正从对象判断的前提意义上就根本无法如风险管控机制一样进行风险预防。

所以，传统社区矫正的首要问题是由于其医疗模式对安全管理思路的忽视，导致了实践中其也较少考量实施具体的安全管控措施，即使具有朴素的

---

① 参见许福生：《变动时期的刑事政策》，中国民主法制出版社，2006 年版，第 116 页。

② See, Edward J. Latessa, Paula Smith. Corrections in the Community. NY: Routledge, p. 312.

安全管理理念，加之其缺乏必要的风险评估机制而是依赖于主观人身危险性判断，则仍然无法准确判断矫正对象的社会风险程度，也就不能施加正常的风险管控措施，而只能继续对风险予以忽视。

第二节　矫治基准扭曲：诱发未来再犯风险

社区矫正的实践失衡难题在特殊预防论内部引起了对医疗模式随意性的批判审思和理念变革需要。如前所述，医疗模式造成行刑随意和效果不佳问题之根源，在于其矫治基准是个别化的主观判断，从而无法形成公平一致的适当标准和恰当规范，造成矫治的混乱低效。后期的规范矫治理念反思了医疗模式的弊端，从特殊预防论的两个逻辑前提行为人中心主义和刑罚个别化着手，认识到虽然行为人中心主义不能加以改变，但是刑罚个别化可以从绝对走向相对，从而可以抽象确定矫治的人身风险因素基准，形成规范一致的矫治标准，从而限制行刑肆意，保证矫治的良好效果。而就风险管控的视角而言，矫治效果关系到矫治对象未来的长远再犯可能风险，只有矫治对象的人身危险性被成功改造消除，矫治对象形成正常人格，复归社会之后，才不会产生长远再犯可能；如果矫治效果不佳，矫治对象仍然具有人身危险性而复归社会，则会诱发未来的再犯风险。传统矫正受医疗模式所限，尚未建立起有效的规范矫治体系，从矫正中风险评估到根据评估结果的改造处遇，都尚未具备科学合理的一致性标准，而是仍然依靠矫正官的主观经验判断；则矫治基准仍然不具备科学的规范属性，从而依旧存在一定程度的非规范性扭曲，难以避免矫正效果不佳的情形，就无法消除矫正对象人身危险性，进而就无法控制对未来再犯风险之诱发。

一、从医疗模式向规范矫治的演进

医疗模式在理论上依靠两个逻辑原点支撑，要合理改造医疗模式只能从这两个逻辑起点辨析入手：一是行为人中心主义，即以人身危险性为表征的犯罪人格作为责任和刑罚处遇的出发点，区别于古典学派行为中心论的逻辑，犯罪行为仅是确定人身危险性的因素之一；二是刑罚个别化原理，具体行刑决定和措施需根据受刑人特殊的人身危险性特征量体裁衣，采取个别化的差别性举措。由于人身危险性的千人千面，刑罚就应该是个别化的，正如医生看病要根据病人具体的情况具体实施对应性治疗，所以，行刑决定和措施应具备问诊医疗式的个殊化和具体化特征。[①]

行为人中心主义作为初始预设，与特殊预防背后的社会决定论哲学观有必然性联系，不仅是医疗模式的基础依据，也是整个实证学派区别于古典学派的标志所在。正是因为人身危险性体现了社会决定论下个体受社会因素形塑的复杂面向，教育改造罪犯才必须从犯罪人格及其危险表征入手，而行为只能间接地表征人身危险性之一部分，不能作为教育矫正的前提依据。如果不以行为人格为判断核心，则社会决定论及其决定的特殊预防也同样落空。行为人中心主义的根基在实证学派内是如此深厚，对其改变意味着对社会决定论哲学基础的违背，因此，难以进行理论改造。

而刑罚个别化作为教育矫正的进程逻辑，则相对存在合理性的改进空间。刑罚个别化可以有绝对和相对意义两种理解。绝对意义的刑罚个别化逻辑认为人身危险性个殊差别具有性质上的彻底独特性，无法予以定量的归纳标准化，从而也无法加以抽象规范化。相对意义的刑罚个别化逻辑则将人身危险性的差别分为质与量两个层面，其中个殊质差可以进行描述性分类，而个殊量差可以进行归纳定量和抽象分级，人身危险性最终可以通过不同的分类和分级归纳予以标准化和规范化，形成质与量相结合的人身危险性客观评估指标体系，在统一标准的规则下可有比较地评估不同主体的人身危险性。特殊预防原教旨主义者信奉绝对的刑罚个别化，并在专家诊断和个殊矫正基础上确立了开药方式的医疗模式，但这种模式因为信奉绝对差异而不能规范化，只能过度信任和依赖司法专家并不可靠且良莠不齐的个人能力，从而导致矫正的不公和失效。要解决这一难题就应从刑罚的个别化的相对理解进路切入，个别化并不意味着完全的因人而异。人身危险性质的抽象类别和定量分级作为可科学归纳划分的规律对象，能够在特定意义上进行抽象总结和确立规定体系，并通过规则性排列确立普遍适用的类型化处遇措施。正如安塞尔（Marc Ancel）的观点，“行为人格”可以同行为一样进行抽象化评估分类并确定相应的处遇措施，人身危险性判断标准和方法可以一般化确定。[②]这样一来，刑罚个别化可以相对实现统一的适用规则，并随着归纳抽象的深入和体系化，最终形成强调犯罪人危险评估和处遇皆可抽象化和规则化的规范矫治解决方案。

---

① ［意］菲利：《实证派犯罪学》，郭建安译，中国人民公安大学出版社，2004 年版，第 178 页。

② 参见鲜铁可：《安塞尔新社会防卫思想研究》，载《中外法学》1994 年第 2 期。

二、规范矫治对社区矫正的需求

规范矫治要求将社区矫正的矫治基准确立为可以抽象规范化的人身危险性因素，形成可以统一适用的人身危险性评估及其处遇规范体系。围绕这一体系，矫治从风险评估到教育和监管措施都可以实现标准性和一致性，从而保证矫治结果的科学性和有效性，防范未来再犯风险，这体现为：

一是规范矫治要求通过人身危险性因素的抽象化和类型化，科学归纳出人身危险性的评估指标和具体层次，确立科学规范的风险评估基准。这是保证教育矫正良好效果的基础。二是规范矫治进一步要求在科学规范的风险评估基准的基础上，针对性地确立规范性的处遇措施体系，包括根据不同风险等级程度的规范性的教育矫治措施和安全监管措施。这是保证教育矫正良好效果的关键。三是规范矫治最终也要求在社区矫正结束时客观科学地评估矫治的具体结果，即根据前述风险评估基准来具体评价矫正的实际效果。只有确实客观上没有再犯罪的危险性时，才能够表明矫正的实际成效，存在解除矫正的科学理由。只有经过了规范矫治三重要求的矫正对象，才能够保证恢复正常人格完全复归社会，也就是从风险管控的角度不会存在未来再犯危险。当然，规范矫治及其对未来再犯危险的防范都必须建立在其一致性和规范性的科学矫治基准的基础之上。

三、传统社区矫正的矫治基准扭曲与再犯风险诱发

基于医疗模式的传统社区矫正远远无法达到规范矫治所要求的这一客观科学矫治基准。如前所述，医疗模式下的社区矫正并不相信矫治规范的存在价值，而是主要依靠矫正官的个殊行刑，这就决定了其矫治基准只能是个别化的主观判断，而不可能存在客观科学表征人身危险性的抽象规范标准，因此，无论从风险评估到具体矫正监督措施都无法保证矫正的科学有效，也就无法保证犯罪人的改造效果，犯罪人未来仍然有再犯可能性。一是就评估标准而言，传统社区矫正依靠矫正官的个别定性分析，而缺乏规范矫治所要求的抽象定量人身危险因素的风险评估机制，首先从矫正前提上就缺乏科学可靠性。二是矫正过程中的矫治和监督措施也依赖于矫正官的个别判断，不仅效果难以保证，更无法防范矫正外因素如不当关系、矫正偏移等渗透扭曲矫正基准。三是出矫时的风险评估仍然是主观的定性判断，缺乏可靠性，不能保证矫正对象的改造效果，也就无法明确矫正对象的人身危险性状况，从

而难免诱发再犯的可能。总之，传统遵循医疗模式的社区矫正在矫正基准上无法符合规范矫治的要求而易受主观的随意扭曲，因此，矫正对象的未来再犯风险难以避免。

第三节　正义修复缺位：难掩社会撕裂风险

报应作为古老而持久的刑罚理念被视为刑罚制度的正当化来源和正义性保证，与社区矫正初始依据的特殊预防目的在哲学预设、实现原理和运作机制等方面皆大相径庭；且按照分配主义刑罚目的观，报应与威慑预防一起主要决定制刑指标和量刑配给，特殊预防则指导行刑实践，因此，社区矫正作为行刑制度本与报应实现缺乏关联，主要依特殊预防理念强调对犯罪人未来再犯的预防，而非报应所要求的对已然之罪的均衡惩处。然而，社区矫正医疗模式的个别化处遇所造成的行刑权滥用和不公问题，冲击了民众对刑罚公平的期待，所以，超越特殊预防而回溯刑罚的本质特征、寻求刑罚正义渊源就成为解题思路之一。作为回应，涵摄执行机制的并合主义公正应报论（just deserts）作为报应论的现代方案应运流行，并受到新世纪兴盛的恢复性司法和被害人本位的理念影响，向社会正义修复和被害人保护的内涵转型，最终形塑了社区矫正的正义修复理念。而从风险管控的视角切入，这种正义修复理念就是通过对犯罪破坏的社会关系予以定向修复，从而对犯罪可能造成的社会撕裂风险予以控制和消除。这种风险是基于被害人或受害社区视角而发现的社会风险，相对于再犯风险并不显著。随着恢复性司法和被害人保护理论的兴起，通过社区矫正对社会撕裂风险予以管控和消除应该逐渐成为行刑制度的应有之意。以这种理念为参照，就会发现前述传统社区矫正的医疗模式对这种理念几乎并不关注，从而造成了实践中的社会安全问题，也使得被害人和被害社区难以得到救济和恢复，社会撕裂风险从而无法得以改善。

一、正义修复的理念基础

作为新报应主义的公正应报论在法律报应观的基础上，吸取了传统报应论僵化报复主义的教训，用“应报”（just deserts）概念取代传统的同质报应特征，将报应机制抽象化为比例均衡原则从而具有广泛适用性，甚至可以用于社区矫正在内的行刑措施：一方面是纵向均衡，即犯罪与刑罚都要按照由轻到重成比例排列，形成重罪重罚、轻罪轻罚的罪刑阶梯；另一方面是横向均衡，相较于罪行的刑罚既不能过重也不能过轻，须与罪行在整个犯罪体系中的地位相适应。[①] 公正应报论认为这一原则是面对刑罚体系的并合主义要求，不仅决定了刑罚的确立标准并成为量刑的指导原理，也从公平正义需求出发为行刑处遇限定了具体的运行界限。受该原则的影响，社区矫正措施并非仅以矫正机能为考量，还应满足公正应报的机能要求，既要考虑纵向与其他刑罚措施的合比例性，又要考虑横向与犯行严重程度的对应均衡。

而进入 21 世纪前后，随着被害人保护和恢复性司法理念兴起，对已然之罪所破坏的社会关系修复和被害人正义需求满足成为包括社区矫正在内的犯罪处遇的新目标，公正应报论作为流行刑罚论中唯一对已然之罪的回应机制，更是通过内在逻辑嫁接被赋予了社会修复和被害人保护机能的新内涵。一是自从 1948 年亨迪希(Hans von Hentig)出版《犯罪人及其被害人》(The Criminal and His Victim)一书以来，国际上以被害人为中心的理论研究和立法运动逐渐兴起：犯罪学领域的被害人学和刑事司法领域的被害人权利救济研究相辅相成，共同催生了被害人权利救济司法制度的产生及被害人地位的直接提升。[②] 其中，包括社区矫正在内的行刑领域这就体现为行刑过程中对被害人参与的保障和被害人损害的恢复。[③] 另一是与被害人保护相互联系而同时兴起的恢复性司法理念。其是在刑事司法领域要求对刑事犯罪通过在犯罪方和被害方之间建立一种对话关系，犯罪人主动承担责任，消弭双方冲突，从而恢复破裂的社会关系，修复社会秩序。[④] 恢复性正义理论的犯罪观认为犯罪不仅仅是对法律规范的违反，对政府权威的侵犯，犯罪还是对社会主体和社会关系多方面的伤害，包括对被害人、对社区甚至对犯罪行为人本人的伤害。恢复性司法要求以社会修复及降低社会撕裂风险为目标，以被害人或被害社区保护为核心，使所有卷入犯罪、受到其影响的人，包括被害人和罪犯及他们各自的家庭、周围的社区等都能直接参与对犯罪的处理过程，以有效修复社会关系。行刑领域受此影响就要求社区矫正在内的具体行刑措施需要考虑修复社会关系的行为方式，将被害人和社区的参与囊括在社区矫

---

① See, Daniel W. Van Ness. Anchoring Just Deserts, Criminal Law Forum, 1995(6), pp. 508 - 510.

② 参见李川：《三次被害理论视野下我国被害人研究之反思》，载《华东政法大学学报》2011 年第 4 期。

③ 参见[日]大谷实：《犯罪被害人及其补偿》，黎宏译，载《中国刑事法杂志》2000 年第 4 期。

④ 参见陈晓明：《修复性司法的理论与实践》，法律出版社，2006 年版，第 66 - 70 页。

正的实施过程中。

内外结合的总体而言，正义修复的矫正理念之产生不仅外在受到市民社会的发展与社会主体权利勃兴的决定；而且内在受到矫正正义观转型和矫正人道化与社会化思潮的推动。一方面，外在因素层面，市民社会所要求的社会连带逻辑和主体权利勃兴所带来的受害主体保护需求决定了正义修复理论的必要性。市民社会的发展改变了传统国家垄断的社会治理模式，为公共治理带来社会运行视角和社会连带逻辑。从社会动态运行的视角和连带的逻辑出发，公共治理必须注重社会发展需求，运用社会自身发展规律实现这一目标，超越国家本位和治理手段的单一性。[①] 受此决定，社区矫正作为公共治理的关键环节不仅需考虑国家本位下的报复正义目标，还必须考虑到社会的修复违法犯罪损害的要求，运用社会自身的互动机制更好地实现社会修复这一目的。此外，市民社会的发展也推动了公民权利的勃兴，公共治理必须考虑到对主体权利的尊重和保护。[②] 受此决定，矫正领域不仅强调对犯罪人权利的适当保障，也要求对受到伤害的个人、单位或社区权利给予恢复和保障，进行针对性的正义修复。另一方面，内在因素层面，矫正正义观近代实现了从报应正义向修复正义的转型。对已然之违法犯罪行为的惩罚性报应不再是社区矫正正义的唯一内涵，强调对犯罪人有效矫正修复和对被害人与社区的补偿恢复成为社区矫正正义的新内容。受此决定，矫正目标的重心逐渐从着眼过去的报应向着眼未来的修复转移，正义修复自然成为社区矫正的重要目标。[③] 此外，20 世纪逐渐兴起的社区矫正人道化与社会化思潮，强调尽可能地以社区矫正的模式代替监禁矫正，运用社会自身的机制和规律更有效地改造社区矫正对象，以增强社区矫正对象的矫治效果、促进社区矫正对象尽早成功回归社会。[④] 这就决定了社区矫正需采用最有利于人道化和社会化的正义修复理论。正义修复机制正是社会自身的有效修复规律的体现，不仅社区矫正对象可以通过社会教育和矫治手段更好地得到矫治恢复，被害人和

---

① 参见郁建兴、吕明再：《治理：国家与市民社会关系理论的再出发》，载《求是学刊》2003 年第 4 期。

② 参见唐亚林、陈先书：《社区自治：城市社会基层民主的复归与张扬》，载《学术界》2003 年第 6 期。

③ 参见[意]菲利：《实证派犯罪学》，郭建安译，中国人民公安大学出版社，2004 年版，第 178 页。

④ 参见[英]戈登·休斯：《解读犯罪预防——社会控制、风险与后现代》，刘晓梅、刘志松译，中国人民公安大学出版社，2009 年版，第 58 - 59 页。

受害社区代表的社会谅解也更有利于犯罪人无障碍回归社会,正义修复理论正是对社区矫正人道化与社会化的最有效贯彻,体现了社区矫正人道化与社会化的趋势。[①] 因此,社区矫正人道化和社会化推动了正义修复理论的发展。

二、正义修复的复合内涵

被害人保护和恢复性司法理念与传统的报应正义有一定逻辑上的共通之处,都要求犯罪人的处遇需考虑对已然之罪的对应处遇问题,因此,公正应报论可以实现与被害人保护以及恢复性司法理论上的嫁接,从而形塑了报应理念的现代行刑应用形态:正义修复论。

一方面,报应在传统上就有通过公正惩罚满足社会正义期待、修复社会道德理念的功能。正义修复论用科学的均衡比例原则指导适当的社区矫正措施,不仅通过对应性劳役、社区展示型矫正等民众可察改造方式,可以从心里期待的角度强化社区意识与道德修复[②];同时,也可以考虑犯罪行为所造成的物理破坏性并采取定向修复的处遇措施,通过犯罪人回报社会、服务社会的该当行为实现对社会秩序的修复。另一方面,报应本身也有满足被害人正义需求的传统含义。而以特殊预防为目的的社区矫正并不以考量和满足被害人需求为指标,被害人的正义需求和受害补偿难以通过矫正措施实现。公正应报使得社区矫正措施也能体现报应目的,不仅通过实行与罪行相当的处遇措施或向被害人的诚心悔罪而保障被害人的正义心理满足,而且通过强制犯罪人实施定向被害人的该当的补偿性处遇义务,如为被害人提供劳务或帮助等,可实现对被害人的物质或劳务补偿,从而修复加害-被害关系。[③] 以均衡应报为核心、受恢复性司法和被害人保护所决定的公正应报论,最终决定了社区矫正应满足应报正义为基础的社会修复和被害人保护机能,这一机能不只是意味着矫正措施与已然之罪的该当应对,更是表明社区矫正措施应定向满足社区和被害人的正义心理需求及物理性需求,以合理修复社会秩序。

---

① 参见刘军:《该当与危险:新型刑罚目的对量刑的影响》,载《中国法学》2014 年第 2 期。

② See, Robinson Paul H., Barton Joshua Samuel, Matthew Lister. Empirical Desert, Individual Prevention and Limiting Retributivism: A Reply. New Criminal Law Review, 2014 (17), pp. 315 - 317.

③ See, Peter Strelan, Jan-Willem van Prooijen. Retribution And Forgiveness: The Healing Effects of Punishing for Just Deserts. European Journal of Social Psychology, 2013(43), pp. 544 - 545.

三、传统社区矫正的修复机能缺位与无视撕裂风险

由于前述医疗模式认为教育矫治是社区矫正的唯一属性，正义修复在社区矫正行刑过程并未被加以考量，社区矫正的运行措施中存在着正义修复缺位。这就一方面造成了社区矫正基本忽视了被害人和被害社区的决策地位、权利保护和定向补偿。从正义修复的角度出发，被害人和被害社区在社区矫正过程中的地位和作用需要在实施社区矫正措施时加以必要考量。一是被害人和被害社区作为犯罪行为的受害者，应该对犯罪人社区矫正方案有一定的参与决策权，提出适当的对矫正方案的看法；同时，对矫正过程中的评估有参与建议权，通过受害经验提出对矫正改造效果的适当评价。二是被害人和被害社区在矫正中应享有安全和被尊重的权利保障。如果犯罪人在矫正过程中对被害人仍有一定的危险性，被害人和被害社区应该有权向社区矫正部门提出保护申请或建议设置禁止接触令；也可以向社区矫正机构提出与矫正对象进行交流沟通、取得犯罪人悔罪和尊重的权利。三是被害人和被害社区应该有获得一定的定向补偿的权利。社区矫正部门应该考虑到犯罪人对被害人和受害社区的损害，在设置社区服务令时，特别采取面向被害人和受害社区的定向服务或定向赔偿等补偿性服务措施，在通过劳动教育改造犯罪人过程中，也可更好地实现对被害人和被害社区的利益补偿。当社区矫正未能考虑正义修复时，上述面向被害人和被害社区的有效保护措施都无法实现，从而忽视了受害人和受害社区被保护的机会。

另一方面，正义修复的缺位导致了社区矫正不考虑撕裂的社会关系的恢复问题，不仅从矫治意义上不利于犯罪人的复归社会，也会导致严重的社会撕裂风险。社区矫正中被害人和被害社区的决策参与和权利补偿措施不仅可以保护被害人和被害社区的权益，更进一步有利于达成犯罪人与被害人或受害社区之间的谅解，修复社会关系，这可以通过社区矫正中邀请被害人和受害社区参加的矫正圆桌会议或协商会议实现。[①] 通过交流沟通，犯罪人认识到自己行为的危害性真诚悔罪，也易得到被害人和受害社区的谅解，从而修复了其原本撕裂的社会关系。这种社会关系的修复使得社会更容易接纳

---

① 参见武玉红：《在社区矫正中犯罪被害人的参与和权利保护》，载《上海公安高等专科学校学报》2009年第2期。

犯罪人复归，有利于从矫治意义上的社会防范。[①] 而从恢复性司法和社会风险管控的角度而言，这种社会关系的修复减少了社会撕裂风险，防范了可能的被害人报复和挫折攻击的社会危险行为，以及犯罪人被社会排斥的再犯风险，从风险管控的意义上来说，也是必要的行刑措施。然而，正义修复的缺位导致社区矫正运行中较少考量这一社会关系修复的目标，从而，也较少采取恢复社会关系、降低社会撕裂风险的措施，从风险管控的意义上来讲，也就无法控制社会撕裂的风险，不仅犯罪人难以有效复归社会，还进一步加剧了社会分裂、产生新的犯罪的可能性。

第四节　矫正需求演变：风险社会与风险控制

1970年代之后，风险的概念逐渐成为刑事制度的运作重点，这是与当时风险社会思潮盛行相适应的。风险社会的理念认为，当前社会由于人为危险的因素已经成为不可控风险频发、面临重大风险危机的不安定环境。因此，社会运作的目标应该转向这种社会风险的控制和预防。其中，犯罪风险作为极端人为风险尤为需要控制和预防。[②]

由此，犯罪风险控制就成为刑事司法的关键任务。不管是刑事政策的目标设定、制度策略的安排，甚至整个犯罪控制话语体系都转而强调风险预防与安全管理，以统计、保险精算技术作为衡量风险的工具设计各种风险控制机制，多元化的风控刑罚体系大行其道，矫治、惩罚个别犯罪者不再是刑事司法制度的重心。当然，原来的矫治、惩罚措施依然存在，只是其强调的具体目标都已经转变为犯罪风险的防范和控制。社区矫正亦是如此，矫正中以教育矫正为核心的风险评估和教育改造措施，都改变为以风险评断再犯可能性。这种矫正需求的转变就要求社区矫正的制度向风险控制的方向进行变革和改造，社区矫正的整体理论也要从风险语境予以重新分析形塑。因此，要进一步深入研究这种犯罪风险控制对社区矫正需求产生的影响，首先就需要明确其复杂的面向和内涵，为研究风险控制刑事政策对社区矫正的影响打下基础。

---

① 参见李川：《三次被害理论视野下我国被害人研究之反思》，载《华东政法大学学报》2011年第4期。

② See, O'Malley P.. Volatile, Contradictory Punishment. Theoretical Criminology, 1999 (3), pp. 175 - 196.

一、犯罪风险控制的管理主义与即时预防内涵

(一) 风险控制的管理主义性质

由于风险社会情势下对社会风险的一般控制成为超越个体权利和正义目标的犯罪对策的优先考量,包括刑罚在内的犯罪控制的重点就从对具体个人的教育矫正变成了犯罪风险的统一监督管理。在这一转变之下,新的以风险控制为核心的行刑矫正要求犯罪治理哲学从改造主义转向管理主义,矫正机构的设立必须以管理责任的明确为前提,矫正机构最重要的目标是将具备危险的犯罪人通过合适的监督控制手段对其侵害危险识别并消除隔离,对这一事务的管理是矫正机构工作的核心环节。这一方面要求矫正中的风险评估就不再要求以教育论下的矫治可能性为内涵,而应全面地转向为采取合适的监督控制手段所服务;另一方面,矫正中的教育矫治手段的地位应该逐渐被次要化和边缘化,工作重心是对现存犯罪人的风险分类管理,即根据犯罪人的危险评估结果按照统一标准采取必要的监督控制措施。①

在这一管理主义理念的影响下,个人主义式的个别矫治因为管理意义上的低效和进程缓慢变得越来越不重要,而从风险整体视角出发,对不同风险等级的预防对象采取特殊的直接控制预防手段因为集合效果显著而变得更加重要。因此,对预防对象分级分类、确定相适应的集合预防手段成为管理主义下矫正的重要方法。管理主义式预防从个别走向整体、从矫治走向控制,矫正需求也需要重新认识调整。

(二) 风险控制的即时预防内涵

风险控制的管理主义性质与传统教育矫正对未来再犯预防的最大不同之处,在于出于对风险社会中犯罪风险的不确定性和高发性的防范,管理主义要求风险控制必须满足尽可能早和尽可能快的需求,对犯罪人矫正中的当下犯罪需求实行前置控制和过程控制。一方面就矫正中风险前置控制而言,就是尽可能将风险控制的阶段前置,将风险的实害转换可能性消灭在萌芽阶段。西方现代刑事司法中的转处分流制度就是前置控制需求的良好体现。传统对犯罪人风险控制需要在对犯罪人定罪量刑、确定刑罚措施之后,但转处分流制度将这种风险控制阶段提前到尚未定罪量刑甚至公诉之时,在审查

① See, Davies Garth, Dedel Kelly. Violence Risk Screening in Community Corrections. Criminology and Public Policy, 2006(5), pp. 633 - 634.

起诉阶段就通过转处制度附加有条件的社区矫正来换取对矫正对象的不起诉。此时矫正实施阶段大大提前，对矫正对象可以尽早地展开具体的监督控制，从而防范了当下的社会侵害风险。当然，此时社区矫正已经超越了行刑领域的含义，进入保安处分意义上的前置处遇措施领域。另一方面，就矫正中风险过程控制而言，对矫正对象的即时风险管理非常必要和重要。矫正中的犯罪人其人身风险尚未消除，对社会存在着不确定的危害可能性，如果不加以即时的监督隔离，则难免矫正中再犯危险。因此从入矫开始，就必须强调对矫正对象即刻风险的监督管控之重要性，采取动态监控和定期评估相结合的措施保证矫正的风险全程预防。

二、犯罪风险控制的效益主义和精算司法内涵

（一）风险控制的效益主义性质

出于对风险进行有效管理的需求，风险控制被要求特别注重采纳那些可以尽可能少的花费成本就能够实现良好风险管控的矫正手段，以最小的成本实现最大化的风险管控，体现效益主义的属性。社区矫正制度之所以受到比监禁刑更多的重视和应用，就是因为社区矫正在成本收益方面的巨大优势。根据美国学者统计，社区矫正后犯罪人再犯率只有监禁刑的六分之一，改造效果明显优于监禁刑，同时，其改造成本却只有监禁刑的八分之一到十分之一。[①] 因此，在现代矫正的过程中，一方面矫正科技由于对人力成本的节省和监督的有效性而得到了长足发展，特别是那些对有风险的犯罪人进行有效监督控制的监视技术得到大量采用和快速更新，从矫正定位仪到电子腕带技术已经成为现代社区矫正中常见的矫正手段，对受刑人的监督控制起到了非常明显的保障效果。[②] 另一方面，从矫正设施到矫正机制都越来越以成本-收益考量为核心，面向风险控制需求的有效设施和机制都得到了优先的发展。比如，国外社区矫正中经常见到的训练营、居家处遇等半开放式矫正手段之所以得以设计和广泛采用，就是因为这些手段很好地平衡了矫正成本与风险控制收益之间的关系，训练营的纪律训练采用较低的成本方式（只需要配备几名训练官），就通过训练机制培养了良好的内在守法行为习惯，有效降低了社会侵

① See, Andrews D. A., I zinger, R. D. Hoge, et al. Does Correctional Treatment Work? A Clinically Relevant and Psychologically Informed Meta-Analysis. Criminology, 1990(3), pp. 369 - 404.

② See, Graeme Newman. The Punishment Response. Albany, NY: Harrow and Heston, 1985, p. 166.

害风险;而居家处遇成本十分低廉(主要在居家处遇设备安装,生活食宿都无需成本),但却达成了犯罪人与社会的有效隔离,达到了风险控制的最优效果。①

(二) 风险控制的精算司法内涵

基于效益主义的需求,矫正中的风险控制需要在预防效果和控制效益之间保持科学的平衡,一方面即时预防要求必须能够有效地保证社会中的矫正对象不会出现难以防范的高风险问题;另一方面控制效益要求必须能够保障矫正的最大化效益,不会过分地增加社会成本和资源成本,特别是相对监禁刑为代表的其他刑罚体现出其良好的比较效益水平。而这两种要求在某种意义上存在龃龉之处,即时预防的要求可能带来更多的监控人力和物力资源的投入,增加矫正的成本;而控制效益则要求尽量节省和削减人力物力资源,最大化的节省成本。此时,就需要在预防效果和控制效益之间寻求平衡的机能关系,既要人力物力资源的投入满足即时预防的要求,又需要保证这种人力物力投入仅限于最小必要性的成本范围内,实现效益最大化。而对这种必要性的把握,则需要通过精密的科学研究和评估加以实现,需要对风险控制的最小化成本在以往实践经验的基础上进行系统归纳,计算设计出满足必要性要求的最佳矫正措施和方法。

正是应对这一需求,风险控制背景下的社区矫正实践兴起了精算司法理念,将保险学和管理学意义上的精算方法引入司法矫正领域:依据经济学的基本原理,运用现代数学、统计学、金融学及法学等各种科学有效的方法,对各种矫正中未来的风险进行分析、评估和管理,从而对各种矫正方法和手段的风险控制能力和成本进行综合科学统计和分析,从中选择形成最能有效节约成本且能控制即时风险的矫正方案组合。矫正本身成为一门可以计算的科学,也只有通过精算司法矫正才能符合风险控制的要求。②

三、犯罪风险控制的修复主义与秩序恢复内涵

(一) 风险控制的修复主义性质

修复主义在整体对象的意义上是指对整体社会秩序的修补恢复。犯罪作为一种社会损害,超越一般民事纠纷的严重性就在于其是对整体社会秩序

① See, Leanne Fiftal Alarid. Community based Corrections. Boston: Wadsworth Publishing, 2014, p. 98.

② See, Malcolm M Feeley, Actuarial Justice: the Emerging New Criminal Law. in David Nelken. The Futures of Criminology. London: Sage Publication, 1994, pp. 173 - 201.

的破坏，所以，不能通过民事救济处理机制解决。犯罪可能连锁带来对社会进一步的破坏风险，而这种风险就来自于社会秩序不同层面因为犯罪所遭受的破坏：犯罪对包括法律规范和道德规范在内的社会规范的破坏，损害了规范的权威和公信力，而可能引致进一步的规范破坏风险；犯罪对被害人与社区的伤害引起了社会关系的破坏，可能引致进一步的报复风险和排斥风险；犯罪对犯罪人自身来说亦是自我伤害，受刑后容易导致被社会加以犯罪标签化从而受到排斥，难以融入社会产生再犯风险。因此，风险控制的修复主义的必要性就在于风险控制必须对犯罪所带来的社会秩序的损害进行修复，体现为对社会规范、被害人与被害社区、犯罪人自身三个层面上破坏的修复，才能降低由于秩序破坏带来的进一步社会风险。行刑矫正的修复主义必须着眼于犯罪对秩序整体破坏这一特质，将对社会秩序的修补恢复作为修复的最终目标。

（二）风险控制的秩序恢复内涵

风险控制的修复主义要求对在不同层面上受到破坏的社会秩序因素进行修复，以恢复社会秩序的正常状态，这就体现了风险控制的秩序恢复内涵。因此，风险控制的秩序恢复内涵就是指在刑罚执行过程中，运用社会修复的方法和规律，对犯罪所损害的社会规范、被害人与被害社区以及社会秩序进行修复从而恢复社会秩序，防范犯罪所造成的将来社会进一步遭受破坏的风险。所以，秩序恢复也需要从前述受损的社会秩序三个具体层面着眼，分别体现为对规范的效力恢复、对被害人和被害社区的补偿恢复、对犯罪人的社会回归恢复。

首先，秩序恢复在直接对象意义上是指对规范权威和效力的恢复。社会通过包括法律、道德在内的各种形式的规范，维护主体权利以及社会整体安全秩序。违法犯罪首先直接损害法律规范及其体现的道德、伦理等其他规范，破坏了规范的权威性和有效性。因此，秩序恢复的直接目标就是实现对规范权威和效力的修复。这一恢复过程主要依靠消极预防和积极预防相结合的双面预防机制实现。这一机制包括两方面的内容：一是消极预防，即通过行刑矫正威慑机能使行刑矫正对象和潜在犯罪人认识到规范的权威和效力，形成对规范的尊重。二是积极预防，即通过行刑矫正过程中的规范教育，包括法治教育和道德价值观教育等，使得行刑矫正对象内心形成对规范的自觉认可和接受，具备道德和法治信仰和意识。[①]

---

① See, Ernest Van den Hagg. Punishing Criminals: Concerning a Very Old and Painful Question. Lanham: University Press of America, Inc., 1991, p. 67.

其次,秩序恢复在具体对象的意义上是指对被害人和被害社区进行的补偿恢复。刑法等法律规定的违法犯罪都是对社会中特定主体法益的侵害。因此,违法犯罪行为就是对特定受害的人和社区的权利或利益的直接侵害。有的违法犯罪行为有明确的被害人,包括个人和单位,其受损的往往是具体的人身或财产权利。有的违法犯罪行为损害的是社会法益或国家法益,虽然没有具体的被害人,但损害的对象仍然以社区的形式存在。无论是被害人或被害社区的权利或利益,都需要加以补偿恢复,社区可以选派代表,行使与被害人相同的受偿权益。传统司法虽然有民事诉讼救济,但常常无法落实,且对无被害人犯罪也没有具体的对受害社区的补偿恢复措施,导致被害人和被害社区的补偿恢复需求落空。行刑矫正的秩序恢复从具体对象层次上应该以对被害人和社区的补偿恢复为具体目标,这一过程主要通过被害保护和参与机制实现。一是被害人和社区代表应该在行刑矫正过程中享有知情权与建议权,可以通过行刑矫正机关了解到行刑矫正对象的服刑情况,并提出相应的行刑矫正意见和建议,行刑矫正机关应当酌情考量。[①] 二是被害人与被害社区应该在行刑矫正过程中享有受补偿的权利,行刑矫正机关应当安排行刑矫正对象尽可能采取对被害人与社区的倾斜性补偿措施,如补偿性劳动等。三是被害人与社区代表应该在行刑矫正过程中享有交流咨商权。行刑矫正机关应当采取犯罪人-被害人圆桌会议、咨商小组和定期会见制度等形式,促进行刑矫正对象向被害人与被害社区的赔偿道歉和交流悔罪,取得被害人与社区的谅解。[②]

再次,秩序恢复在本源对象意义上是指实现犯罪人的社会回归恢复。犯罪人一方面是造成社会损害的主体,另一方面其自身也是人格被扭曲和损害的对象。因此,行刑矫正秩序恢复的深层目标就是矫正改造犯罪人,使其恢复正常人格、无害回归融入社会。由此,不仅犯罪人自身的人格得到了修复,也使得犯罪人成为社会正常生活的一分子,长远意义上不再构成对社会的损害。对犯罪人的改造复归社会通过行刑矫正的教育矫治和复归社会两种机制配合实现。一方面,行刑矫正的教育矫治机制可以矫正犯罪人的扭曲人格

---

① See, Robinson Paul H., Barton Joshua Samuel, Matthew Lister. Empirical Desert, Individual Prevention and Limiting Retributivism: A Reply. New Criminal Law Review, 2014 (17), pp. 315–317.

② 参见郑列、马方飞:《社区矫正的新发展——恢复性司法的运用》,载《犯罪研究》2007年第4期。

和反社会特征，使得行刑矫正对象恢复正常人格状态，消除其对社会损害的风险，自然就修复了可能造成的社会秩序破坏；[①]另一方面，行刑矫正的复归社会机制与教育矫治在逻辑上紧密相关，体现为以有效复归社会、巩固教育矫治长期效果为目的的社会接纳和社会融入具体措施，通过这些措施从长效机制的意义上消除了犯罪人对社会秩序的破坏可能性，使得被犯罪人破坏和挑战的社会秩序得到最终恢复。[②] 行刑矫正中复归社会机制的核心主要体现为修复协商。修复协商是指通过犯罪人与被害人和社区代表的交流协商，犯罪人通过真诚悔罪取得被害人和社区的接纳谅解，从而极大减少了犯罪人回归社会的阻力，使得犯罪人可以顺利地融入社会，消除再犯可能性，恢复社会秩序。[③]

传统基于特殊预防和教育矫正一元论的社区矫正模式之所以产生重重危机，就在于其对社区矫正所面临的复杂问题和要满足的多元需求缺乏整体认识，特别是缺乏对社区矫正应达到的具体机能及其预防的各种面向的社会风险的具体关注，根本上导致了与刑事司法所处的风险社会的背景脱节对行刑风险因素的忽视。传统社区矫正监督管控机能缺失体现了其对当下存在的社会侵害风险的忽视；传统社区矫正对矫治基准的认识混乱和模糊体现了其对矫正效果的难以把握，从而诱发未来再犯可能性风险；传统社区矫正对受到伤害的被害人和被害社区的无视也导致了其无法修复预防社会撕裂的风险。对这三种需要行刑矫正预防的风险因素的忽视，根本上体现了传统社区矫正对基于风险社会而产生的犯罪风险控制的需求缺乏关注与回应，与风险社会的时代特征和要求脱节。风险社会的风险高发情境要求行刑矫正必须重视风险控制，强调对犯罪风险的监督和管理，由此导致包括行刑对策在内的刑事政策理念基于风险控制转向形成三方面的内涵，即受管理主义决定之风险控制的即时预防内涵、受效益主义决定之风险控制的精算司法内涵以及受修复主义决定之风险控制的秩序恢复内涵。这三方面内涵决定了犯罪风险控制的丰富内容和复杂逻辑，必然对未来受其决定的社区矫正理论和实践产生重要影响。

① 参见房保国：《被害人的刑事程序保护》，法律出版社，2007 年版，第 112 页。

② See, E. A. Fattah. Understanding Criminal Victimization: An Introduction to Theoretical Victimology. Toronto: Prentice-Hall Canada, Inc, 1991, p. 224.

③ See, Robert Elias. The Politics of Victimization: Victims, Victimology and Human Rights. Oxford: Oxford University Press, Inc, 1986, pp. 42 - 43.

第三章

矫正哲学的视角切换与社区矫正的理论转型

风险社会情势下，为了有效地防范犯罪风险，风险控制成为矫正的主流需求，风险管控也逐渐占据了行刑的主流理论地位，矫正的话语逐渐从教育矫治转变为风险管控。而这样的转变要求关键是因为传统特殊预防论即使求助于综合预防论的框架仍然无法解决其视角狭窄和理论缺陷问题，因此只有转变矫正哲学基本话语体系，采用风险叙事和风险控制逻辑，才能符合风险社会背景和风险控制的整体刑事政策需求。社区矫正作为犯罪控制手段的行刑方式，也由此面临这种大背景下的转型需要。探讨社区矫正的理论转型，下一步就要从特殊预防论的视角转换问题切入，探讨特殊预防论转变为风险管控理论的具体逻辑演变及其对社区矫正理论的影响。

第一节　综合预防论回潮难掩的逻辑难题

正是因为以单纯特殊预防论为理论立基的社区矫正论出现了实践缺陷，于是在1970年代后期也一度出现了强调综合预防主义的行刑理论回潮。之所以说预防主义的理论是一种理论回潮，因为这种以一般预防和特殊预防一体整合为内容的预防目的论并非新观念。特殊预防作为一种相对较新的制度设计，同传统一般预防理论在控制犯罪的抽象目标上具有一致性：一般预防强调通过刑罚的规范威慑效力阻吓社会中的潜在犯罪人放弃犯罪，而特殊预防则通过对已犯罪者的监禁或改造，使之将来不再危害社会，二者都强调对未来可能发生之犯罪行为的提前预防，尽量减少未来犯罪发生之可能性。所以，早期较为忽视特殊预防意义的目的刑主义者往往将特殊预防因素和一般预防因素共冶一炉，直接用预防主义的统一犯罪控制范式作为与报应主义的犯罪补偿范式抗衡的理论立基。

一、综合预防论的基本内涵

综合预防论又称预防主义、功利主义或目的主义的刑罚理论。这种刑罚理论建立在对报应主义批判的基础之上。刑罚报应论因为强调刑罚对已然之罪的报应，符合人的本能心理需求，被作为刑罚的基础看待。然而，报应究竟是人们利用刑罚所追求的主观愿望——即刑罚的目的，还是仅仅是一种刑罚的本能反应，预防主义者大多旗帜鲜明地反对前者，赞同后者。其中，最为典型的是李斯特及其所提出的“目的刑”理论。李斯特将耶林的目的法学和法益主张发扬光大，认为刑罚的目的不在报应本身，因为报应是刑罚本身存在的本能力量，作为一种理论上形而上的解释，它无法为刑罚提供具体的客观标准和外在依据。因此刑罚必须如耶林所说，需要外在目的作为其创造者，这种外在目的就是防卫社会，以保护具体的秩序和法益。① 所以，李斯特所说的“目的②刑”其实是指除了作为刑罚内在的报应元素以外的其他目的，或者说刑罚的外部目的。坚持这种“目的刑”的就是预防主义的刑罚目的观。其基本观点认为刑罚目的并非对过去之罪的报应，而是为了预防将来发生的犯罪，从而保护社会秩序及法益。刑罚目的不在惩罚和报应犯罪自身，而在于外部社会和法律利益的维护，因此，吓止犯罪从而维护社会法益的实际需要就成为具体衡量刑罚力度的标准。而这种衡量的标准受到了边沁为代表的功利主义的广泛影响，所以，预防论又被称为功利主义刑罚观。边沁认为人有避苦求乐的本性，带给人快乐的就是善，而带给人痛苦的就是恶。从这

---

① 参见[德]李斯特：《刑法的目的观念》，载邱兴隆主编：《比较刑法（第二卷）》，中国检察出版社，2004 年版，第 360 页。

② 此处的“目的”，指的是刑罚目的论的一种元素，其意义较“刑罚的目的”之“目的”一词要窄，主要是指除了“报应”这种刑罚自身演化发展出的目的之外，法益、功利因素等外在于刑罚的标准成为刑罚的外在目的。李斯特首先在这个意义上使用“目的刑”的理念，用以同以报应为目的的“报应刑”相区别，成为大陆法系一种约定俗成的用法。关于此问题，参见后面第二节关于目的刑的详述。

个意义上说，犯罪与刑罚都是恶。犯罪带来社会秩序的破坏，进而造成对人们权利的侵害和相关利益的损失，带给人们痛苦，所以是一种恶。而刑罚带给犯罪人痛苦，所以也是一种恶，但是是一种必要的恶，这种恶之目的就是为了限制犯罪之恶，以较小的恶的代价换来阻止更大的恶。要达到这种效果，一个必要的原则是法律规定的刑罚所造成的痛苦必须超过犯罪能带来的快乐，普通人在这种条件下依据其趋利避害的本性就会作出避免犯罪的选择。功利主义不仅把刑罚之目的导向外部社会利益/法益，它还为刑罚朝向这个目的提供了具体的实施方法和规则，如边沁就论述了刑罚应遵守的一系列的功利原则。[①]

在坚持预防犯罪、保护法益这个大方向下，综合论是一个具有非常丰富内涵的理论结构，又在其内部有具体的分类，其中，最为常见的分类是分为一般预防和特殊预防；也有的分为威慑、剥夺再犯能力（隔离）和教育改造，其中威慑又分为一般威慑和特殊威慑。这两种不同的内部划分其实是具有相互联系的，其中，前者的一般预防大体等同于后者的一般威慑，而特殊预防则涵盖了特殊威慑、隔离和教育改造的内容。

（一）功利主义与一般预防为主的综合论

一般预防论（或一般威慑）是指刑罚的实施主要是为了震慑社会中一般人，使之不去犯罪，力图消除的是社会上潜在的犯罪可能性。用刑罚的方式使得潜在的犯罪人了解犯罪的痛苦，因为害怕这种犯罪的痛苦而不敢犯罪。广义上说，封建时期的重刑威慑主义可以视为是这种观点的直接表达。我国春秋战国时期法家的代表人物都是重刑威吓理论的拥护者："禁奸止过，莫如重刑，刑重而必得，则民不敢试。"[②]这种重刑主义在我国封建王朝中同儒家刑罚宽缓的声音曾交替出现，而且一度占据上风，"刑乱世用重典"是其典型代表。在西方的中世纪，用来威慑普通人的刑罚制度之残酷性也达到了一个相当的高峰。重刑威慑主义认为刑罚越重，对潜在犯罪人的威慑效果就会越好，所以这种观点必然导致刑罚的残酷性。而刑罚过于残酷不仅与人道主义的观念不符，也会使得罪刑之间失去均衡，反而失去了刑罚本来要达到的效果。

近代具有代表性的一般预防学说主要是由费尔巴哈提出的心理强制说

---

① 参见[英]边沁：《立法理论》，李贵方等译，中国人民公安大学出版社，2004年版，第375至409页。

② 商鞅：《商君书·赏刑》。

和边沁的功利主义刑罚理论。二人作为近代的预防主义倡导者将预防目的之重心都放在一般预防上，虽然他们也提到了特殊预防。费尔巴哈和边沁的观点大体一致，都是从人的避苦求乐的本能或者自然规律出发，认为如果对罪犯来说，犯罪对应的刑罚所带来之痛苦大于犯罪本身带来的快乐，行为主体会基于避苦求乐的本能或者理性计算，回避犯罪行为。这种认为行为主体因为害怕刑罚痛苦而不去犯罪和破坏法律的自我心理抑制的观点，就是费尔巴哈所认为的心理强制，也符合边沁功利主义的观念。从这种对将来可能之罪的普遍刑罚预防观中可以看出，刑罚威慑效果主要是针对没有犯罪的一般人而言的；对于已经犯了罪的人来说，其在罪与罚的功利判断上并没有趋利避害，这就意味着刑罚的一般威吓已经失灵，功利主义的心理强制没有起到应有的作用。所以从某种意义上说，心理强制说和功利主义的观点更适合用来说明预防将来犯罪，而不适合解释已经发生的犯罪状态。

预防论的首要基石理念是以边沁为代表的功利主义思想，其决定了综合预防论中一般预防的抽象和规范性基本逻辑。功利主义思想的核心就是人的避苦求乐的本性："自然把人类置于两位主人——快乐和痛苦——的主宰之下。只有它们才指示我们应当干什么，决定我们将要干什么。是否标准，因果联系，俱由此定夺。凡我们所言、所思，无不由其支配。"从人的这种本性出发，边沁将功利原则上升到哲学的高度，上升为统摄道德、政治和法律的基本原则；他认为所有的人类行为的出发点都应该是遵循功利逻辑："一切判断过程中都坚定地从痛苦和快乐的计算和比较出发，以及不允许任何其他观点的干扰。"[①]所以，刑法也要以功利主义为基本原则，追求"最大多数人的最大幸福"。为了使得法律规定的功利原则具有可行性，边沁还具体编制了他认为科学的功利计算方法，使得功利主义原则成为像数学一样可以具体计算把握。功利主义对预防论的决定影响其实可以归结为两个认识：其一是刑罚要实现对社会幸福的功利性保护，就必须预防犯罪之恶的发生，主要是采用一般预防的方式，这是刑罚的功利目标[②]；其二是刑罚要实现一般预防的目的，就必须符合功利原则，首先达到刑罚之苦大于犯罪之利的程度，实现刑罚的威慑性，这是刑罚的功利机制，以此排除更大的犯罪之恶的可能性，达到刑罚的效益性。因此，功利从一个层面上说是刑罚目标，另一个层面上说是刑

① [英]边沁：《立法理论》，李贵方等译，中国人民公安大学出版社，2004年版，第3页。
② [英]边沁：《道德与立法原理导论》，时殷弘译，商务印书馆，2000年版，第57页。

罚机制。正如边沁总结到:"每一种法律都是一种恶,因为每一种法律都是对于自由的一种违背。政府,所能做的只是在恶中选择。在作出这样的选择时,什么是立法者的目标?他应该确定两件事情:首先,在任何情况下,他试图防止发生的行动是一个真正的恶;其次,这些恶大于他用来防止它们发生的恶。"①就刑罚的法律来说,前者就是指刑罚用来预防犯罪这种真正之恶达到幸福的功利目的,后者就是指通过苦乐的功利机制威慑犯罪使得刑罚具有了效益性。功利主义主要解释了一般预防的机制,但是,同时也没有排除对犯罪人特殊威慑个别预防的效力,因此,可以认为存在一般预防为主的综合预防观点。

一般预防论的理论阵营之中,除了传统的心理强制说和功利主义,近年来还出现了新型一般预防理论,即由挪威的安德聂斯、美国的帕克和哈格等人所主张的复合预防论。新兴的复合预防理论认为,刑罚的预防目的除了要在功利机制的基础上施加痛苦直接预防一般人潜在犯罪之外,还包括强化道德准则和形成守法习惯等。刑罚对一般社会公众的功利威慑是直接的和明确的,但此外刑罚还在客观上间接地强化着社会的道德准则(强化道德),并且使得外在威慑逐渐内化为人们内心的自觉行动准则(形成习惯),这些都对将来可能的犯罪起到了阻止和预防的作用。直接威慑机制和间接强化机制相结合,共同使得一般预防的刑罚目的得到更好的实现。所以,安德聂斯强调:"刑罚的一般预防作用有三,恫吓(威慑);加强道德禁忌(道德作用);鼓励习惯性的守法行为。"②

(二)目的刑思想与特殊预防为主的综合论

预防论的另外一个基础理念是目的刑思想。如前所述,尽管渊源已久,但是,其首倡者是德国刑法学者李斯特。1882年,李斯特在马尔布赫大学发表的"刑法的目的思想"中第一次提出了目的刑主义,目的刑用来"表示以保护法律利益为目的的保护刑罚"③,所以目的刑又称为"保护刑",从其法益目的论可以看出,李斯特受耶林目的法学和利益法学的影响颇深,这也导致了他把刑罚目的仅狭义理解为法益保护。而用来保护法益的刑罚方法,在李斯

① [英]边沁:《立法理论》,李贵方等译,中国人民公安大学出版社,2004年版,第63页。

② [挪]约翰尼斯·安德聂斯:《刑罚与预防犯罪》,钟大能译,法律出版社,1983年版,第5页。

③ [日]木村龟二主编:《刑法学词典》,顾肖荣等译,上海翻译出版公司1991年版,第407页。

特看来就要以预防未来犯罪的发生为目的，采用一般预防和特殊预防相结合的方式，预防再犯。李斯特把报应视为基于原始复仇的需要转变的观念，因为，刑罚已经从原始复仇的本能转变到具有社会属性和国家属性的目的性行为，而这种目的只能是预防犯罪以保护法益。所以，李斯特排斥报应作为刑罚目的，并将之与刑罚目的观相对，前提是他把刑罚之目的仅仅限定为保护法益，而把报应视为落后的观念，对刑罚来说不再重要，对刑罚目的来说也不必要。因此，李斯特的目的刑主义决定下的预防论是典型的综合预防论或二元论，涵盖了一般预防和特殊预防，是指排除了报应论之外的刑罚预防目的，即预防犯罪以保护法益。[①] 这一点，李斯特可以说是精辟地总结了自费尔巴哈和边沁以来的预防主义的基本观点。

李斯特的目的刑思想虽然强调综合预防，但是，他认为在一般预防和特殊预防之间应以特殊预防为主。如前所述，特殊预防就是对犯罪人通过行刑处遇措施而进行的再犯防范，具备一般威慑、隔离和教育矫正等防范机制。李斯特特别注重犯罪的社会原因，强调对犯罪人的改造复归，因此，主张以特殊预防为主。但是，他的目的刑思想并没有排斥一般预防的思想，而是认为二者不可偏废，可以兼容[②]，所以他说道："特殊预防的思想应当置于首位，而又不应当取消一般预防，只以'保护刑'或'目的刑'取代'报应刑'。"[③]

由前面的分析可以得知，无论是刑罚功利主义还是李斯特目的刑思想，尽管在侧重点上有所不同(前者侧重一般预防，后者侧重特殊预防)，它们所得出的刑罚目的相同点都是预防犯罪，也都认为预防犯罪包括一般预防和特殊预防。这体现出综合预防论虽然区分一般预防和特殊预防，但并不认为二者之间存在矛盾，而是可以统一共存。然而，这种预防论的内部其实存在很大的逻辑冲突难题。

二、综合预防论内部理论冲突

美国在1970年代单纯特殊预防主义的教育矫正大量失效的情形下，许多州重拾一般预防主义的理念，对社会矫正安排了密集的监管威慑、非弹性义务规范和更详尽严格的法定社区矫正量定标准，希冀借此可以重塑社区矫

---

① 参见[德]李斯特：《刑法的目的观念》，载邱兴隆主编：《比较刑法(第二卷)》，中国检察出版社，2004年版，第353-377页。

② 参见陈兴良：《刑法的启蒙》，法律出版社，2003年版，第260页。

③ [德]李斯特：《德国刑法教科书》，徐久生译，法律出版社，2000年版，第23页。

正之效果。[1] 殊不知,如此安排不仅难以保证社区矫正之效果,更因理论上的混乱削弱了社区矫正之原始意义。

之所以如此,是因为理论谱系上,这种功利性的不加区分的预防主义范式其实内部存在无法逻辑自洽的危险,一般预防论和特殊预防论的哲学基础、前提假设和内部逻辑都完全不同,长城般的理论壁垒决定了二者整合缺乏科学性和必要性。一方面,一般预防主义的哲学基础是意志自由和功利理性。一般预防"蕴含着一个不言自明的逻辑前提:在利与害面前,人是具有意志自由的选择能力的。在'利'的诱惑下去犯罪,这是必然的;又因为它是经过犯罪人感官的,因而是自由的;在'害'——刑罚的威慑下不去犯罪,这也是意志自由的结果"。[2] 正是因为人依据功利主义可以理性自由地选择,所以,刑罚可以通过施加观念上的痛苦来威慑潜在犯罪人。而这种观念上的痛苦可以通过预先明确的法律规范加以确立,所以,一般预防需借助明确的事先的刑罚规范对社会一般主体都施加抽象无差别的威慑性的影响,从而减少犯罪。但另一方面,与之相反,特殊预防主义的哲学基础是实证主义和社会决定论。特殊预防论者认为,人之所以犯罪是因为自然和社会的因素决定的,而非人的意志自由选择的结果。这是实证主义的经验观察和科学归纳的一个重要结论。因此,要做的不是刑罚对个体趋利避害的引导,而是从外部观察决定犯罪人最终犯罪的那些自然和社会因素,减少这些因素,并且有效作出对犯罪人的矫治。在这种情况下,决定每个犯罪人所犯罪的原因都是不同的,需要对受到不同外在影响的犯罪人的人身危险性进行分别的分析和归类,不同情况采用不同的矫正或隔离措施。正如菲利所言"同样的犯罪,从人类学和社会学方面说,由于犯罪的原因不同,对各种人格的罪犯需要采取不同的治疗方案"[3],这就要求刑罚要针对不同的个体情况分别进行具有针对性的教育矫正,即刑罚需特殊预防和个别化,这样作为一般预防核心机制的无差别适用的法律规则相比就显得不够具体灵活,二者逻辑造成个别与一般、抽象与具体的抵触。一般预防与特殊预防之差异如此之大,已经无法在同一预防主义的理论框架内共存。如纽曼所说:"(特殊预防)由于构建了其自身

---

① See, Bailey Walter C.. Correctional Outcome: An Evaluation of 100 Reports. Journal of Criminal Law, Criminology and Police Science, 1996(2), pp. 153-156.

② 陈兴良:《刑法的人性基础》,中国方正出版社,1999年版,第37页。

③ [意]菲利:《实证派犯罪学》,郭建安译,中国人民公安大学出版社,2004年版,第179页。

独有的一套基本原理(决定论),它又远远超越了(一般预防的)功利论。”①

以上的论述表明,不分析特殊预防理论本身的逻辑进路,单纯寄希望于重拾传统的二元论的预防主义观念,本质上无法解决社区矫正制度之理论和实践难题。如果需要探究和解决以特殊预防为理论进路的社区矫正实践出现的种种难题,就需要深入探究特殊预防理论本身的视角局限性问题,而且对这个理论本身的探究亦不能局限于单纯刑法教义学的理论范围,即单纯的刑罚正当性或刑罚目的理论的范围。刑事法律问题面对的是复杂的法律和社会情景,如果教义学意义上的理论认知与这样复杂的情境基础相背离,自然理论之逻辑可行性就会大打折扣。因此,未来只有从内部理论和外部实践两方面着手转型行刑理论实践,才可能解决特殊预防的逻辑难题,只在内部封闭体系中分析问题的综合预防论也无法挽救特殊预防的实践危机。

三、综合论中特殊预防的反规范逻辑缺陷

从前述的分析可见,即使在综合预防论内部,特殊预防理念本身所要面对的最大理论难题依然是特殊预防的个别化逻辑进路与强调普适性的一般预防代表的刑事法律的逻辑是相违背的,这是由特殊预防的社会决定论的理论基础所决定的,这也是造成一般预防与特殊预防逻辑上相互冲突,综合预防容易流于形式的根本原因。当社区矫正以特殊预防论为基础时,必然当以特殊预防和社会防卫为目的,其逻辑内容自然而然就转化成了与之相符的个别改造和隔离方式,必须针对犯罪人各自的人身危险性,采用不同的适宜措施消除其人身危险性,所以,特殊预防和社会防卫的目的按照社会防卫理论的发展必然要求与法律抽象逻辑不相同的刑罚个别化逻辑。正如菲利的观点那样,刑罚不仅仅是一个抽象法律问题,而更是一个应用于具体的人之因素的量体裁衣的过程,因此,不能将刑罚对象的具体社会环境因素与惩罚抽象的割裂开来,进行所谓的抽象逻辑归纳,而必须采用个案判断的方式具体判断影响人的行为的个别化因素,采用个别化逻辑。②

依靠刑罚个别化逻辑的刑罚事后不定期刑和个别教育矫正制度虽然可以满足特殊预防和社会防卫的刑罚目的,但是,显然是与刑事法律的逻辑相

---

① Graeme Newman. The Punishment Response. NY: Harrow and Heston, 1985, p. 211.

② 参见[意]菲利:《犯罪社会学》,郭建安译,中国人民公安大学出版社,1990年版,第120页。

冲突的，这种冲突源自刑罚个别化与法定的刑罚一般化之间的冲突。而这种法律治理的一般化逻辑是社区矫正制度和特殊预防理论都无法脱离的法治情境所决定的，社区矫正制度无法脱离而只能适应这种法治背景和规范逻辑。事实上，前述单纯以特殊预防为理论基石的社区矫正制度之所以出现实践难题，正是脱离法治情境和法律化逻辑的结果。[①] 针对社区矫正的批判多数跟扩大的行刑裁量权缺乏法律的管束从而留下的实践漏洞有关：一是行刑机关在没有法律管制情况下不恰当对受刑人的个人自由和权利的侵害；二是自由裁量的假释标准的不明确和不公平，严重危及刑法保障人权的功能。也正是这些批评导致了特殊预防理论在美国刑事实践领域的衰退，“（特殊预防的）‘医疗模式’真正衰退的原因，与其说是刑事司法运作上的效率问题，倒不如说是公平性的问题”[②]。这种实践漏洞就表明了特殊预防在内部理论逻辑和外部实践需求都有亟待转型的需要，而综合预防论则无法承担这一重任。

第二节　从危险到风险的预防理论转型

在社区矫正所依据的特殊预防的刑罚个别化逻辑和社区矫正所存在的法律体系的刑罚抽象性逻辑之间存在着冲突。这就意味着需平衡和解决特殊预防和法律治理之间的矛盾关系。而作为包含社区矫正在内的刑罚体系的制度基础和宏观前提，法治逻辑毫无疑问应该制衡和约束整体的刑罚正当性理论和具体行刑实践。特殊预防如果希冀在整个刑罚目的体系中拥有一席之地，就需要其在关涉法律逻辑的议题上有所妥协，形成与法律的一般化逻辑相适应的新的理论进路，以满足社区矫正制度存续完善的需要。

一、安塞尔人格抽象论的启示

在这个问题上，已有学者提供了自己的智识资源。新社会防卫运动代表人安塞尔利用了旧派的犯罪行为严重性标准和抽象化逻辑对新派特殊预防论进行了有效的改造。他认为，人身危险性和责任的程度都可以统一通过犯罪行为体现出来，即包含人身危险性和责任的“行为人格”的严重程度可以通

---

① 参见周光权：《抽象性问题及其意义——对刑法领域法治立场的初步考察》，载《中国社会科学》2001年第2期。

② 许福生：《变动时期的刑事政策》，中国民主法制出版社，2006年版，第72页。

过犯罪行为体现出来，因此，也就可以按照行为抽象化的逻辑对行为人格进行类型化并对应相应的一般化处遇措施。他认为要做到以下三点：首先，对罪犯人身危险性的判断标准和方法在立法上作出明确规定；进而，在人身危险性与保安处分种类的对应中分出具体的层次和级别；最后，规定具有确定标准的人格调查程序，主要是从量刑和保安处分方便角度来考虑。当不管是犯罪行为还是人身危险性特征都可以进行标准化和抽象化处理之后，它们就可以同时在法律规定中统一起来，相辅相成构成犯罪“人格”的法定标准，依据这样一个抽象化的法律人格标准，来确定具体的刑罚和保安处分措施。①

从安塞尔的观点中我们看出，主张一种同抽象法律化逻辑相妥协的社会防卫理论，尽量减少特殊预防中犯罪人的完全特殊性，而以分类抽象化加以归纳，其所主张的方式就是采用犯罪人身危险性特征类型化，并以此与抽象刑罚相对照的形式。

二、相对个别化与法律逻辑的协调

刑事法治是通过刑事法律的逻辑展开的：其要求刑罚必须按照法律的规定，实现抽象一般化，以此与同样抽象化的犯罪行为的规定相适应，刑罚的轻重程度同犯罪行为的严重程度相适应。所以，刑事法律的抽象一般化逻辑背后有两个支撑因素：一是行为中心论，即刑罚的标准是通过抽象规定体现出来的犯罪行为的性质和轻重；二是抽象一般性，即刑罚与抽象规定的犯罪行为相对应，所以同样要实现抽象一般性，这也要依靠刑事法律的规定来实现。特殊预防的刑罚目的因为属于新派的观点，它的背后支撑的逻辑因素是行为人中心论和刑罚的个别性；如前所述，其与刑事法治逻辑迥异，在关系协调上相当困难，但也并非完全没有协调的可能性。就这两个因素分别来论：一方面，在逻辑上，特殊预防无法放弃表征决定论哲学观的人身危险性作为判断刑罚的标准，而人身危险性作为一种人格表征，体现的是行为人中心论的思想，这必然与行为中心论截然对立，难以妥协。特殊预防的刑罚目的如果想实现向刑事法律的逻辑妥协，在放弃行为人中心论采行为中心论这一点上很难实现。另一方面，在行为人中心主义难以协调的情形下，只有在第二个因素也就是抽象一般性上向刑罚规范的逻辑靠拢。而社会防卫所要依靠

① See, O'Leary Vincent, Todd R. Clear. Directions for Community Corrections in the 1990s. Washington, DC: U. S. Department of Justice, National Institute of Corrections, 1994, p. 48.

的逻辑因素是刑罚的个别化，按照每个犯罪人人身危险性的不同来施加教育刑。这种个别化实际上可以包括两种，一种是绝对的刑罚个别化，即严格按照每个犯罪人的差别来施加个别化，随时观察犯罪人人身危险性情况的变化作出刑罚的调整，比如在美国曾经实行过的绝对不定期刑或委员会假释制度；另一种是相对个别化，即首先归纳总结人身危险性特征的因素和类型，形成轻重相应的犯罪风险评估标准和体系。要实现特殊预防论的理论转型，只能通过相对个别化和人身危险性类型化与法律逻辑相协调。

三、从人身危险到犯罪风险

因为人身危险性概念(danger)本身肇始自强调个体差异和独特性的特殊预防主义，所以，其内涵是指每个个体所特有的人身危险性因素的综合，因每个个体而差异和区别，所以，人身危险性本身并无法类型化和抽象化，可以类型化和抽象化的是组成每个个体人身危险性的具体风险因素，如行为暴力程度、反社会化表现程度等。人身危险性通过抽象化所表达的也就是这些因素所体现出来的社会所可能面临的风险(risk)的差异程度，如可通过对主体暴力表现程度进行抽象化分级，以体现不同的对社会之风险大小。[①] 因此，不同类型的人身危险性因素所抽象体现出来的只能是与人身危险性相联系的风险差别的综合，而非人身危险性本身的直接抽象。经过对人身危险性之风险因素的整理和归纳，可以按照其对社会的潜在危害可能性大小形成轻重有别的风险体系，即类型化的风险体系。然后，再按照事先确定的犯罪人的风险的类型和大小来施加相对固定的对应刑罚，实现通过规则的形式规定对某种类型的犯罪人施加对应类型的固定刑罚。如刑事法律可以规定社区矫正作为一种轻缓的刑罚措施，针对较小的犯罪风险类型比如轻微暴力程度者或者偶然反社会程度者来施加。刑罚的相对个别化可以称之为类型化方式，这种方式在逻辑上可以跟法律的抽象化与一般化特征相适应[②]，同时，又坚持了对人身危险性和分别处遇措施的强调。

采用将犯罪风险因素特征类型化和法律化、并与刑罚轻重相适应的形式有两个好处：首先，这种形式好处是可以使得特殊预防目的适应法律所要求的刑罚抽象化的逻辑。对犯罪人身危险性因素提前归纳整理，并得出犯罪风

---

① 参见陈伟：《人身危险性研究》，法律出版社，2010年版，第21－22页。

② 参见李川：《从特殊预防到风险管控：社区矫正之理论嬗变与进路选择》，载《法律科学》2012年第3期。

险类型化的规律规定在具体的规则之中，就可以实现犯罪人身危险性特征面向法律逻辑的抽象化和法律化。[①] 然后，将这种抽象为犯罪风险的特征同特定种类的刑罚相适应，就使得包括社区矫正在内的刑罚都同时也呈现了抽象性的特征，二者可以对应的规定在具体的法律规则之中。这样类型化的方法就使得法律可以包容以人身危险性体察为中心的新派观点，也就为特殊预防和社会防卫刑罚目的留出了一定空间。因此，类型化的形式使得特殊预防一方面仍然坚持行为人中心论，另一方面又可以适应刑事法律所要求的刑罚一般化与抽象化逻辑。只不过，这种抽象化与一般化逻辑是针对抽象的犯罪风险特征的规定，而非抽象犯罪行为的规定。另一个好处是犯罪风险类型化最大限度的顾及了特殊预防论的两个逻辑前提：行为人中心和刑罚个别化。虽然类型化的方法并非绝对的个别化，同绝对的特殊预防一元论的观点有所背离，但是，类型化的方法至少是相对来说保证了对不同类型的犯罪风险所体现出来的人身危险性特征施以不同的刑罚，仍然体现着以人身危险性因素为前提的一定的个别性。

可以说，类型化居于绝对的抽象化和绝对的个别化之间，有效地化解了一般和具体、抽象和个别之间的紧张关系，因此，对犯罪风险类型化并同刑罚相对应的方式也就缓和了刑罚个别化和刑罚抽象化的关系，在逻辑上得以同法律逻辑相协调。在类型化人身危险性因素并同特定的类型化行刑处遇措施相对应的情形下，特殊预防之特殊性已经大大削减，特殊预防所具有的对不同主体人身危险性的个别处遇含义就转变为对类型化的犯罪风险的实际评估和管理，因此，这种适应法律逻辑的特殊预防论就转变为类型化的风险预防（Classified Risk Prevention）和类型化的风险管控论（Classified Risk Management）。[②]

第三节　基于风险预防的行刑实践理念嬗变

风险管控作为行刑矫正的基本理念，不仅如上所述来自于刑罚体系内部为适应法律逻辑而由人身危险向人身风险演进的必然要求，从更为深远的外部社会背景和实践需求而言，风险社会背景所催生的风险预防理念所表征的

① 参见翟中东：《刑罚个别化研究》，中国人民公安大学出版社，2001年版，第15-16页。

② See, Griset Pamela L.. Eterminate Sentencing: The Promise and Reality of Sentencing Reform Albany. NY: SUNY Press, 1992, p.19.

实践需求，也体现了行刑矫正向风险管控逻辑转化的外部决定性力量。

一、风险预防的理念兴起与实践需求

（一）风险预防理念发展的两大宏观政策缘由

随着二战后福利国家理念的兴起，社区矫正不仅是犯罪处遇制度，其对犯罪人的治疗复归也被纳入国家福利体系，成为处遇对象享有的福利权利。然而，全球化时代社会矛盾加剧和开支激增，以犯罪人福利式保护为着眼点的社区矫正效果有限且不堪重负，着眼于对传统行刑安全性隐忧的批判思路及其代表性的密集监控论被重新提及吸纳并结合时代需求进行范式转换，向风险预防理念演化发展。

一方面，兴起的新自由主义思潮要求国家收缩不计成本的福利矫正思路，从产出效益角度重新评估社区矫正的性质与机能。与之相适应，背离于传统以社会决定论为核心的“自我犯罪学”逻辑，“他者犯罪学”(Criminology of Others)①兴起，认为犯罪人不是“孺子可教”的矫正对象，而是需监控防范的异己分子，处遇重点不应是信任式的人身危险性评估与改造，而是防范式的依风险程度的分流转处和密集监控。就保障社会安全而言，密集监控的效率和效益要远远高于个案矫正。另一方面，对社会冲突的持续担忧催生了风险社会②意识，时代发展已经进入风险因素纵横交错和愈加难以把控的风险高发态势。在这种意识影响下，危机重重的社会首要任务是风险管理，社会刑事政策应从传统的危害追究和罪犯改造范式向犯罪风险管理与预防范式转型，不仅在犯罪预设方面前置法益保护和扩张危险犯罪名，而且更为紧要的是，刑罚处遇的主要机能应从内在矫正恢复犯罪人的合社会性道德理念(corrections)向外在控制剥夺罪犯风险制造能力(incapacitation)转型。这就要求作为刑罚处遇方式的社区矫正也需着重风险预防的评估与直接管控，处遇技术逻辑从个人责任追究与人身危险矫治转变为犯罪人风险标定与分级监管。

---

① See, Garland D.. The Limits of the Sovereign State: Strategies of Crime Control in Contemporary Society. The British Journal of Criminology, 1996(36), pp. 461 - 462.

② 风险社会意识是近年来影响社会科学的重要思潮，认为社会处于风险难以把握且危害性高的危机重重阶段，社会科学的研究应以风险管理为首要任务。这一理念也对刑法学和犯罪学产生的了重要影响，被认为引起了犯罪学从矫正论述向风险管理论述的转型。参见劳东燕：《风险社会与变动中的刑法理论》，载《中外法学》2014 年第 1 期。

（二）风险预防理念发展的行刑实践需求

1970年代开始，世界范围内社会的犯罪控制实践的发展，越来越显示出这种风险预防理念的影响力超越了其他传统理念。第一，随着前所未有的矫正机构和矫正人口数量的剧增，使得传统成本高昂的个殊化教育矫正不堪重负也无法达成，解决和安排前所未有的服刑人员成为刑事司法的首要任务。因此，为了能最大程度地安排服刑人数，行刑的其他考量纷纷让位于风险预防必要性的原则，只要是能够压制风险和预防风险的方法就能够优先适用。因此，首要行刑需求就变为了风险预防。美国行刑实践中私营监狱、改造营和电子监控的大量适用正是这一转变的体现。第二，如前所述，随着福利国家的衰退，以福利为出发点的矫治帮扶经费遭到了大量削减，严格的预算限制导致行刑无法再过多深入考量个案矫治的精致规划进程和多措施综合适用，而更强调矫治中的安全即风险预防状况，对矫治工作人员的绩效评价已经从未来再犯比率转变为当下安全比率，矫治工作逻辑也转向风险预防。第三，以更有效的风险预防为核心的“中间行刑”这种刑罚执行理念迅速发展，不仅影响行刑实践，甚至影响量刑和刑罚立法状况，体现出超越行刑范围的整个刑罚体系都注重有利于风险预防的新理念和制度这一趋势。第四，整体社会治理都愈加重视对风险的预警和管理，以对风险预防进行更高效、反应更灵敏、更富创造性的服务。其中一个突出体现是情境预防理念的大行其道，不仅行刑领域，整个社会都重视环境因素的综合规划和调整，以适应风险预防的需求，安全监控设备和风险语境系统已经成为城市治理和犯罪控制的标准配置。

世界犯罪控制领域的种种实践做法已经不约而同地越来越显示出对风险预防这一目标的优先强调，因此，这表明传统的行刑领域的理念应该拓宽视角，将风险预防纳入整合考量的范围之内，明确行刑体系内部风险预防理念的定位和特征，并持续以实践加以推动和完善。

二、风险预防理念的实践争议与确立

上述社会综合政策和行刑实践两方面新需求合流，包括社区矫正在内的行刑机能重点自然转变为对犯罪人危害社会风险的监督管控。菲利和西蒙认为，这就意味着集体主义和管理主义趋向的风险预防理念的诞生，犯罪人从可担责和悔改的能动主体转变为被调控与处理的被动客体，风险管理和社会治理本位得以确立。风险预防理念将行刑的功能机制着眼于风险精算基础上的监督管控，并形成一套以风险治理和剥夺风险制造能力为导向的、与教育矫正的改善主义相区别的管理主义制度体系。①风险预防理念体系最大的特点是抛弃了传统决定论的理论预设，不再将犯罪人视为是受社会环境负面影响而形成的扭曲人格者，也不认为社会有责任和义务对犯罪人进行教育矫正恢复其正常人格，而是认为这种个体矫正的方法和视角在风险预防理念看来过于微观和福利化。国家和社会不应该无原则为矫正犯罪人承担义务和花费成本，也不应该过于理想地认为可以矫正每个个体犯罪人；这些错误的认识将使得行刑的成本高昂却效果有限。②

虽然，风险预防这一行刑实践理念的确立与完善已是世界趋势，但是，在其成熟过程中却始终伴随着与惩罚论理念的巨大争论。甚至，直到今天都有学者认为刑事制裁的功能应该是双重的：对罪犯进行适当惩罚和风险预防，这是因为任何刑罚的实施，都应该标志着对被犯罪行为所侵犯的社会价值的肯定，而这是单纯的降低罪犯的再犯风险策略所无法涵盖的。③ 而风险预防理念一元论者则认为，风险预防本身就可以涵盖惩罚论的内容，惩罚理念作为报应和一般预防的综合，其内涵在风险预防中都已经被考量；而且，惩罚理念本身作为纯实践理念并不成熟，产生很多传统刑罚问题如过度惩罚的回潮。

（一）刑事制裁的惩罚理念

惩罚理念的基本认识是违法者应该为自己的罪行负责，刑事制裁的标志性功能就是实现这一理念。刑罚的惩罚理念综合了一般预防和报应两方面的思路，认为刑罚具有社会威慑力和道德教育的双面功能。一方面，刑罚的社会威慑力功能依靠的是一般预防理念。通过设置这种具有威慑性的处罚方式去阻吓潜在的违法者，使得他们不敢通过犯罪获取非法利益。主要通过刑事法规定的严厉的惩罚来实现这一目标。而这一目标是否有效就在于惩罚的力度是否足以超越犯罪的收益，使得犯罪人不因为基于功利主义的获利较高的想法而轻易犯罪。刑罚的另外一方面，道德教育的功能通过报应理念

① See, Feeley M., Simon J.. The New Penology: Notes on the Emerging Strategy of Corrections and Its Implications. Criminology, 1992(4), pp. 457 - 460.

② See, Shearing C. D.. Punishment and The Changing Face of the Governance. Punishment & Society, 2001(3), pp. 203 - 230.

③ See, Garland D.. The Limits of the Sovereign State: Strategies of Crime Control in Contemporary Society. The British Journal of Criminology, 1996(36), pp. 461 - 462.

体现出来。规定了刑事处罚的法律因此惩罚的一致性被认为是正确和公平的,犯罪人无一例外受到定罪和应有的惩处。因此,刑罚通过报应得到实现而获得了道德上的合理性和正当性,也获得了民众的支持,增强了社会整体的道德规范水平。社会通过刑罚的实现能够增强对法律和道德规范的整体确信,受害人和社区也得到了正义满足。

在特殊预防理念指导下的矫治实践相对失效后,惩罚理念同样作为行刑的重要理念被重新提及。与综合预防论不同的是,惩罚理念只是将两种关系不大的报应和一般预防一块儿加以考虑而已,所以更多的是一种实践理念,而缺乏理论建构。由于缺乏理论上的架构,惩罚理念并未摆脱传统早已存在的那些实践问题,所以,受其影响,1970 年代反矫治时期的重刑主义回潮和过度惩戒造成了比新的矫治一元论还要复杂的实践难题。

(二) 刑事制裁的风险预防理念

从预防再犯出发,前述结合了风险社会背景、犯罪控制宏观需要和行刑实践趋向而形成的风险预防理念逐渐成熟,认为可以通过两种普遍的风险管理的方法:控制和替代的方式实现风险预防目标,从风险产生时起就介入发生作用。

风险控制的方式是通过限制罪犯实施新的犯罪行为的能力来减少犯罪。风险控制的核心就是使罪犯丧失犯罪能力,基于这一概念,国家发挥其控制力使罪犯丧失犯罪可能性,犯罪量将大大的削减。犯罪的减少通过对自由限制的不同程度和方式来实现。不同的犯罪人需要不同自由限制程度的对策,除监禁之外,应该实现风险控制措施或机制的多元化,如通过电子监控和居家处遇限制了罪犯的活动范围;通过成瘾药物检测监督和治疗恢复犯罪人正常心智而减少了犯罪风险。这一做法与矫正的不同之处在于其目的不是为了改变罪犯,它仅仅是为了确保在国家的控制下他们没有实施犯罪。在此期间,衡量风险控制目标是成功还是失败的标准就是再犯率。

风险替代的方式是通过将作为风险产生原因的要素如生活所迫或社会排斥以其他更好的解决方式所替代,从而减少罪犯选择实施犯罪的可能性。这被认为是有目的干预犯罪人生活的帮扶性措施,以保证他们在未来更会倾向于选择遵守法律而不是实施犯罪行为。其措施可能包括各种形式的职业帮助、心理干预或者是工作指导或者教育项目。通过帮扶可以使得本来需要通过犯罪来获取收益或维持生活的受刑人替代性的以其他合法的方式谋生或过上正常社会生活,从而在源头上替代性消除再犯罪危险,达成风险预防。

（三）风险预防在争论中的超越与发展

刑罚的惩罚功能和风险预防功能之间存在天然的紧张关系。当惩罚被看作是一个标志性功能，惩罚的类型和严重程度都与该人被定罪的犯罪行为有关。在风险管理被考虑时，这时焦点就在于行为人本身的风险，犯罪行为只是考量因素之一。这两种考量逻辑导致了不同的发展方向。[①] 例如，从惩罚理念来看，值得重罚的严重罪行者经常再犯的风险很小，而风险预防的需求不强，相反，一些犯较轻罪行的人往往都是惯犯，有非常大的风险预防的需要。这表明刑罚的惩罚功能和风险预防功能存在逻辑冲突和行刑差异。

这种冲突和差异导致了行刑策略上的一系列争论，其关键问题就在于刑罚应该更关注道德正义还是犯罪控制，早在报应论和威慑论传统争论的早期就已涉及这一问题。而对这一问题的不同看法对包括制刑、量刑和行刑在内的整体思路都有深刻影响：一方面，这一争论关系到国家对被定罪人的持续控制的时间需要多长，特别是行刑后是否还需要持续控制，以及对受刑人适用罚款、强制服务、禁止令的依据。另一方面体现为在量刑时，法官应该基于什么理念作出具体的裁判。[②] 在这一争论过程中，风险预防的论述逐渐在挑战中进一步完善，从一开始仅限于对受刑人在服刑特别是社区矫正中压制即时犯罪风险的实践认识，逐步发展为将教育改造帮扶和正义修复赔偿都纳入风险的考量之中：认为教育改造帮扶也是为了减少犯罪人的长远未来再犯风险措施，因此对风险考量仍然重要；而正义修复赔偿不仅为了满足道德和价值需求，满足受害人和社会正义心理，还可以有效地平复社会撕裂风险，减少社会排斥而使得犯罪人顺利复归，从而降低了再犯风险。由此可见，这一争论的最终结果是使得风险预防的实践理念进一步的丰富发展，在扩展风险概念外延的基础上，体系性地形成了多重风险预防的新理念，从而，辩证性地超越了较为传统的惩罚论，成为主流的犯罪控制和行刑实践理念。

三、风险预防语境下的风险控制基本思路

风险预防理念经过长期的实践积累和科学的归纳，最终形成了相对成熟

---

① See, Griset Pamela L.. Determinate Sentencing: The Promise and Reality of Sentencing Reform Albany. NY: SUNY Press, 1992, p. 19.

② See, O'Leary Vincent, Todd R. Clear. Directions for Community Corrections in the 1990s. Washington. DC: U. S. Department of Justice, National Institute of Corrections, 1994, p. 66.

的方法论思路：即以情境理性的立场出发，认为应该采取宏观视角调整社会风险负担，以精算概率和统计管理的司法方法管理危险人群，以最少的司法成本获取最大的风险控制收获。在这一效益目标下，报应、威慑或教育矫治的行刑必要性仅限于其本身与风险有效控制的关系，可以通过风险的精密计算和分析纳入风险控制的范围。

以风险控制的逻辑而言，行刑应采取分类标定和分流管理的两步精算处遇方法：第一步，通过犯罪统计将犯有多数犯罪的少数重点犯罪人辨识标记出来，并加以具体分类。如通过统计发现交通肇事风险主要集中于某类职业司机中的交通违法惯犯者，这就需要将这类交通违法惯犯者通过法律或机制加以区分，并进行严密监督控制。所以，诸如职业司机三次违法则吊销执照或一次严重违法则构成犯罪之类的针对某种特定类型主体的科学分类处遇措施，都是有效实现风险管控即风险预防理念目标的良好方法。第二步，在分类标定犯罪人的基础上，根据统计归纳的有效措施结论采取针对性的监督控制手段，针对不同风险层次的犯罪人分流处遇，采取轻重不一的监督管控措施集中防范风险。比如，针对较轻风险的初犯，可以采取前置转处分流的附条件不起诉处遇措施，采取较为宽松的风险管理方式；而针对较重的累犯，则采取以隔离监禁为主的较重风险管理方式，通过物理性隔离方式的运用，防范对社会的侵害风险。而居于其间的则采取中等强度的监督管制措施，可以在社区中服刑，只是实施必要的限制自由措施来相对隔离风险。

第四节　社区矫正面向风险管控的转向进程

受前述犯罪控制与行刑预防理论与实践理念的转变影响，世界社区矫正制度在 20 世纪下半期经历了三个主要发展阶段。首先，建立在“改过自新”的理念之上的特殊预防和矫治主义至上，二战后至 1970 年代得到了极大化飞速发展。第二阶段从 1970 年代开始，基于对矫治论的反思和实践无效的回应，重拾强调报应威慑或综合预防的惩罚实践理念。第三阶段是从 20 世纪末开始，当发现惩罚理念在与矫治理念不断冲突的情况下成效亦不显著、且回到了重刑主义的老路时，行刑只能在适应新的风险社会背景和风险预防理念下选择风险管控模式。基于风险防范和安全保障的需求，行刑实践最终走向风险管控的方向，强调风险评估处遇，取得了大量的新的理论与实践成果，风险预防背景下的社区矫正风险管控逐渐体系化和完善化。其一个重要的标志就是美国律师协会颁布的《社区矫正法草案》，正是总结了美国行刑实践向风险管控的发展趋势，以风险预防这一理念为基本框架而编写。①

受到风险社会背景的影响，风险预防逻辑成为统摄犯罪控制和行刑领域的主导话语和运行原理。这在某种程度上也导致了社区矫正具体运行理论的根本转向：传统的特殊预防论及其决定的教育矫正论逻辑逐渐被风险管控逻辑所取代，在风险预防理念机制的影响下形成了一套新的社区矫正行刑机制。② 这套新的行刑机制将社区矫正制度视为整体社会宏观风险控制的一部分，因此，社区矫正的意义也不在着眼于个人微观视角的修复回归和教育矫治，而主要是确定在社会中部分限制人身自由的监督管理措施能否匹配对矫正对象人身风险的必要控制，即风险管控的基本需求。

一、前风险预防时代：矫治主义到惩罚主义

（一）矫治主义实践的衰落及转向

二战后，受特殊预防和教育矫治的广泛流行影响，世界范围内普遍认为，社区矫正机构需要广泛的自由裁量权以执行其个别矫治功能。在很大程度上，这与个别实施的矫治方法和动态人身危险性特点有关：受刑人将在人身危险性消除之前受到自由的限制，并通过个别化定制的矫正方案接受个别矫治。一旦受刑人完成了矫治恢复了正常人格，他们将被释放回到社会。但由于无法估量矫治结果的时限性，因此，也不能固定限制人身自由的时限，一个当然的逻辑结论就是不定期刑和差别化施刑的必要性。因为罪犯的人身危险性的不同，对不同的罪犯应当适用符合其个性和时限的社区矫正制度。

矫治模式影响之大体现在当时美国著名的《模范刑法典》都明确在量刑制度中体现这一理论。由美国法学会所创制的这部示范性权威法典认为，作为州立法机关进行刑法改革的标准样本，应当允许法官在规定的范围内选择一个最低和最高刑期，交由行刑者进一步决定。同时，法官在设置缓刑的适用条件方面也有广泛的自由裁量权。

如前所述，到1970年代中期，这些以矫治自由裁量为基础的理论和实践

---

① See, F. Bérard, M. Vacheret Full, G. Lemire Honorary. Risk Management in the Correctional System of Canada: A Problematic Model. The Howard Journal of Criminal Justice, 2013(52), pp. 254 - 256.

② See, Feeley M., Simon J.. The New Penology: Notes on the Emerging Strategy of Corrections and Its Implications. Criminology, 1987, pp. 457 - 460.

由于矫治效果不佳，受到学术界各种自由派和保守派思想家的抨击。有学者如前述马丁森等人，他们认为这种矫治方法是没有实效的。也有观点认为，在广泛矫治自由裁量权的做法下，对受刑人来说出现了明显不公的量刑差距，刑期要么过于宽大、要么过于严厉，武断地决定以教育治疗的名义改造罪犯，但实际上是为了控制被监禁的罪犯。[①] 这种对矫正模式的争论促使了对刑罚制度的全面反思，不仅出现了刑罚裁量的立法体系性收缩和限制，还在行刑实践方面也进一步改变了矫治自由裁量的基本理念。通过量刑指南等限制性方式，法官的裁量范围被大幅收紧，统一的裁量规则也体现出与个案矫治的相反逻辑。甚至许多国家和地方如加拿大、美国许多州出台了关于社区矫正行刑的专门法律，希望以规范的方式来制约行刑。而这些规范和做法同时体现出了传统惩罚主义思路的回潮，社区矫正的重点从矫治转向惩罚。

（二）惩罚主义基于解决矫治实践的弊端而兴起

惩罚主义理念显现的一个重要标志是假释的严格化。假释决定机关如假释委员会开始从严把握假释标准，从实质上削减了假释罪犯的整体数量。从重新重视惩罚主义的思路出发，行刑机关普遍重新认为刑罚的目的就是惩罚，因此，假释这种持相反逻辑的社区矫正措施就受到严格限制。更由于矫治主义对犯罪有效控制的不足，要求通过惩罚主义消除这一弊端，所以，对社区矫正相关行刑就变得越来越严格，这典型地体现在假释实践上。

对惩罚主义的强调基于达到两种矫治主义行刑所未能实现的目标，一是公平价值，二是犯罪控制。一方面，强调公平的观点认为，对被定罪处罚的人应当做到同罪同罚。产生这种观点的基本原理是正义报复，呼吁结束社区矫正的诊断式矫治模式，不要再采用类似于医生治疗病人的个别裁量方式来教育矫正。在正义报复的思路下，量刑将很大程度上取决于立法机关，仅仅基于犯罪的严重性而作出定罪处罚的决定。法官在作出判决的时候只有有限的自由裁量权，绝对不定期刑因为对公平和权利的违背应予以废除。社区矫正的行刑同样必须强调公平，实现同案同矫，依靠规范约束实现公平化。另一方面，另一种寻求对矫治主义进行改革的动机是犯罪控制效果考量。这一思路担忧的与其说是公平和公正，不如说是为了提高犯罪控制力。基于这一视角，刑罚制度的失败不是由于量刑的差异，而是根源于社区矫正过于倾向

① 参见许华孚：《傅科对于当代犯罪控制的启发》，载《犯罪与刑事司法研究》2004 年第 3 期。

宽大处理而不能有效控制犯罪。因此，行刑矫正需回到包括通过威慑和使犯罪人丧失再犯能力来预防犯罪。这一观点有其实证研究支持，如有研究表明主动承诺不犯罪的受刑人数量与未来减少犯罪的人数并不成比例，基于矫治主义效果的承诺者并非真的未来遵守承诺不再犯罪，表明了犯罪控制的失败。因此，必须重新设计社区矫正的行刑思路，以从严惩处的犯罪控制为着眼点。这导致半监禁和严密监控的社区矫正形式大行其道。

上述两个方面对社区矫正政策产生了双管齐下的影响。一是基于公平考量的量刑行刑改革导致了社区矫正刑期的固定性，这一刑期的固定裁量范围改由立法机关设立，明确的刑期由法官来决定，而行刑完全丧失了刑期的决定权。另一是为了更好地控制犯罪，立法机关规定社区矫正较严格的适用范围、较长的刑期、更密集的监控以及固定的社区矫正行刑强制措施，如强制劳动、强制服务和强制学习。为了防止法官利用自由裁量权任意的减刑，立法机关也直接开始规定限制减刑，并规定了社区矫正中可以采取更严密的惩罚性限制措施，如多样化的禁止令制度。

二、风险预防时代：惩罚主义的衰落与风险管控兴起

从惩罚主义成为社区矫正的主流实践理念之后，社区矫正逐渐进入了一个新的时代，这始于社区矫正不得不关注公平、高效的控制罪犯措施带来的风险问题。驱使这一关注愈加重要，甚至引起社区矫正重新定位的实践动因是惩罚主义带来的社会成本问题：随着福利国家的衰减，国家和地方政府无力承担与惩罚主义相匹配的迅速增长的行刑费用。如从1970年代到1990年代的20年间，据美国司法部统计，惩罚主义使美国的犯罪实际刑罚率增长了六倍，这意味着行刑要多解决六倍于以往的行刑人数问题。在1971年至1990年期间，在社区矫正方面的支出已经增长了998%，实际美元计算也增长了265%。[①] 在1980年代，十年内政府在社区矫正方面的支出速度超过了政府在教育和运输方面的三分之二，但成功率依旧停滞不前甚至有所下降。[②] 虽然尝试了各种分流解决方式，但是，由于惩罚主义趋向未曾改变，这一问题

---

① See, F. Bérard, M. Vacheret Full, G. Lemire Honorary. Risk Management in the Correctional System of Canada: A Problematic Model. The Howard Journal of Criminal Justice, 2013(52), pp. 254 - 256.

② See, Austin J. The Proper and Improper Use of Risk Assessment in Corrections. Federal Sentencing Reporter, 2004(3), pp. 194 - 199.

变得愈加严重。[①]

除了成本上的不堪重负，有越来越多的实证研究表明，惩罚主义最终也并没有使得犯罪控制目标得以有效实现。如尽管美国社区矫正对犯罪率的控制自 1973 年以来增加了六倍以上，但根据受害调查或者联邦调查局的犯罪报告可以看出，犯罪率整体基本保持不变或者增加了三分之二。

与之前的高自由裁量权的矫治主义相比，低自由裁量权的惩罚主义并没有使得社区矫正行刑的效果出现明显的好转，反而行刑成本更高，结果愈加不理想，更有过于侵入权利的担忧。因此，寻求新的社区矫正行刑逻辑变得日益重要。以矫正风险评估为契机，结合社会风险预防的需求，行刑实践逐渐转向以风险管理和控制的方法进行社区矫正实践，主要体现为四个方面：一是社区矫正逐渐将原来使用的模糊的、定性的和自由裁量的人身危险性概念替换为量化的、明确的和有确定依据的"风险"概念，并以之为依据作为区分罪犯的维度来确定行刑措施；二是根据风险程度的需要，逐渐在社区矫正中出现了一系列处于完全开放和监禁之间的定型化机制，而这些新的处罚方法通常用于中等风险各类水平的固定受刑对象，如对财产犯罪者适用集中的监督方式，对酒后驾车者适用电子监控，将少年犯通过军训式的矫正中心矫正；三是社区矫正的行刑政策已不再是绝对宽松的矫治主义或绝对严厉的惩罚主义，而是以风险程度区分轻重不同策略，强调宽严相济，如对减刑假释者违反规定的要作为高风险重新收监；四是根据风险而决定的缓刑和假释裁量逐渐成型，风险因素考量逐渐渗透至判决前人格调查领域，并成为判决缓刑和假释的决定性因素。

以风险为中心来进行社区矫正的多种实践表明，社区矫正已经将再犯风险管理机制贯彻在具体行刑过程之中，将科学的风险控制作为社区矫正的统一目标，从而将过于宽松的矫治主义与过于严厉的惩罚主义在风险语境中有机整合，形成统一的风险管控机制，这一机制与风险预防的犯罪控制和整体刑罚理念发展相一致。

三、社区矫正风险管控实践的基本逻辑

就社区矫正作为行刑制度的目标而言，不管是矫治主义还是惩罚主义，

---

① See, Feeley M., Simon J.. The New Penology: Notes on the Emerging Strategy of Corrections and Its Implications. Criminology, 1992(4), pp. 457 - 460.

都是为了实现对再犯的控制和犯罪率的降低。而不考虑风险状况，一味使用过于宽松的矫治措施或过于严格的惩罚措施，结果必然出现犯罪控制不力之处，只有依据风险的不同等级和状况合理类型化不同犯罪人风险，并相应采取适当的矫治与惩罚相结合的处遇对策，才能达到犯罪率控制的最佳效果。进一步从宏观意义上而言，犯罪率的降低本身就表达为犯罪风险的降低或减少，因此，社区矫正的目标也体现为对犯罪风险的降低，因而以风险预防为目标、以风险评估为依据而对矫正对象进行的风险管控模式是符合刑罚整体目标的合理实践机制。

（一）风险管控的基本实践逻辑

基于这种风险控制手段的必要匹配思路，社区矫正在逻辑上就要始于风险评估，服务于风险精确管控。传统的基于教育矫正的风险评估内涵发生了根本性的变化，矫治可能性评估不再是风险评估的重点；再犯风险预防措施也发生了新的定位，通过教育矫治的长远预防变得不再重要，全过程即刻风险防范才是风险控制的重点。由此，社区矫正的新逻辑就系统完善地转变为：

首先，在风险评估时，这套新的机制借鉴保险学“大数法则”，在社会风险因素量化数据采集、分类、筛选和归纳的基础上，科学性精算犯罪风险因子及其生发、抑制概率，通过罪犯对社会风险而非人身危险的定量分级与管控效用的收益排列组合，设置一套精确的社会学意义的风险等级评估标准及其对应的分级分类管控系统，最终根据不同风险等级需要对犯罪人分流设置适度监督或隔离应对措施，其标准以风险压制必要性和制度效率、效益最大化为限。[①]

其次，在风险监管时，对管控对象进行风险评估，并根据风险预警等级将犯罪人分流配置到对应的可靠监管措施下，并在矫正过程中应定期根据犯罪人风险程度的迁变而动态调整监管措施。社区矫正启动时的静态风险评估与社区矫正进程中的动态风险评估应有机结合起来，采取静态犯罪史与社会影响史因子和动态行为表征因子耦合评估处遇的方式，针对性控制犯罪人现

① See, F. Bérard, M. Vacheret Full, G. Lemire Honorary. Risk Management in the Correctional System of Canada: A Problematic Model. The Howard Journal of Criminal Justice, 2013(52), pp. 254 - 256.

实再犯风险。[1] 至于基于特殊预防的犯罪人内在矫治方法和过程不再重要，矫治结果也只是用来评估管控措施的风险指标而已。社区矫正要实现这一机能，重要的不是矫正措施的有效，而是更广、更严谨、更多样化的控制犯罪人，此时，社区矫正要扩张监控范围并加强监控网络。

最后，在风险机制化中，社区矫正机制设计要不断适用这种风险管控需求，物理设施和思维方法都要面向密集监控和适度隔离目标创新。正是主要在这种机能意义上，成熟社区矫正实践中发明了电子监控、居家矫正、训练营和中途之家等具备不同等级社会限制和分离强度的创新性措施，满足不同风险控制等级的需求。

（二）风险管控的具体实践原则

值得关注的是，虽然风险管控模式更加具有合理性，但风险性不能成为社区矫正的唯一决定因素。传统刑罚制度的那些基本原则，如罪责刑相适应、刑罚阶梯、刑罚适用平等原则等仍然需要得到考量和尊重。风险管控模式下的社区矫正仍然需要在这些基本原则的范围内运行。因此，当设计风险管控具体实践机制的时候，我们需要考虑三个方面的问题。首先，如前所述，风险管控是一种集体主义视野下的实践模式，对重点风险对象实施严密的重点风险管控。而作为一种集体主义视角的宏观考量，容易造成对个体权利的忽视，因此，必须结合权利保障的视角。当社会整体决定风险管控的重点对象和范围时，必须遵守刑罚事先确立的人权基本原则和目标，遵循权利保障的立场。其次，在考虑具体的风险管控措施时，必须考量管控的成本效益问题，即最有效的事先风险预防的管控措施也同时应该是成本最低、收益最高的精算司法措施。最后，风险管控不能忽视受害人和社区因为犯罪所带来的除直接伤害之外的其他秩序撕裂风险，应该采取手段定向实现被害保护和社会恢复的目标，减少社会撕裂可能性，进一步维系社会安全。

首先，根据权利保护原则，风险管控必须遵守刑法规范所确立的那些基本权利保护标准，这些标准适用于整个刑罚领域。因此，集体主义视角的重点对象的重点风险预防并不意味着个人权利的牺牲或破坏，而是建构在犯罪人权利保障基础之上的风险识别与分别管控。因此，对重点对象的重点监管或自由限制措施之外，仍然需要对这些对象进行个案有效的教育矫治，也要

① See, Davies Garth, Dedel Kelly. Violence Risk Screening in Community Corrections. Criminology and Public Policy, 2006(5), pp. 746 - 747.

注重保护其执行中的安全与福利，帮助其有效复归社会。集体主义的视野与权利保障并不冲突。

其次，基于效益原则，风险管控措施也不应全然以压制风险为唯一考量因素，必须平衡矫正措施的成本收益。一方面需要考虑采取那些能够有效管控风险的社区矫正措施，但另一方面，也必须在不同种有效措施之间进行精确的成本收益分析，作出效益最大化的选择。如全面监控和居家处遇虽然都能对较大风险受刑人起到良好的风险管控效果，但考虑到成本问题，居家处遇更能实现效益的最大化，从而是更优选择。而要做到效益最大化，就必须对风险管控措施的成本收益进行精确的分析总结，采用精算的方式进行实证定量分析，西方国家经常采用的循证矫正和精算司法模式就是对这一原则的有效保证方法。

最后，基于被害保护和社会恢复原则，风险管控实践中也必须考量被害人因素和社会修复因素，管控风险的措施中应有被害人参与或社区参与的各种实践方式，如犯罪人—被害人协商制度、犯罪人对受害人的服务制度、犯罪人—社区融入咨商制度等。不仅有利于犯罪人的复归社会，减少再犯风险，也有利于减少被害人和社会的排斥风险。①

犯罪风险控制的理论与实践需求向包括社区矫正在内的行刑领域提出了矫正理论朝向风险管控的转型任务目标。要达成这一目标，传统社区矫正应首先在理论上需要切换矫正哲学的视角，实现矫正哲学向风险管控的转型。在特殊预防出现理论与实践危机后，国外社区矫正实践期望重新采用综合预防理念缓解特殊预防不足但亦不成功，其原因在于综合预防论内部特殊预防与一般预防存在理论冲突，根本上体现了个别化逻辑与法律一般化逻辑的冲突。综合论下的特殊预防仍有扩展视角以及理论与实践上转型的迫切性。一方面在理论逻辑内部，在行为人中心论这一支撑基础理念不能变动的情形下，通过个别矫治理念相对化处理而向规范一般化逻辑妥协的方式，作为特殊预防核心的人身危险性因素可以通过类型化和抽象化组成人身风险性因素，在适应法律逻辑的同时可以实现从人身危险向风险的转换，这就使得理论上特殊预防可以通过相对抽象化人身危险内涵的方式实现向风险管控理论的转变。另一方面在行刑实践中，风险管控视角下的风险预防理念具

① See, Office for Criminal Justice Reform, Restorative Justice: Helping to Meet Local Needs. Edinburgh: Office for Criminal Justice Reform, 2005, pp. 17-26.

有丰富的内涵，其对行刑矫正实践提出了风险管控的贯彻需求。风险社会背景下的风险预防理念是在惩罚主义难以满足犯罪控制需求时产生并超越惩罚主义的弊端而兴起。风险预防要求以风险管控作为独立的新生处遇要求，其机能以对处遇对象社会风险性的精算评估并采取相应的监督管控为实践运作逻辑。由此，社区矫正运作实践跟随行刑实践的发展同步转向，矫治主义向惩罚主义发展也无法解决实践难题，因此，社区矫正开始着重风险的评估与直接管控，处遇技术逻辑从个人责任追究与人身危险矫治转变为犯罪人风险标定与分级监管。这标志着集体主义和管理主义的新刑罚学的诞生。社区矫正形成一套以风险治理和剥夺风险制造能力为导向的管理主义制度体系。

第四章

基于风险管控的社区矫正理论展开

第一节　他者犯罪学与风险刑罚学的逻辑延展

从1970年代萌芽、1990年代开始流行的社区矫正的风险管控实践发展，积累了丰富的实践经验和具体机制，从而有了理论上进一步体系化分析和整合的基础和必要性。社会迫切需要系统的、科学的社区矫正风险管控理论，将具象化、碎片化的实践做法结合风险社会的理论背景以风险逻辑加以整合，以便形成具备普遍指导意义、更有科学有效性的基于风险管控的社区矫正原理机制，推动社区矫正制度的全面发展。

一、他者犯罪学为风险管控提供理论基础

在社会关系急速变迁和社会要素快速流动的今天，社会风险也在快速生发和放大，犯罪风险作为社会风险的极端表征之一，是社会需要首要预防和控制的对象。然而，传统以矫治为主的犯罪处遇模式在这一风险管控情势下显得力不从心，矫治的过程性和渐效性无法应对风险前置性管控和即效性管控的需求，因此，重大风险犯罪的突发无法有效抑制，如恐怖主义犯罪和无差别群伤性犯罪的发生，凸显了旧有的矫治犯罪学理念的不足。犯罪学面对风险管控需要新的思路，他者犯罪学正是在这一背景要求下应运而生。

著名犯罪学家加兰德在分析当前风险社会下犯罪学的复杂结构时认为，

当前存在两个取向完全相反、存在相互矛盾的犯罪学或刑事政策取向：一方面是坚持传统社会决定论取向的、将犯罪人当作自己人处遇的自我犯罪学(Criminology of Selves)，认为犯罪人也是社会民众的一部分，犯罪人的犯罪原因是由于各种社会因素所决定和造成的，因此，国家和社会对犯罪人有教育矫治的责任和义务，应该在谅解犯罪人的基础上，通过尽可能丰富的教育矫正手段恢复犯罪人的正常人格，使之顺利复归社会。另一方面是以风险控制论为取向的将犯罪人当作敌人排斥的他者犯罪学(Criminology of Others)，认为犯罪人是造成社会风险的、需要加以控制和排斥的非我族类，对待犯罪人应该如同对待战争中的敌人般时时刻刻警惕其风险并采取隔离排除的方式控制其风险。这两种犯罪学取向存在此消彼长的相互对立关系，随着时代形势的变化和社会预防需求而分别占据理论优势地位。①

加兰德认为随着风险社会时代的来临，犯罪风险和社会不稳定性大大增加，社会中的对抗和冲突愈加广泛和复杂，主流民意越来越强调对社会的控制和监督的重要性，要求司法部门提前发现风险和预防风险，对有一定危险的犯罪人提前加以处置预防，而对长效的教育改造过程显得不再具有耐心。②因此，犯罪学和刑事政策取向在风险社会之下是倾向于他者犯罪学的，认为由于风险的突发性和不可预测性，社会对风险控制的时效性和控制力度都必须大大增强，而传统自我犯罪学所依靠的教育矫正来消除风险机制时间过于漫长、矫正效果有限，因此，都远远不能满足风险社会的犯罪风险治理的要求，所以，必须采取更直接有效和前置迅速的风险控制手段。约克·杨也同样认为，社会正由于风险管控的需要而朝向一个更隔离与排他的方向发展，多样化的社会控制手段被用来应对各种不同的风险预防，刑事政策总体趋向控制惩罚，强调即时性效果和随时风险防范，从而不得不依赖于风险管控为出发点的隔离型犯罪学理论。③ 他者犯罪学正是这种隔离型犯罪学的典型代表。

他者犯罪学所倡导的区分隔离和管理监督机制就为满足风险控制的这

---

① See, Garland D.. The Limits of the Sovereign State: Strategies of Crime Control in Contemporary Society. The British Journal of Criminology, 1996,(36), p. 443.

② See, Garland D.. The Culture of High Crime Societies: Some Preconditions of Recent Law and Order Politics. The British Journal of Criminology, 2000(40), pp. 77 - 89.

③ See, Young J.. The Exclusive Society: Social Exclusion, Crime and Difference in Late Modernity. Thousand Oaks: Sage Publications, 1999, pp. 88 - 93.

些需求提供了良好的智识资源，因此，他者犯罪学的诸多机制成为新时代社会风险控制的主流手段，风险控制因此具有了监督管理的内涵，从单纯的一般意义上的预防变成了他者犯罪学意义上的风险管理和控制，从而形成了向风险管控理论的形塑。这种形塑进一步通过刑罚学理论对包括社区矫正在内的刑罚制度产生了深远的影响，促成了社区矫正的风险管控转向。

二、风险刑罚学为风险管控提供具体语境

他者犯罪学要求以风险管控和预防为社会各种犯罪治理对策的前提，从而体现了犯罪控制中的风险预防理念。而刑罚作为犯罪风险预防的专门治理对策，首先受风险预防观决定，从而导致了以风险管控为目标的风险刑罚学的诞生。风险刑罚学以风险预防为刑罚设计和运行的前提，要求刑罚制度的基本逻辑应以风险的标定、分类和管控为出发点。而为了更精确和全面地应对风险管控的需求，就需采用特定的方法明确风险预防的刑罚程度和措施效应，形成抽象化的风险刑罚学风险判断和应对模式。而达成这一应对模式的理论基础是理性选择理论，即通过理性选择的方法，风险刑罚学将风险作为最重要的行为选择变量，通过计算影响控制人们的行为选择的各种风险因素，从而有效地针对人们的日常行为来选择具体的抑制手段。

理性选择论的原初理论基础是刑事古典学派理性人假设及其罪责自负理念。① 即认为个人是具有自我控制力的理性主体，包括犯罪行为在内的风险行为都是个人的自主选择，所以，主体就应自我承担由此带来的惩罚性后果。但是，这种原初理论的问题在于忽视了社会因素对人行为的影响。② 所以，后来实证学派直指作为古典学派理论基础的理性人假设是伪命题，而认为犯罪人应是社会性的、具体的和被决定的。但实证学派自身又走向了完全社会决定论、否认人的自我选择能力的极端。20 世纪后半期，认识到实证学派社会人理念及其影响下的特殊预防效果有限，基于自我选择的理性人假设重回刑罚学视野，但是，新理性人预设吸取了绝对理性主义的教训，吸收了社会决定论的合理性，借鉴经济学中受环境变量影响的经济人假设，形成了情

① See, Clarke Ronald V. G.. Derek B. Cornish. The Reasoning Criminal: Rational Choice Perspectives on Offending. New York: Springer-Verlag, 1986, pp. 6 - 9.

② See, Taylor I., Walton P., Young J. The New Criminology: For a Social Theory of Deviance (International Library of Sociology). London: Routledge, 1973, pp. 167 - 170.

境理性的立场和有限理性的理性选择理论[①]，一方面承认主体有自身进行风险与效益评估决策的自我理性能力，另一方面又强调这一理性决策以社会情境因素为决定性输入变量，受环境因素影响。[②] 这种观点是在整合了理性人与社会人设定合理性基础之上的创新发展，不仅在理论基点意义上弥合了报应论和矫正论的落差，也为两种观念融合提供了新的语境平台。特别是随着情境理性研究的深入，犯罪作为一种风险成本的观点对行为治理的实践影响日益突出，犯罪学和刑罚学理论皆发展出围绕风险管理为核心的犯罪风险控制治理语境。依据代表性的日常犯罪学之观点，在情境理性的立场下，犯罪行为变为可以根据日常生活中的输入变量进行风险与效益计算的输出结果，因此，犯罪不再是反常的、偶然的，犯罪风险成为可以理性分析和预测的对象，包括刑罚处遇在内的犯罪治理重点不应再是道德报应、公平正义或罪犯矫正，而是犯罪风险的管理控制。[③]

甚至从广义而言，那些传统作为风险外因素的应报和矫治通过情境理性基础上的语境转换，作为犯罪风险对策和风险管理的输入变量不再各自为政，而是在风险预防的统一语境下实现机能意义上的定位整合。

三、风险广义化为风险管控提供扩展外延

如前所述，初始意义上的传统风险管控是管理主义和集体主义式的、对包括犯罪风险在内的社会危害风险的一般性监督和防范。在这一管控进路下，风险是现实的、需要时刻监控警惕的整体社会威胁情势，而非微观的、遥远的或个别化的非急迫威胁，因此，其性质上就体现为：第一，这种风险具有整体性和集合性特征，而不考虑个体微观危险状况。管控风险是从社会整合性观察归纳精算角度进行的风险监督管理，其所管控的风险对象也是社会整体评价下的抽象风险类别，如恐怖犯罪风险或网络犯罪风险，而不具体考量某一特定犯罪人本身的危险状况和改造情况。所以对行刑矫正来说，从微观视角出发针对具体个体的教育矫治措施即便可能降低或消除矫正对象的个别风险，对传统意义上的风险管控来说也不重要。第二，这种风险具有即时

---

① 参见许华孚：《傅科对于当代犯罪控制的启发》，载《犯罪与刑事司法研究》2004 年第 3 期。

② 参见江山河：《犯罪学理论》，格致出版社，2008 年版，第 26－28 页。

③ See, Jock Young. Searching for a New Criminology of Everyday Life. British Journal of Criminology, 2003 (1), pp. 228－229.

性和当下性特征，而不考虑所谓遥远的风险可能性、即风险的风险问题。传统风险管控应对的是他者犯罪学视野下的现实风险，以维护当下社会的必要安定，主要不是考量和预测长远社会的风险问题。因此，矫正效果较慢显现，着眼于未来长远再犯预防的教育矫治同样因为对即刻风险的作用有限而不被风险管控重视。第三，这种风险具有定量判断和实证化特征，而较少关注纯粹定性式和超然性的不确定风险问题。风险刑罚学语境下的情境理性逻辑，决定了风险管控需要依靠定量分析判断精算来确定风险的监督和控制力度，从而能够实现准确预防，因此，风险就需要是定量性和可实证分析的。[①]而非定性的和不确定的超然性社会威胁就不属于风险管控意义上的风险范畴。比如行刑矫正中犯罪人—被害人圆桌会议作为社会修复措施弥合了社会撕裂风险，但这种风险是一种相对难以量化的、不确定的抽象威胁，因此，无法实证分析和定量计算判断，那么，风险管控就不将其纳入风险的范围之内进行考量，管控决定下的行刑举措也不需要考量社会修复问题。

虽然，集合性、即时性、定量化的社会风险较为方便管控，从传统风险管控意义上也能顺应他者犯罪学和风险刑罚学的逻辑发展，对维护社会必要安定而言契合风险社会的紧迫要求；然而，就广义风险的视角而言，这种基于传统风险管控的狭窄的风险界定，过于限缩了风险的本来复杂语境和多元层次，即便满足了管理主义和集体主义的要求，但无法保障风险管控的效益性和修复性要求，这是因为：一方面，只关注即刻风险的管控实际上只注意到了风险的表象层次，对生成即刻风险的背后风险因素如教育改造效果不良或社会排斥所造成的社会风险则未能关注，这会造成从根本上无法缓解和减少风险存在，只能头疼医头、脚疼医脚式治理表明现象级风险，反而造成社会整体风险治理成本高涨，不能满足效益性的风险管控要求[②]；而对风险背后的非定量化抽象风险的关注就超越了现有风险的狭窄界定。另一方面，只关注即刻和定量风险的管控，却不关注社会的根本风险环境因素如社会撕裂风险状态的传统认识，不能着眼于表象风险的整体平复，不能控制风险的源头而杜绝风险的产生，而只能采取排斥性和防范性的手段疲于应付风险，根本不能满足前述风险控制的修复主义需要。这也需要进一步拓展风险的概念至环

---

① 参见周愫娴：《以风险评估为基础至新刑罚学：新远道与旧乡愁》，载《月旦法学教室》2013年第124期。

② See, A. Worrall, C. Hoy. Punishment in the Community: Managing Offenders, Making Choice. Dovon: Willian Publishing, 2005, pp. 121-128.

境性、根本性风险因素。综合而言,对风险的过于狭窄化理解并不利于风险管控的长远性、治本性和效益性要求,因此需要对风险的概念进行拓展,将作为风险生成和发展背后因素的社会撕裂风险、个人改造和复归风险等纳入风险的范围之中,扩展风险的外延,方能从根本意义上实现完整的、彻底的风险管控,也才能保证受其决定的社区矫正中的风险管控的系统性和全面性。

第二节　双层风险语境下的风险管控内涵

一、狭义的风险管控内涵

如前所述,风险社会的需求催生了犯罪控制领域内的他者犯罪学主导地位,而这种居于主导地位的他者犯罪学又进一步产生了对风险刑罚学的逻辑需求。风险刑罚学的兴盛彻底改变了传统以矫治为基本目标的福利刑罚学逻辑,从而,在刑罚制度及其适用领域形成了与以往的矫治教育和复归社会的友善性逻辑完全不同的排斥性风险管控语境:不管是刑罚量定还是执行制度实践,都必须考虑风险监督和控制的因素;以各类风险的监督和控制作为刑罚的逻辑基础,风险的计算分析和应对预防成为包括社区矫正在内的刑罚运行的基本语境。

而情境理性影响的风险刑罚学语境下,犯罪风险管控有两种不同层面的含义。狭义而言,风险管控是作为基于风险犯罪学而新生的独立处遇要求,在社区矫正中,其机能既不同于正义修复也不属于规范矫治,而以对处遇对象社会风险性的精算评估并采取相应的监督管控为运作逻辑。这种逻辑秉持"防火墙"式适度隔离思路,既不像监禁那样物理性隔绝犯罪人和直接剥夺人身自由,也不彻底放任处遇对象活动自由,而是通过对处遇对象密集监督和自由的恰当限制来过滤处遇对象的危险面以防范犯罪风险。[①] 受此机能影响和决定,那些虽无矫治正向效应但具备密集监督功能的电子监控手段与灵活过滤再犯机会的资格褫革措施,在西方社会矫正实践中大行其道。虽然,规范矫治机能通过教育矫正处遇对象最终也减少或消除了再犯几率、降低了社会风险,但这并非在改造过程中对犯罪人当下风险的直接隔离型监管,因

---

① See, David Garland. Concepts of Culture in the Sociology of Punishment. Theoretical Criminology, 2006(4), pp. 419 - 447.

此，并不属于狭义的犯罪风险管控。狭义的风险管控强调的是从社会集体主义视角对犯罪人危害社会风险的监督预防，对从犯罪人个体视角出发的矫正情况并不关心。[①]

二、广义的风险管控内涵

然而，随着风险犯罪学逻辑在刑罚处遇领域的不断扩张，对风险的认识和理解愈加丰富，越来越多的处遇机能通过风险管控概念的涵摄被纳入这套“犯罪人—风险”话语体系中得以整合，应报、矫正等各种早期社区矫正职能都具备了广义的风险管控意义，广义的风险管控成为真正的刑罚处遇一般原理。[②] 即在风险管控这一语境下，作为社区矫正机能的监督管控、规范矫治和正义修复都只是在不同风险层次上的对社会风险的管理和控制而已，且根据这种不同风险层次的重要性可以决定三重机能的择取顺序。

（一）监督管控

监督管控作为最典型的风险管控机制，所要预防的是受刑人在社区矫正过程中的即时现实风险，因此，这一机能在社区矫正风险控制体系中最为紧迫也最为优先。实现这一机能，需要通过风险评估和风险监控两个层次的措施加以实现。

首先第一个层次是基础层次，对监督管控重要的是从一开始就要准确评估受刑人的风险程度，以采取必要的足够剥夺受刑人的再犯能力的监督措施，保证矫正全过程的管控效果，矫正风险的精确评估和判断是监督管控机能实现的前提。这就要求：第一，早在决定是否给予矫正的量刑或行刑决定阶段，就需要对现实风险进行有效评估，保证社区矫正措施足以控制犯罪风险。如我国《刑法》规定的作为社区矫正决定因素的“没有再犯罪的危险”就是基于这一考量。这时，矫正风险的考量要素大多是回溯性的、历史性的犯罪史和犯因史因素，因此，这种评估也被称作回溯评估或静态评估。第二，不仅处遇前的决定阶段对受刑人的风险评估机制需要准确，在矫正过程中为了相关监控措施必要得当，要进行实时的、动态的风险评估，保证随时根据矫正对象社会风险程度的变化采取相对应的必要矫正措施。这时，矫正评估的风

① 参见周愫娴：《以风险评估为基础至新刑罚学：新远道与旧乡愁》，载《月旦法学教室》2013 年第 124 期。

② 参见许华孚：《英美刑罚发展与台湾经验之探究：一个批判性的分析》，载《犯罪与刑事司法研究》2004 年第 2 期。

险因素是根据矫正对象实时的改善情况、当下行为变化体现出来的，这些因素反映了矫正对象矫正需求的动态满足程度，因此，需要将实时评估和定期评估结合起来。这种评估也被称为动态评估。[①] 第三，在矫正措施结束前也要对矫正对象进行必要的评估，已确定矫正后适当的跟踪监督措施[②]。这时的评估主要是对矫正效果的总体评价，对风险的评估因素注重的是当下和解除矫正措施后的风险因素判断，所以是预测性评估，既要考虑过往犯因史又要关注矫正过程中的风险变化。总之，对矫正对象的风险评估应该是全过程的、动静结合的，以明确对社会风险的性质和程度为内容，以确定适当必要的风险监督管控手段为目标。依据这一定位，社区矫正评估机制在域外已经经历的四代演进，并决定和形成了四种逐渐成熟的风险管控模式（详情请见第五章）。

第二个层次是核心层次，即作为监督管控机能落脚点的是依据前述风险评估和判断结果实现对矫正对象必要的监督和管控，控制和消除其对社会的风险即危害可能性。社区矫正的监督和管控措施与监禁行刑相比有着截然不同的特点。监禁行刑基本上是将受刑人与社会进行物理性隔绝，从而在根本上消除了其社会危害的可能性，即消除了侵害风险。[③] 然而，这样的物理隔绝方式由于对权利的过分限制和矫治效果的不利，随着刑法谦抑性和有效矫正的需求而逐渐受到限缩，同时，在社会中行刑的新方式即社区矫正模式，则出于对权利进一步的保障和矫治的良好效果而受到了广泛推行，但是，值得一提的是社会对自身安全和对受刑人即时风险的预防需求并没有发生改变。[④] 由于在社会中行刑，社区矫正对即刻风险的预防体现为与监禁行刑完全不同的方式：由于无法将受刑人与社会进行物理性的绝对隔绝，只能依靠相对隔离的方式来防范矫正对象的即刻社会危害风险。而这种相对隔离的

---

① See, E. J. Latessa, P. Smith. Corrections in the Community. Burlinton: Anderson, 2007, pp. 166 - 188.

② 国外对包括社区矫正在内的刑罚执行期限到来后，通常通过评估来决定是否施加刑罚后保安处分措施，我国尚无刑罚后的保安处分措施，但有柔性监督帮扶功能的安置帮教措施。从监督管控的角度而言，如果刑罚矫正期限终结后矫正对象仍有一定社会危险性，应该完善建立一定的保安处分措施继续实施社会保护。当然，这一措施的前提是符合法治基本原则的制度架构和预先的立法明确细致规范。

③ See, S. Rex, A. Bottoms, G. Robinson. Alternatives to Prison: Option for an insecure society. Devon: Willan Publishing, 2004, pp. 55 - 58.

④ See, F. Mcneill, B. Whyte. Reducing Reoffending: Social Work and Community Justice in Scotland. Dovon: Willan Publishing, 2007, pp. 100 - 105.

方式主要体现为监督和管控两种相互配合的行刑措施来实现。一方面，监督是风险预防目标保障的被动预防手段，这种手段要求矫正对象牺牲一定的隐私权，但不需要限制矫正对象的行动自由。通过对受刑人行为状况的时时关注和定期检查，比如定期汇报制度和随时抽查制度，不仅可以通过及时发现矫正对象的越轨行为和风险转化信号从而提前预防危害；还能对矫正对象形成风险压制和震慑效应，使得矫正对象遵守相关规范要求，不致产生风险。另一方面，管控是风险预防目标保障的主动介入预防手段，这种手段要求限制矫正对象一定的行为自由来防止风险转化为实害，比如，通过禁止令制度限制矫正对象进入特定场所或接触特定的人，从而有限隔离受刑人的社会侵害风险，但这种自由限制通常仅限于与特定风险匹配的最小程度。

（二）规范矫治

规范矫治机能对风险管控的实现机制是通过矫正受刑人以消除其人身危险性并复归社会的方式，从而使其未来不再具有社会风险，相对于上述监督管控机能的治标性即时预防，更具有治本式的长远风险预防效果。规范矫治的理论基础初始是在批判理性人假设基础上形成的社会人设定及其社会决定理念。理性人假设随着科学主义思潮的兴起和实证方法论的流行而受到空前责难，实证学派直指作为应报基础的理性人假设是伪命题，而认为受刑人应是社会性的、具体的和被决定的。[①] 这一社会人设定成为包括规范矫治在内的教育矫正论的理论基础。既然，犯罪在实证意义上不是一种自我选择，而是受诸种社会因素所决定，对受刑人处遇也就不应再秉持罪责自负原则而处罚受刑人，而是根据社会因素决定的人身危险性程度予以处理，除了必要的隔离剥夺外，有矫正可能的受刑人都要教育矫治以消除社会不良因素的影响，恢复被社会扭曲的正常人格。[②] 作为矫正根据的不再是应报论视角下的犯罪行为，而是用以表征社会负面影响的人身危险性程度。如前所述，早期的矫治论存在的理论突出问题是过于强调人身危险的个别化和特殊化，因此，否认了规范矫治的可能性，从而导向了过于任意裁量矫治的极端，矫治效果参差不齐难以保证，从而风险预防也无法实现。规范矫治的出现有效解决了这一问题，通过对具体的人身危险因素进行抽象化的归纳和总结，区分

---

① 参见李川：《修复、矫治与分控：社区矫正机能三重性辩证及其展开》，载《中国法学》2015年第5期。

② See, A. Worrall, C. Hoy. Punishment in the Community: Managing Offenders, Making Choice. Dovon: Willian Publishing, 2005, pp. 121 - 128.

出了可以抽象化和规范性认定的风险因子,进一步通过这些抽象化风险因子的组合和量定,可以比较性地表现出不同行为人的风险大小,这样矫治就从完全个殊化的医疗模式转变为普适化的规范矫治模式。

规范矫治对风险预防管控的实现主要通过完善的对不同风险因子的评估和处遇规范来实现。而要达到对风险因子评估和处遇的体系化规范,就需要首先制定科学的风险因子评估和处遇规则,进而保障这种抽象风险评估和处遇规则得到良好的实施。

一方面,制定风险评估处遇规则是规范矫治的前提层次。为了保障风险评估处遇规则的科学性,必须采用循证矫正的方式(见第八章第三节),从社区矫正实践中提炼总结那些能够标定矫正对象人身危险性的风险因子,进行实证调查研究,科学归纳总结成风险因子的体系并加以规范化。因此,这种风险评估处遇规范具有与实证紧密相联系的诸多特点:第一,风险因子体系必须区分不同种类和不同层级。不同类型的矫正对象的风险因素是有显著差异的,必须根据不同类型的矫正对象确定不同的风险因子进行横向分类和纵向分层归纳。[①] 比如,对暴力犯罪人其暴力行为史和自我控制能力就是特别的风险因子,而对财产犯罪人其家庭状况、经济需要和职业能力又成为独特的风险因子。此外,风险因子也分为不同的量级,危险性受刑人和一般性受刑人所考虑的风险因子程度也不相同。[②] 第二,风险因子必须从本土社区矫正实践中归纳总结产生,因此,风险评估体系应该是本土性的或地域性的。正如同不同政治经济和社会文化背景下的犯罪特点并不相同,矫正对象的风险因子也根据不同的环境而具有个殊特点。只有从本地社区矫正实践中归纳符合本地特征的风险因子,才能保证风险评估和处遇机制的科学性和适用性。比如,美国风险评估因素中特别强调种族、药物和持枪因素,而我国的风险评估则较少具备这些因素的影响,因此不能照搬照抄,必须从我国社区矫正实践中归纳符合我国社区矫正实际的风险评估处遇规范。第三,风险评估和处遇因素的判断不仅要考虑风险的评估需要,还要考虑具体处遇问题。因此,风险因子规范化的目的不仅在于评估的规范化,而且重点在于处遇的规

---

① See, G. A. Roundtree, D. W. Edwards, J. B. Parker. A Study of the Personal Characteristic of Probationers as Related to Recidivism. Journal of Offender Counseling Services Rehabilitation, 1984(8), pp. 57 - 61.

② 参见孔一:《社区矫正人员再犯风险评估量表研究》,载《犯罪与改造研究》2012 年第 7 期。

范化。与风险因子的分类和分层体系化相适应，针对性的处遇措施也必须分类和分层抽象化体系化。而处遇措施的规则不仅需要同风险程度相适应，而且也必须考虑与其他刑事法相协调。

另一方面，规范矫治最终实现风险预防机制，需要依靠对风险评估处遇规则的具体实施。而这种实施必须考虑两方面的因素：一是规范矫治是一个动态过程，这意味着将随着矫治进程依据相关规范对风险进行阶段性重新评估和处遇。即虽然有明确的风险评估处遇规则，但是矫正对象随着矫治的进程，其风险程度会呈现出衰减变化，这时，就有依据规则进行重新风险评估并确定新的处遇措施的需要，否则矫治措施可能过于陈旧，并不适用于受刑人风险降低后的变化。另一是规范矫治依然需要依靠矫正工作者一定的主动介入和专业裁量。虽然，风险评估和处遇措施已经有了具体的抽象规则进行规范，但是作为抽象性的规定，无法涵盖矫正对象的各种具体情况，因此，抽象规则的具体适用，仍然在规范限度内具有自由裁量空间，这时，就需要矫正工作者依据其专业知识和经验采取自主裁量措施，在规则的限度内，采取适合风险预防的针对具体矫正对象各种适应性矫治措施。

规范矫治在风险管控语境下也可以理解为对风险的控制，只不过其要控制的风险性质与监督管控机能不同，并非矫正中的现实风险，而是矫正后的再犯风险，即保证经过处遇的受刑人不再具备危害社会的直接风险。这一机能防范的风险相对于矫正中现实风险生发阶段相对较晚，紧迫性相对为弱，因此，在优先序位上次于监督管控。实现这一机能的重点，在于矫正过程中以人身危险性为代表的行为风险评估的准确和对受刑人矫治措施的得当，而这依据于风险评估与处遇规则的体系化、规范化，以及对规则的具体实施保障。

（三）正义修复

正义修复机制所预防的风险是社会撕裂所造成的危害风险。以公正应报为核心，其理论基础是刑事古典学派理性人假设及其罪责自负理念。古典学派认为，人是具有认识和控制自我行为能力的自决性主体，这一属性是抽象的、共同的，不受社会变化所左右。[①] 犯罪作为主体有意识违背社会规范的自我选择，主体就应自我承担由此带来的谴责性和惩罚性后果。应报就是表明主体承担这种惩罚性后果即刑罚的对应机制，因此，应合理确认罪行与刑

---

① 参见许福生：《变动时期的刑事政策》，中国民主法制出版社，2006年版，第110页。

罚之间的均衡关系，保证纵向罪刑排列的合比例性与横向罪刑之间的均衡性。[①] 然而，如前所述这一报应机制后来与恢复性司法和被害人保护思潮相适应，在报应性正义满足的内涵中增加了被害人和被害社区的保障维护机能，逐渐形成了复合的正义修复机制。[②]

正义修复对社会撕裂风险的预防通过社区矫正过程中对被害人和被害社区的补偿和服务机制来实现，具体包括三个方面：首先，社区矫正中的被害参与决策机制。被害人和受影响的社区代表（无被害人犯罪时）通过社区矫正过程中的决策参与过程实现权利保障，更容易形成对被害人和被害社区的保障和维护，也易于谅解的达成，减轻社会撕裂风险。[③] 这种决策过程的参与涉及矫正的全过程，包括矫正开始时决定矫正方案时的具体决策建议，矫正过程中具体矫正措施的决策建议，以及矫正期限到来后具体评估结果和后续照管的决策建议。其次，矫正过程中面向被害人和被害社区的服务补偿机制。社区矫正中的社区劳动可以专门面向被害人和被害社区来进行，这种面向被害人和被害社区的服务不仅对矫正对象进行了行为矫治，也有利于对被害人和被害社区的具体补偿，更从这种服务中体现出矫正对象的悔罪态度和对被害人（社区）的歉意，有利于被害人和被害社区对受刑人的谅解。[④] 最后，矫正过程中受刑人—被害人（社区）协商机制。在矫正过程中作为矫治一部分，可以设置具体的会商机制如圆桌会议制度和帮扶会商制度，邀请被害人和社区代表参与同矫正对象的协商交流[⑤]，在这一过程中通过受刑人—被害人（社区）的会商交流，使得受刑人认识到自己犯罪行为的错误，通过悔罪进一步改善人格，也使得被害人或被害社区更容易对受刑人或矫正对象进行谅解，从而实现双方和解[⑥]，消除社会撕裂危险。对被害人和被害社区的正义修复如上所述一个突出的特点是可以与矫正对象的矫治紧密结合起来，不仅可

---

① 参见李川：《刑罚目的理论的反思与重构》，法律出版社，2010 年版，第 76 - 80 页。

② See, R. A. Duff. Punishment, Communication and Community. Oxford: Oxford University Press, 2001, pp. 28 - 34.

③ See, Solicitor General Canada, Restorative Justice: An Evaluation of the Restorative Resolutions Project, Ottawa: User Report, 1998, pp. 5 - 8.

④ See, Office for Criminal Justice Reform, Restorative Justice: Helping to Meet Local Needs, Edinburgh: Office for Criminal Justice Reform, 2005, pp. 17 - 26.

⑤ 参见王平主编：《恢复性司法论坛》，群众出版社，2005 年版，第 87 页。

⑥ 参见杜宇：《“犯罪人—被害人和解”的制度设计与司法践行》，载《法律科学（西北政法大学学报）》2006 年第 5 期。

以满足被害人和被害社区的保障需求，也可以使得矫正对象更好地受到矫治、改善人格，并且由于被害人和被害社区的谅解，矫正对象回归社会时不再受到社会的反对和排斥，而是更融洽地融入社会走向正途，巩固人格改善的成果。①

就正义修复的方法而言，正义修复应按照规范、被害人和社区、受刑人和社会秩序修复的目标和相应机制，在社区矫正过程中，采取具有针对性和科学性的规范价值修复、被害权益修复、形象角色修复、认知心理修复、复归能力修复和沟通协商修复的机制方法。第一，规范价值修复的方法是指对社区矫正对象注重进行规范教育，通过法治教育、道德教育、纪律教育等方式，使得矫正对象认知法律、道德等社会规范的重要意义和价值，不仅认识到社会规范的约束力和法律的强制力、重新树立对法律和道德等社会规范的尊重；而且通过对社会规范的学习，认识到社会规范的价值和功能、形成规范遵守的自觉意识和自愿行动，使得尊重社会规范成为社区矫正对象的自觉价值观念。② 第二，被害权益修复的方法是指社区矫正过程中注重对被害人和社区的受损权利与利益进行保障修复，将其作为对社区矫正对象教育改造的重点内容之一。一方面，社区矫正过程中注重被害人和社区代表的参与权和建议权，社区矫正的具体措施和决定适当听取被害人和社区代表的意见，邀请被害人和社区代表参与社区矫正具体决策和适用过程，使得被害人和社区的权利得到关注保障；另一方面，教育和劳动措施应考虑到被害人和社区的利益修复，采取针对性的劳务等矫正措施补偿被害人和社区受到的损害。③ 第三，形象角色修复的方法是指社区矫正中注重纠正和树立受刑人正常的社会形象和社会角色，作为受刑人恢复正常人格的重要组成部分。形成符合社会需求的正常社会形象和角色是受刑人有效融入社会、回归社会的前提。因此，通过教育改造，一方面可以使得受刑人知道和了解正常的社会形象和角色形态，明确修复直接目标；另一方面也可以帮助受刑人积极追求和实现社会形象和角色的正常化，为完全的复归社会打下坚实基础。第四，认知心理修复方法是指社区矫正中注重对受刑人的认知心里进行教育修复，使受刑人形成

① See, G. Larry Mays, L. Thomas Winfree Jr.. Essentials of Corrections. Belmont: Thomson Wadsworth, 2005, pp. 211 - 233.

② 参见王利荣：《论行刑教育化》，载《法律科学(西北政法学院学报)》1999 年第 2 期。

③ 参见张颖：《被害人保护制度的冲突与平衡》，载《西南民族大学学报(人文社科版)》2009 年第 4 期。

正确的行为认知和心理状态，从心理根源上彻底预防再犯可能性。一方面，要运用认知行为科学和心理学的相关规律，教育受刑人形成健康向上的价值观和人生观，恢复正常的认知水平；另一方面，要在劳动改造、心理疏导和治疗、社会活动参与等多种改造形式中贯彻认知行为科学和心理学规律，多样化地逐步纠正受刑人的扭曲认知和心理，从不敢犯到不想犯，步入正常的心理轨道。第五，复归能力修复方法是指社区矫正中注重对受刑人回归社会所需具备能力的培养和塑造，通过这些能力修复使得受刑人减少社会不适和排斥，无缝复归社会。一方面要注重对受刑人社会交往和融入能力的培养，使得受刑人可以形成正常的社会往来和交往关系，有效实现个体的社会接纳和融合；另一方面要注重对受刑人社会生存能力和工作能力的培养，使得受刑人能够在社会中正常工作和生活，防止再犯发生。① 第六，沟通协商修复方法是指社区矫正中注重受刑人与被害人和社区之间的沟通协商，不仅促进受刑人真诚反省和改造、减少社会复归阻力，也保障被害人和社区得到有效补偿，行使充分的参与权和咨商权。受刑人与被害人和社区之间可以通过灵活多样的方法，如咨商会议、定期协商、专门拜访等方式实现沟通协商，一方面促使受刑人在这一过程中更直观和深刻地认识到自己行为的错误，更好地接受和实现教育改造；另一方面也促进被害人和社区进一步谅解受刑人，减少对受刑人的误解和排斥，减轻受刑人未来复归社区的压力，改善复归环境。②

正义修复所预防的风险相对更为间接和遥远，其所具备的恢复性司法和被害人保护内涵，在某种程度上可以防范犯罪行为带来的因为社会秩序和被害人利益受损而造成的社会撕裂风险，这种风险可以说是由罪行所带来的间接社会风险，在风险紧迫性和优先防范等级上相对最低，但仍具有预防必要性，否定其存在不仅存在报复和排斥社会风险，犯罪人也有难以融入社会而再犯的风险。

第三节　社区矫正风险管控的三重辩证内涵

如前所述，在广义的风险管控语境下，社区矫正具备基于风险意义的监督管控、规范矫治和正义修复三重机能内涵，分别对应着即时风险消除、长远

① 参见苗有水：《保安处分与中国刑法发展》，中国方正出版社，2001 年版，第 32 - 34 页。

② 参见[英]丹尼尔·W·凡奈思：《全球视野下的恢复性司法》，王莉译，载《南京大学学报(哲学·人文科学·社会科学版)》2005 年第 4 期。

风险预防和社会撕裂风险修复的风险管控意义，因此，都具有各自的存在必要性。在社区矫正制度中三机能同时共存时，一个必要的逻辑问题就是，这三重机能之间的相互关系为何。这就需要在其具体定位的基础上探讨其互相之间的补充或冲突问题。

一、三重机能的逻辑定位

社区矫正的机能目标决定了社区矫正的制度属性和发展方向，因此，社区矫正机能的合理确定也同时保障了具体社区矫正机制的合理性和有效性。基于风险管控的复合机能的完整性，社区矫正制度也应该是体现和满足正义修复、规范矫治和监督管控机能的有机整体，一般制度设计应融贯体现三种机能的实现逻辑。

首先，正义修复机能是社区矫正制度作为刑罚机制的确立前提。正义修复机能表明了刑罚整体所应满足的应报正义需求，社区矫正作为刑罚内部的行刑模式毫无疑问也要满足这一需求。在此基础上，恢复性司法和被害人保护都作为正义需求的自然延伸而需要社区矫正制度体现和表达。① 因此，未来我国社区矫正制度设计中应明确恢复性司法程序和被害人参与的基本原则，规定具备被害人被害社区补偿性质的社区服务，规定被害人和社区代表参与的社区矫正圆桌会议等模式，满足正义修复的基本需求。

其次，规范矫治机能是社区矫正制度的核心目标。要满足矫治的原生目标，社区矫正制度必须在规范化逻辑下展开，以保证矫治的公平性及其矫治效果。而规范矫治需以风险评估处遇为中心，这就要求未来社区矫正的制度设计应保证设置科学和完整的风险评估及其相应的处遇制度，风险评估因素应在实证研究的基础上充分体现我国国情，而对风险评估的结果必须设置相应的多元处遇制度进行衔接。

最后，监督管控机能是社区矫正制度的基础机制。社区矫正不仅是通过改造犯罪人、防范再犯而保障社会安全，更直接和基本的是通过对不同风险犯罪人的监管措施直接实现隔离性防范。社区矫正制度设计中不仅应具备科学完善的处遇制度，还需根据风险评估结果设置相应的直接防范措施，根据不同风险程度采取宽紧相应的监控措施，保障社会直接安全。

---

① See, T. D. Miethe, H. Lu. Punishment—A Comparative Historical Perspective. Cambridge: Cambridge University Press, 2005, pp. 24 - 25.

二、三重机能的互补关系

(一) 监督管控与正义修复之间的互补关系

从风险预防的需求主体意义上，监督管控和正义修复之间具有对被害人和社区安全保护的互补机能关系。监督管控所关注的是社区矫正当下风险的监督和管控，而正义修复关注的是社会撕裂风险的修复，从风险的不同层次而言，初步研究难以发现其互相联系。但是，从满足风险预防的需求主体而言，二者的风险预防都面向的是被害人和社会的需求满足，因此具有目标一致性，从而存在一定的互补可能性。一方面监督管控所关注的当下风险控制是为了保障被害人和社会的即时安全，免受矫正对象产生的侵害风险困扰，因此，对被害人和社会来说都具有安全保护的重要价值。另一方面，正义修复也是通过对社会撕裂风险的修复消除被害人和社会与犯罪人的对立状态，达成悔罪谅解，从而使得被害人和社会对矫正对象放心，取得安全的心理满足。因此，监督管控体现的是对被害人和社会安全的硬保护，采取的相对监督隔离的手段防范风险；而正义修复采取的是柔和手段对被害人和社会的安全心理进行满足，因此，采取的是软保护的方式，通过社会撕裂风险的修复，融合被害人和社会与矫正对象的关系，从而防范风险。对被害人和社会的风险预防需求而言，这一硬一软两种手段都不能或缺，全面形成对被害人和社会安全的无缝保障衔接，因此，具有明显的互补关系。

(二) 监督管控与规范矫治之间的互补关系

监督管控和规范矫治之间存在着即时风险管控与长远风险预防的互补关系。如前所述，监督管控和规范矫治对矫正对象的风险预防都起着不可替代的作用，他们的风险预防模式虽然并不相同但却相互衔接，保证了风险预防的体系性和全过程性。一方面，监督管控是一种临时性和治标性预防。在矫正对象尚未矫治成功时，仍然具有一定的社会风险性，而规范矫治具有过程长、效果缓慢的特点，因此，为了对社会当下的即时风险进行预防，只能临时性地采取监督管控的方式控制矫正对象的当下风险，保障在社会中的矫正不会产生安全问题，随着矫正对象的人身风险由于矫治作用逐渐缩小，相对应的监督管控措施也必须随着变动减弱，只保留必要的即刻预防的程度，待矫治完成，则监督管控手段就彻底停止。另一方面规范矫治是长远性和治本性预防，虽然，矫治需要较长的时间或渐次生效的过程性，但随着矫治逐渐深入，矫正对象人身风险的消除是具有长期性和巩固性的，因此，一旦矫治最终成功，矫正对象恢复正常人格，能够有效融入社会，则从长远意义上在社区矫正措施后，矫正对象都相对消除了社会风险性而成为社会中安全的一分子，不必再实施矫治，再犯风险都不会存在。而监督管控则必须实时进行，一旦监督管控措施撤销，就无法保证矫正对象的风险预防。因此，监督管控和规范矫治就风险预防层次上实现当下与未来、即时与长远、临时和稳定的风险预防互相补充衔接关系，对犯罪风险实现全方位预防。

（三）正义修复与规范矫治之间的互补关系

正义修复与规范矫治亦存在机能上的互补互助关系。如前所述，正义修复与规范矫治在哲学预设、正当根据和运行逻辑上都有根本差别，典型体现了刑罚处遇面向已然之罪和未然可能的两个不同面向。但是，正是这种基础意义上的原理差别，正义修复与规范矫治与其说提供不同的风险管控措施方向选择，不如说可以实现基于不同维度的风险管控机能互补。如前所述，正义修复的立场方向是向后的，面向已然之罪和已经遭受犯罪破坏的社会秩序和被害人修复展开；而规范矫治的视野则是面向未来的，通过矫正消除犯罪人的未来再犯可能性，使其有效复归社会。正义修复对规范矫治从两个方面具有积极意义：一是通过面向被害人和被害社区的悔罪谅解协商，通过与被害人和被害社区的交流，可以使得矫正对象更好地认识到自身行为的错误和人格的缺失，从而可以更好地进行教育矫治，体现更好地矫治效果。另一是正义修复中对被害人和被害社区的补偿和交流协商，可以使得被害人和被害社区更易于对矫正对象形成谅解，修复矫正对象面临的撕裂的社会关系，从而，使得矫正对象不会被社会特别是被害人和受害社区所排斥和反对，从而，可以更好地以健全的人格融入社会，保障矫治效果的长远性。社区矫正既可以通过分开的措施满足这两个不同的面向，但是，更可以设计同一机制效率性的兼顾和满足此两种机能。比如，专门设计针对财产犯罪被害人的定向悔罪和服务补偿矫正措施，一方面可以使被害人得到心理和物理的满足，修复已然之罪形成的加害-受害关系；另一方面也使得犯罪人认识到自己行为对被害人所造成的伤害，有利于真诚悔罪和心理改造，更好地实现矫正效果。能满足正义修复与规范矫治机能互补的效益性、同时具备复合机能的举措应得到优先采用和实施。

三、三重机能的冲突择序

在广义风险管控语境下，一方面，矫正时的现实风险、矫正后的再犯风险以及间接社会风险都是需要管控的风险的不同侧面，这进一步表明了前述监督管控、规范矫治和正义修复机能都是具有独特价值的社区矫正必要机能，在社区矫正机制和措施中可以同时兼顾时不能偏废。另一方面，当社区矫正制度面临机能之间的竞争或优先性选择时，依据预防和管控的风险性质与优先级差，又可以在三重机能中辩证确认其优先适用序列：监督管控所预防的矫正现实风险最为急迫应作优先考量，规范矫治所管控的矫正后再犯风险时限略晚可作为次优选择，而正义修复所防范的社会风险相对最为遥远和间接而作为后选。

这种择序表明当社会安全存在即时风险时，应集中社区矫正的资源力量优先保障社会的安全和秩序不受风险威胁，进而再考量进行对矫正对象的矫治，最后在矫正资源比较充足的情形下，更要考虑被害人和被害社区的修复问题。这种择序的一个最佳实践例证是近年来在西方社区矫正实践中广泛流行的中间刑制度。中间刑制度就是在社区矫正中采用各种限制矫正对象人身自由程度不一的制裁措施，如居家处遇、电子监控、中途之家、改造营等作为社区矫正的具体适用机制。而这种中间刑制度之所以出现的主要原因就在于传统开放式社区矫正形成了对社会安全的许多即时威胁，由于矫正对象采取定期报到和定期回应的宽松制度，所以，无法即时对社会安全的风险采取保护措施，造成矫正中出现社会风险转化成实害的问题。因此，出于对监督管控机能的优先考量，各种中间刑模式就是为了应对不同即时风险程度的矫正对象而采取的不同手段的监督管控措施，是为了能够集中资源和力量有针对性地实现对即时风险的优先预防，充分体现了监督管控机能的优先意义。当然，随着中间刑制度的发展，在监督管控机能得到充分保障的前提下，中间刑制度也开始逐渐注重对规范矫治功能和正义修复功能的促进和发挥，比如中途之家除了有早晚报到的限制风险的监管机能之外，也开始逐渐重视教育矫治的机能实现。

风险管控理论的形成基础是他者犯罪学与风险刑罚学。一方面，风险社会条件下他者犯罪学(Criminology of Others)兴起，认为犯罪人不是“孺子可教”的矫正对象，而是需监控防范的异己分子，处遇重点不应是信任式的人身危险性评估与改造，而是防范式的依风险程度的分流转处和密集监控，风险管控自然具有刑事政策上的正当性，这就为社区矫正的风险管控理论提供了一般立论基础。另一方面，基于风险管控的需要，风险刑罚学逐步发展，犯罪行为变为可以根据日常生活中的输入变量进行风险与效益计算的输出结果，因此，犯罪不再是反常的、偶然的，犯罪风险成为可以理性分析和预测的对象，包括刑罚处遇在内的犯罪治理重点不应再是道德报应、公平正义或罪犯矫正，而是犯罪风险的管理控制。因此，风险刑罚学就进一步为风险管控理论提供了具体展开语境。当他者犯罪学和风险刑罚学通过风险这一因素嫁接，就形成了以风险精算为内核的风险管控理论。当然，传统风险管控进路下的风险概念具有集合性、即时性、定量性特质过于狭窄，不能满足根本性风险管控的要求。因此，风险概念需进行广义化扩展，将长远风险和社会撕裂风险等背后的、定性的不确定风险要素也纳入考量，延展风险外延，形成科学的广义风险管控机制。

由此需要进一步厘清的是，情境理性和风险刑罚学语境下的犯罪风险管控有两种不同层面的含义：一方面就狭义而言，风险管控是基于风险犯罪学的独立处遇要求，在社区矫正中，其机能是通过对处遇对象密集监督和自由的恰当限制来过滤处遇对象的危险面以防范犯罪风险。然而另一方面，随着风险犯罪学逻辑在刑罚处遇领域的不断扩张，对风险的认识和理解愈加丰富，越来越多的处遇机能通过风险管控概念的涵摄被纳入这套"犯罪人—风险"话语体系中得以整合，应报、矫正等各种早期社区矫正职能都具备了广义的风险管控意义，广义的风险管控成为真正的刑罚处遇一般原理。在广义风险管控语境下，作为社区矫正机能的监督管控、规范矫治、正义修复都只是在不同风险层次上的对社会风险的管理和控制：一是监督管控作为最典型的风险管控机制，所要预防的是犯罪人在社区矫正过程中的现实风险；二是规范矫治要控制的风险性质是矫正后的再犯风险，即保证经过处遇的犯罪人不再具备危害社会的直接风险；三是正义修复所预防的风险相对更为间接和遥远，可以防范犯罪行为带来的因为社会秩序和被害人利益受损而造成的社会撕裂风险。上述三种机能的风险内涵决定了三种机能之间具有互补关系，而在相互冲突时可以区分出先后顺序，表明不同机能冲突时应有优先择序，监督管控所预防的矫正现实风险最为急迫应作优先考量，规范矫治所管控的矫正后再犯风险时限略晚可作为次优选择，而正义修复所防范的社会风险相对最为遥远和间接而作为最后考量。

下　编

制度篇:面向风险管控的制度回应

第五章

基于风险管控的社区矫正实践模式发展

风险管控视野下的规范矫治机能作为个别矫正的批判替代方案，体现了特殊预防目的所蕴含的刑罚个别化逻辑向规则主义的妥协，在某种程度上是对矫治原教旨主义开药方式矫正的合理扬弃。通过危险评估和矫正的标准化，不仅可减少矫正个别化的标准混乱和处遇肆意问题，还将特殊预防本身也纳入法制化的轨道，从而，在逻辑上与刑事法律进一步接轨，消除刑事法律体系的任意性。正是在这一有效性认识的基础上，成熟社区矫正实践中，对人身危险性的规范性评估与处遇范式逐步替代了个案处遇的医疗范式，并在对人身风险因素的规律认识和抽象归纳的基础上渐趋复杂化和科学化，将具有风险管控机能的正义修复、规范矫治和监督管控因素综合加以分析考量，经历了诊断式处遇模式、风险静态量化模式、动态量化模式、风险需求响应模式的四代理论演化，形成均衡整合矫正对象风险指标维度、需求指标维度和响应性指标维度的较完善评估体系，并指导产生了威斯康星矫正体系和加拿大罪犯矫正量化评估指标等许多具有广泛影响的、具有实践有效性的规范处遇标准。[①]

---

① 参见李川：《从特殊预防到风险管控：社区矫正之理论嬗变与进路选择》，载《法律科学》2012年第3期。

第一节　确认风险因素意义的诊断式处遇模式

一、早期的诊断式处遇

适应理论之转变，社区矫正制度要满足类型化的风险管控理论进路，一个重要的内容就是需要设置比特殊预防进路下更加明确具体的以犯罪风险分类管控为核心的社区矫正法律体系，以风险的分类管控为核心来建构具体的社区矫正评估和对策机制。当然，在风险的分类管控成为社区矫正之理论核心之前，以"犯罪人风险评估与对策"的名义来进行的社区矫正理论与实践已经存在。发达国家早在1970年代之前兴起一股热潮，社区矫正之实践因循特殊预防的个别化逻辑端赖所谓"诊断式处遇"模式进行运作[①]，这种机制认为，犯罪人之人身风险性无法标准化衡量和结构化分层，因此，对犯罪人风险之评估和对策由司法职业人员根据不同的对象进行差别化评估和裁量，"一对一"式个案决定社区矫正具体对策措施，由于是由专业司法人员进行的职业判断，职业性的素质与经验累积可以保证其判断的合理性和有效性。然而，由于这种模式缺乏"一致性框架和结构化机理过于随机而无法判验其合理性与有效性"[②]，其最终成为一种缘心而定的任意裁量借口而效果较差并备受诟病。之所以如此，是因这种模式根本上未厘清个殊性的人身危险与抽象性的人身风险之区别，从而将可以标准化与分类化的人身风险因素等同于个殊性的人身危险特征，重蹈了特殊预防论之绝对个殊性的覆辙。

二、诊断式处遇的意义

虽然未能区分危险与风险之根本差异，从而围绕人身风险性概念有效地展开社区矫正实践，但"诊断式处遇"毕竟首次强调了人身风险性之存在及其在社区矫正中的核心作用，所以，西方的风险管控论者都将这种社区矫正实

---

① See，Andrews D. A.，James Bonta，Stephen J. W.. The Recent Past and Near Future of Risk and/or Need Assessment. Crime & Delinquency，2006(1)，p. 20.

② See，Webster C. D.，Douglas K. S.，Eaves，D.，et al. The HCR－20：Assessing Risk for Violence (Version 2). Burnaby：Simon Fraser University，1997，p. 43.

践机制视为是风险性社区矫正模式的第一代实践模式。① 正是在批判第一代模式的基础之上，人身风险性因素之可抽象性和分类体系性才被清晰识别和深入研究，并将之与无法衡量及体系化的具体人身危险性概念区别开来，作为既能表征人身危险性因素但又能与制度化逻辑相适应的单独理论核心。

此外，诊断式处遇所代表的定性风险判断，虽然逐渐被此后的量化风险管控模式所取代，但是，由于定量判断的固定性和狭隘性而可能忽视部分个性化风险因素，此时，定性风险判断仍然有对定量判断力有不逮时的补充优势。现代社会的风险判断仍然在定量判断之外将定性判断作为补充方式。所以，诊断式处遇所提出的定性判断模式体现了诊断式处遇的生命力仍然在延续，但是，其主要变成了在规范矫治意义之下的一种补充性处遇。

第二节　重视矫前风险判断的静态量化模式

一、第二代风险管控模式的产生基础及特点

随后产生的第二代风险评估与对策模式采取了实证性的循证式进路(Evidence-based Approach)，即认为人身风险性因素是可以体系化和层次化的量化衡量因素，从而，能够通过归纳抽象而稳定识别和可靠分析，依据量化的人身风险分值预测犯罪人再犯可能性(re-offending)和社会亲和性(prosocial)，从而决定其相应的社区矫正处遇措施。这种可量化的人身危险性体系需要相对典型稳定的分析因子(如犯罪人药物滥用历史程度或暴力程度)和量化标准(采用严重程度维度或时长维度)，即以分类分层次的评价因子体系来客观评价行为人的人身风险性并采取相应处遇措施。并且，这种典型稳定的分析因子要从犯因的生活史(如成长背景和入罪前生活环境)和行为史(如暴力历史)中来选择，才能保证量化数据的稳定性与可靠性。② 因此，这种理念预设了一个理论前提，即表征人身风险性的分析因子被认为是静止和相对不变的要素，所以，才可以从犯罪人过去的生活史和行为史因子来可靠预测

① See, Andrews D. A., Craig Dowden. The Risk-Need-Responsivity Model of Assessment and Human Service in Prevention and Corrections: Crime-Prevention Jurisprudence. Canadian Journal of Criminology and Criminal Justice, 2007(4), pp. 439－440.

② See, Hoffman P. B., Beck J. L.. Parole Decision-making: A Salient Factor Score. Journal of Criminal Justice, 1974(2), pp. 196－198.

评估其当下人身风险性程度，并采取相对的处遇措施。需在实施具体的社区矫正处遇措施前，对犯罪人之背景史和行为史因子进行综合化风险性评估，即犯罪历史调查评估是社区矫正之不可或缺的前置基础。

犯罪历史考量和记录在这种风险管控模式中居于核心地位，对这种犯罪历史记录的分析和甄别成为风险评估和处遇的前提基础。早期基于风险管控的社区矫正制度通过各种量表来量化分析这种风险判断，如加拿大就曾采用“再犯统计信息量表”(SIR)来评估这种基于犯因史的静态因素。这种判断的风险因子包括了行为史、家庭史、药物滥用史、犯罪史、未成年时期经历等因素，并进行体系化的综合衡量，以不同的级别来区分判断矫正前就已经存在的风险程度，作为矫正的前提依据。①

二、对二代风险管控模式的评价

正是由于强调人身风险性的稳定不变和历史预测，第二代风险管控模式被称为是“风险静态量化模式”(Static Quantitative Risk Model)。② 这种模式是真正依据犯罪人风险进行分类管控的第一次理论与实践尝试，根据这种模式形成的风险量化指标体系(如美国假释委员会 SFS 体系)经过实践检验被证明比第一代理论指导下社区矫正实践效果大大加以提升，由这种模式所首倡的刑前犯罪历史调查制度，已成为发达国家通行的量刑与行刑指导原则之一。然而，此种模式由于其理论预设的绝对性亦存在缺陷：人的认识能力和行为模式绝非一成不变的静态系统，仅面向过去的犯罪人生活史和行为史之静态预测，忽视了人身风险性的变量因子，无法考察人身风险性因素随时间维度的动态进展，因此，其对人身风险性的评估和处遇具有滞后的局限性。

第三节　强调矫正中风险变化的动态量化模式

一、第三代风险管控模式的动静结合特点

在吸取了“风险静态量化模式”的僵化性教训的基础上，第三代的风险管

---

① See, Correctional Service of Canada. Revised Statistical Information on Recidivism Scale. Ottawa, 1996, p. 36.

② See, Andrews D. A., James Bonta. Risk-Need-Responsivity Model for Offender Assessment and Rehabilitation. Ottawa: Public Safety Canada, 2007, p. 10.

控模式在人身风险性分类评价体系增添了影响性的现时变量因子(如现时行为模式和犯因认识),可以实现对人身风险性的动态监控。这些因子主要用于判断在矫正中受刑人的动态危险程度的变化,一方面包括矫正中的行为模式因素,如禁止令的遵守程度、是否存在脱逃现象等;另一方面包括矫正中的犯因认识因素,包括对犯罪性质的认识、对自身犯罪原因的了解和认识等。以第三代风险为核心的社区矫正实践综合了影响人身风险性的历史性常量因子和现时性的变量因子,力求建构更加科学有效的风险分类管控体系。由于强调受刑人人身风险的变量因子追踪与评价,所以,特别注重社区矫正实践中受刑人与社区矫正处遇措施的互动性变化,要求对人身风险性相关之现时动态信息进行敏感性监控,因此,这种模式也被称作风险的"动态量化模式"(Dynamic Quantitative Model)。[①]

成熟的第三代风险管控模式中用"犯因性需求"(Criminogenic Needs)来描述与受刑人身风险相关的动态因素,区别于其他的体现为犯因史的静态因素和与人身风险不相关的因素。体系性的判断标准之中,诸如反社会支持度、反社会人格程度、反社会认知状况所依赖的职业、婚姻家庭、社会交往、药物使用状况、社区生活能力、情感状况、守法态度等因素,都是处在变化之中体现犯罪犯因性需求的动态因素。而如犯罪历史、家庭状况、药物滥用历史等则是静态的犯因史因素,不会发生变化。动态的犯因性需求因素在变化开始时,在某种程度上受静态的犯因史因素所决定,但又不会固定不变,而是依据矫正状况朝向脱离犯因史的方向发展。脱离速度越快表明矫正效果越好,反之则说明矫正措施需要重新考量和加强。[②]

二、第三代风险管控模式的意义

第三代风险管控模式相比以往的模式特别强调矫正中的风险因素的判断,因此,对矫正中矫正对象的风险程度可以加以直观清晰的动态反映,从而可以相对快速准确地提供矫正反馈,并针对风险判断结果随时动态调整矫正措施,更有利于对矫正对象的顺利矫正。一方面,第三代动态判断因素可以反映矫正对象人身危险性的动态变化过程,有利于判断矫正对象对矫正措施

① See, Bonta J., Wormith S. J., G. McIvor, et al.. Developments in Social Work with Offenders. Philadelphia: Jessica Kingsley Publishers, 2007, p. 73.

② See, Gendreau P., Little T., Goggin C.. A Meta-analysis of the Predictors of Adult Offender Recidivism: What works!. Criminology, 1996(34), pp. 575-560.

的接受程度和接受效果;另一方面,第三代动态判断因素可以针对矫正对象人身危险性的变化,随时采取相适应的动态调整措施,保证了矫正的具体效果。但问题是这种模式对静态和动态因素完全分开认识和评估处遇,导致对静态因素和动态因素之间的关联关系缺乏关注,也就不能加以科学整合、评价和分析,从而影响了风险判断的系统性和科学性。

第四节　增加风险响应基准的需求响应模式

一、第四代风险管控模式的三维特点

依凭第三代风险管控模式而建构的风险评价体系在实践中进一步完善,科学发展和系统构建了静态因素与动态因素之间的响应率关联机制,从而逐渐形成了更加科学有效的平衡和整合犯因历史常量和现时行为变量的第四代风险管控模式,并成为目前发达国家社区矫正实践主导的风险管控模式——风险需求响应(Risk-Need-Responsivity,即 RNR)模式。[①] 这种模式将社区矫正的风险评估与处遇机制细化成以实现最大程度降低再犯率目标的三个相互关联的维度:

首先是风险指标(Risk Index)维度,其意涵是通过对社区矫正前犯罪人之犯因性历史(Criminal History)的回顾性调查和评断来量化犯罪人人身风险性基本指数区间,以此确定其人身风险性程度及实施相配套的专门处遇措施。如加拿大再犯矫正的 SIR 指标将犯罪人风险程度区分为高犯罪倾向、低犯罪倾向、中度倾向、社会亲和倾向、高度社会亲和倾向;并对具有高度风险的犯罪人采取严密监管和密集矫正措施,而对低度风险犯罪人强调教育引导。

其次是需求指标(Needs Index)维度,其意旨是以考察矫正中受刑人之动态犯因性需求的变化及时修正和补充风险指标所厘定的处遇措施。这就需要通过周期性考察犯因性需求之变化来及时评估犯罪人之风险水平之变化,并相应调整原来的管控手段与之适应。如加拿大学者安德鲁和波塔将这些犯因性需求因素细化为七个因子进行评价,包括反社会模式、社会亲和力、

① See, Campbell M. A., French P. D. S., P. Gendreau. Assessing the Utility of Risk Assessment Tools and Personality Measures in the Prediction of Violent Recidivism for Adult Offenders. Ottawa: Public Safety Canada. 2007, p. 67.

社会支持度、成瘾性滥用程度、亲属关系、工作/学习境况以及休闲活动；并认为应该以月为周期进行调查。①

最后是响应性指标(Responsivity Index)维度，这个指标用来表征犯罪人之风险水平对矫正措施的响应效果，其基本目标是通过提高矫正处遇措施之有效性，以求达到矫正处遇机制的效益最大化。响应指标可分为一般响应和特殊响应两部分，其中前者是指一般的认知性社会学习手段对降低犯罪人风险的有效性评价，主要通过矫正司法人员与矫正对象之指导紧密关系与正面指导手段如模范力量、困难纾解等的效率来体现出来；而特殊响应是指根据个体智力水平和学习能力的"因材施教"效率境况。② 响应性维度与需求维度体现的是矫正处遇措施的手段与结果之关系，响应性维度重在矫正处遇之手段的有效性衡量，而需求维度用来表征作为矫正处遇措施之实施结果的风险水平之变化，以随时调整后续之矫正处遇措施。

二、第四代风险管控模式的评价

综合而论，风险需求响应模式以风险水平的评估与监控为核心，较全面地平衡和整合了影响风险水平的犯罪史因素、现时变化因素和处遇措施有效性因素，以求最大程度提升社区矫正制度的科学有效性，是目前最有效的风险分类管控进路下的社区矫正模式理论。③ 目前，世界范围内具有代表性的典型社区矫正实践模式如威斯康辛矫正体系和加拿大罪犯矫正量化评估指标都是在风险需求响应理论指导下的逻辑展开。

第五节　社区矫正风险管控模式的借鉴分析

在各地多年试行的基础上，目前全国性的社区矫正工作已全面展开，作为《刑法修正案(八)》对社区矫正规定之实施细则的《社区矫正实施办法》，为社区矫正提供了一定的实践指引。这个实施办法虽然在社区矫正的人员制

---

① 参见杨诚、王平主编：《罪犯风险评估与管理：加拿大刑事司法的视角》，知识产权出版社，2009年版，第5页。

② See, Andrews D. A., Bonta, J. L., Wormith S. J.. The Level of Service/Case Management Inventory (LS/CMI). Toronto: Multi-Health Systems, 2004, pp. 55－57.

③ See, Ogloff J. R. P., Davis M. R.. Advances in Offender Assessment and Rehabilitation: Contributions of the Risk-Needs-Responsivity Approach. Psychology Crime & Law, 2004(3), pp. 230－231.

度设置和实施条件程序方面进行了一定程度的规范，但是，对作为社区矫正实践展开前提的模式标准选择上并未明确，从而，逻辑上也就对相对细化的风险标准评估与处遇措施无法展开规定。由于缺乏明确、统一的风险评估和处遇指标体系，实践中依然会发生进行个案化风险评估处遇的“诊断式处遇”的情境，无疑这仍然是在操作层面上赋予了风险评估与矫正处遇裁量权，因此，很难摆脱前述第一代风险模式体现的特殊预防之个别化局限。尽管，我国部分地区在社区矫正试行过程中通过对国外的抽象化风险评估处遇体系“拿来主义”式借鉴而设置了符合风险分类管控逻辑的本地风险评估体系[①]，但由于对风险分类管控之理论进路和发展谱系并不明晰甚至少有研究导致：一方面难以在国外多种复杂的社区矫正风险评估和处遇指标体系中进行选择，也难以保证选择最符合理论发展进路的指标体系进行借鉴，从而无法保证引进风险评估指标体系之合理性；另一方面，在借鉴具体的社区矫正风险评估与处遇体系时，易出现表面照搬的僵化弊端。由于对风险体系背后的进路的机理不明，因此，很难在把握根本理论进路的基础上适应我国国情，对国外的风险评估体系加以批判性借鉴吸收。

一、对风险管控模式的具体借鉴

社区矫正之理论模式是整个社区矫正制度构建和实践的理论内核，以最新的风险分类管控理论模式即风险需求响应模式为指导，来建构和完善我国的社区矫正制度实践，不仅可以保证风险评估与处遇矫正指标体系的科学性，避免过去三代理论模式之重重弊端，还能全面动态地监控针对风险水平变化的矫正措施之效益与效果。正如安德鲁之总结：风险需求响应模式之最佳之处在于“其将社区矫正视为多元和动态之变化体系，并能精细反映其历史风险水平、现时风险变化和处遇响应程度三元维度之互动境况”[②]。它扭转了传统理论仅靠回顾过去而预测未来风险水平的静态视野，将社区矫正之风险模式的核心从单纯的风险分类预测扩充为静态风险预测与动态风险监控并举的关联体系，从而实现了从风险分类（Risk Classification）向风险管控

---

① 金碧华：《社区矫正风险评估机制的分析与思考》，载《南通大学学报（社会科学版）》2009年第2期。

② Andrews D. A., James Bonta. The Psychology of Criminal Conduct (4th ed.). Newark: LexisNexis, 2006, p. 37.

(Risk Management)的优渥转变。[①] 以这种模式检视我国未来之社区矫正制度实践，在基本制度构架下，至少需要在三方面进一步建构完善：

首先，从前述风险需求响应模式之风险指标维度出发，我国不仅应原则性设立刑前人身风险调查制度，更应设立以犯因性历史因素为细化因子的初始风险分类指标体系，撷取刑前生活史和行为史中与风险判定相关的典型指标，抽象划分人身风险水平，并规定相对应的基础处遇配套措施。《社区矫正实施办法》仅原则性地规定了可委托县级司法行政机关对被告人或者罪犯的居所情况、家庭和社会关系等宽泛犯因事项进行评估[②]，但对评估的具体指标标准和对评估结果的相应处遇措施皆无具体规定，因此，需设计其实施细则和评估处遇体系。一方面，风险指标的理论表明，刑前犯因史的调查对评估风险水平并确定相应的初始处遇矫正措施不可或缺。因此，未来在设计具体的社区矫正实施前调查制度时，应明确刑前调查制度是社区矫正展开的必须而非选择性前置程序；另一方面，应明确这种刑前调查制度是以风险评估为导向，为刑前调查确定具体的理论核心而非"诊断式"的随意考察。由此进一步设置犯因历史风险评估和处遇指标体系，才具有合理性和必要性。而设置犯因风险评估处遇指标体系不仅需要规定体系性的犯因指标及其体现的风险水平评判标准，更应明确针对不同的风险水平所应确立的差别性处遇矫正措施。如作为代表性犯因史风险评估体系的美国假释委员会 SFS 体系，采用犯罪史、家庭史、居住史等六大类指标综合取分，而对体现之风险程度进行 0 到 10 分的等级划分，分数越高表明犯罪人风险性越大，再犯可能性亦越高，因此，相对矫正处遇手段更注重密集的监控和强制性改造，如多采取具有强制劳动和狭小活动范围的服役性矫正；而反之分数越低表明犯罪人对社会风险越小，其相应矫正处遇手段更注重教育引导，人身自由度也相对较高，多采取相对灵活的社会化教育和学历教育。[③] 我国应借鉴典型的刑前风险评估与处遇体系，设计以风险水平预测和矫正为导向，并符合我国文化和社会现实

① See, Andrews D. A., Dowden C.. Managing Correctional Treatment for Reduced Recidivism: A Meta-analytic Review of Program Integrity. Legal and Criminological Psychology, 2007(10), pp. 174 - 176.

② 参见 2012 年 1 月最高人民法院、最高人民检察院、公安部、司法部联合制定的《社区矫正实施办法》第四条的规定。

③ See, Peter B. Hoffman. Twenty Years of Operational Use of A Risk Prediction Instrument: The United States Parole Commission's Salient Factor Score. Journal of Criminal Justice, 1994(6), p. 479.

的科学犯因史风险指数体系，这不仅可以科学评价犯因所体现的人身风险状况，更易减少处遇措施设置的混乱和任意。

其次，依凭风险需求响应模式之需求指标维度理论，在行刑期间的人身风险水平会因犯因需求变化而变化，从而导致初始处遇措施不再合适而需要合理变更。这就需要设计在社区矫正实施过程中动态风险水平评估与处遇对策体系，以典型的犯因性需求因素为指标，周期性考察人身风险水平的变化，及时修正矫正处遇措施。当然，矫正中的风险水平评估与处遇体系是建立在刑前风险评估与处遇体系之基础之上，其变量是指针对刑前犯因历史风险水平常量而发生之变化。由于风险变量的介入，受矫正处遇措施之犯罪人风险水平降低，再采取初始之高风险对策的矫正手段即不合时宜，应及时针对变化后的风险水平调整适合较低风险之处遇手段。有研究表明，针对高风险犯罪人之密集监控矫正措施不仅不会矫正低风险犯罪人，反而会增加低风险犯罪人之再犯率。[①] 因此，矫正处遇措施的及时更新非常必要。如具有代表性的 LSI-R 指数系统即在犯因历史基础上以月为周期关注被矫正犯罪人社会亲和力、亲属关系等七大变量的波动境况，动态统计犯罪人风险水平波动程度，以及时调整对应的处遇措施。[②] 在犯罪人风险水平处于下降等级时，应逐步降低矫正的强制性和密集性，增加教育引导成分。我国同样可借鉴这些制度设计设置矫正中风险变量评估处遇系统，周期性动态监控风险的变化，以取得矫正处遇措施最佳效果。

最后，按照响应指标维度之要求，应设计具体的处遇措施响应率体系对处遇措施之作用和效益进行评价。矫正处遇措施之效益性可通过犯罪人对矫正处遇措施之响应率而体现出来。其中，最重要的是一般响应评价机制的建立。一般响应用来评价抽象矫正处遇措施对犯罪人的普遍矫正效益，主要通过关系因子(Partnership)即矫正人员与被矫正者之关系和谐程度与指导因子(Instruction)即矫正措施促进被矫正者的亲社会(prosocial)程度体现出来。如果一个矫正措施能有效增进矫正人员与矫正对象之紧密联系，并能高效指导被矫正者复归社会、还原社会生存能力，则说明该矫正措施之响应率较高、比价效益较好。如服务处遇对较低风险犯罪人来论即是比居家处遇能

---

① See, Edward J. L., Brian L.. The Role of Offender Risk Assessment: A Policy Maker Guide. Victims & Offenders, 2010(3), pp. 203 - 205.

② See, P. Raynor. Risk and Need Assessment in British Probation: The Contribution of LSI-R. Psychology Crime & Law, 2007(2), pp. 125 - 126.

产生更高的响应率，从而是更有效益的处遇措施。具有代表性的LS/CMI指标就以改造记录和矫正感知程度等因子衡量被矫正的犯罪人之矫正响应率。借鉴设置矫正响应率评价体系不仅可以考察犯罪人被矫正程度，更能比较不同处遇措施之效益表现并加以择取。

二、风险管控模式的完善意义

前述所论之刑前犯因史风险评估处遇体系、矫正中风险评估处遇体系以及处遇响应率体系共同组成了依循风险需求响应模式而紧密结合的风险分类管控矫正体系的基本架构。这个架构尚需具体的制度和法律设计，以形成针对不同犯罪风险层次的动态有效的社区矫正制度设置。我国《刑法修正案（八）》虽然明确规定了对管制、缓刑和假释者的社区矫正制度，但是，如何评估犯罪人风险并量定和执行具体的社区矫正措施之规定相对缺失。《社区矫正实施办法》主要规定了社区矫正之机关归属、权限和程序等基础设置，而没有对内部风险之分类管控指标体系进行表述和设计。我国目前多地试行的社区矫正评估办法，虽然采取了法定积分制和制度风险指标体系的举措[①]，但尚不完善，且其指标评价对风险评估来说亦有所偏移。如部分地方主要通过被矫正者之服从态度表现因子（如是否提交总结等），而非客观风险程度因子予以评价确定处遇措施[②]，可以说在评价因子择取方面存在着偏差。未来以风险需求响应模式为理论进路设计完整的风险评估与处遇机制，对社区矫正制度和实践的完善有必要意义。

我国当下不少地方通过制度考察对国外的成熟矫正评估机制如CAIS和OIA等进行了“拿来主义”式借鉴，然而却存在许多规范适用问题，不得已在实践中重拾“诊断式”个案应对的方法，改造处遇仍存在随意性大和标准不一的难题。造成这一问题的原因在于对规范的科学性和全面性认识不足。一方面，在对国外矫正评估机制进行借鉴时，缺乏对评估因素的在地化论证和实践分析，盲目照搬造成了部分风险评估因素（如国外强调的种族、持枪史等因素）不适用我国国情或在我国意义不大，因此，评估结果误差较大或不具

① 参见于阳：《完善我国社区矫正风险评估体系的思考——基于再犯危险的分析》，载《犯罪与改造研究》2011年第8期。

② 参见张新民主编：《社区矫正风险评估研究》，南京大学出版社，2009年版，第48页。

有可行性[①];另一方面,在对国外矫正评估机制借鉴时,未能配套借鉴其相应的处遇机制,因此,出现重评估轻处遇的难题,风险评估的结果更多是为了对重点人员管理工作的方便而非出于分类改造的目的,风险评估无法对具体处遇形成有效规范,使得评估失去了基本意义。因此,要将风险管控落实到实践,不仅要形成基于风险评估和处遇的矫正规范,还要保证规范的科学性和全面性,否则就会导致实践中规范落空,实际退回行刑个别化和随意化的旧路上去。而要保证规范科学性和全面性,在形成社区矫正风险评估及其对应的处遇措施规范时,就必须考虑我国犯罪风险的实际展现状况和犯罪人的在地化特征,需要在大量实证研究并科学论证的基础上,方能形成适应本地需求的风险评估和处遇规范。[②]

特殊预防的理论预设相信,不需要相关刑事规范,仅靠执法者个别处遇即可实现社区矫正目的,而相关西方实践证明这恰是一种理论误解。在风险类型管控进路下,设计完善的社区矫正法律体制可避免重蹈西方的理论和实践覆辙,又能兼顾一定的特殊预防目的,为保障社区矫正制度的科学性和公平性提供一种新思路。

基于风险管控社区矫正的一个核心问题是如何将风险管控机制运用于社区矫正实践之中,形成有效的风险管控实践模式。国外发达的社区矫正实践在长期的经验探索过程中,形成了逐渐演进的社区矫正实践代际模式。首先,发达国家社区矫正实践早在1970年代之前兴起的一股因循特殊预防个别化逻辑的所谓“诊断式处遇”模式之热潮,虽然,未能区分危险与风险之根本差异从而落入了“缘心”处遇的主观专断式窠臼,但“诊断式处遇”毕竟首次强调了人身风险性之存在及其在社区矫正中的核心作用,所以,西方的风险管控论者都将这种机制视为是第一代风险管控模式。其次,真正将风险因素作为人身危险表征,通过风险因子架构社区矫正评估处遇机制的是第二代风险静态量化实践模式,即从犯罪人过去的生活史和行为史因子来可靠预测评估其当下人身风险性程度并采取相对的处遇措施。由于其强调人身风险性的稳定不变和历史预测,所以是静态模式,但无法考察人身风险性因素随时

① 参见金碧华:《社区矫正风险评估机制的分析与思考》,载《南通大学学报(社会科学版)》,2009年第2期。

② 如江苏省通过对本身社区矫正犯罪人的实际犯罪因素的实证调研和研究,结合在地化特色因素设计了江苏省社区矫正风险评估体系。当然,这一体系的完善性还在进一步发展。参见张新民主编:《社区矫正风险评估研究》,南京大学出版社,2009年版,第32-33页。

间维度的动态进展而具有局限性。再次,在批评静态模式无法动态反映风险因素变化的基础上,第三代动态量化模式综合了影响人身风险的历史性常量因子和现时性的变量因子,力求建构更加科学有效的动静结合式风险管控体系。由于强调受刑人人身风险的变量因子追踪与评价,所以,特别注重社区矫正实践中受刑人与社区矫正处遇措施的互动性变化,要求对人身风险相关之现时动态信息进行敏感性监控。然而,在检讨了动态量化模式之不足在于无法合理确立风险动态因素与静态因素之间的具体联系问题之后,风险管控模式演化为进一步整合动静因素的三维风险需求响应模式,其将社区矫正的风险评估与处遇机制细化成以实现最大程度降低再犯率为目标的三个相互关联的维度:一是风险指标(Risk Index)维度,其意涵是通过对社区矫正前犯罪人之犯因性历史的回顾性调查和评断来量化犯罪人身风险性基本指数区间;二是需求指标(Needs Index)维度,其意旨是以考察现时犯罪人之动态犯因性需求的变化及时修正和补充风险指标所厘定的处遇措施;三是响应性指标(Responsivity Index)维度,这个指标用来表征犯罪人之风险水平对矫正措施的响应效果,其基本目标是通过提高矫正处遇措施之有效性以求达到矫正处遇机制的效益最大化。

风险需求响应模式以风险水平的评估与监控为核心,较全面地平衡和整合了影响风险水平的犯罪史因素、现时变化因素和处遇措施有效性因素,以求最大程度提升社区矫正制度的科学有效性,是目前最有效的风险分类管控进路下的社区矫正模式理论。目前,世界范围内具有代表性的典型社区矫正实践模式如威斯康星矫正体系和加拿大罪犯矫正量化评估指标,都是在风险需求响应理论指导下的逻辑展开,这一模式最值得我国借鉴。我国应借鉴国外经验建立完善的三维风险管控机制,避免逐代演进的覆辙,且需要根据我国实际需要确定符合我国国情和刑事司法特点的风险评估处遇和风险响应机制。

第六章

风险管控视野下风险评估二元机制的展开

第一节　风险评估的双重属性

如前所述，社区矫正的监督管控与规范矫治机能在广义风险语境下都围绕着犯罪人风险这一核心展开，因此，风险的精确评估作为机能展开前提，无论对确立合理的监督控制还是实现有效的教育矫正而言都处于核心地位。[①] 成熟社区矫正实践体系中风险评估制度的完善发达正说明了这一点。然而，由于规范矫治与监督管控两种机能的理论来源和保护目的差异，风险评估在评估出发点、风险性质和评估目的等基础问题上，在不同机能视野中呈现出差别性的面向，决定了风险评估的双重属性，应形成风险评估的二元机制。

一、风险评估出发点存在双重性

一方面，监督管控机能的评估出发点是集体主义视野下的社会风险标定

① 参见张昱、费梅苹：《社区矫正实务过程分析》，华东理工大学出版社，2005 年版，第 268 - 269 页。

需求。新刑罚学的多种实证研究表明，少数犯罪人实施了大多数犯罪[①]，控制这部分少数犯罪人就可以有效控制犯罪，因此，风险评估的任务就是用不同的风险级差标定过滤出不同风险性的犯罪倾向者，并加以相应的监督控制。[②]就社区矫正而言，《刑法》对其启动时所要求的"没有再犯罪的危险"更多是出于社会安全保障需要，性质上主要不是用于确定矫治可行性的矫正机能，而是保证不至于产生危害社会之现实风险的监督管控机能，所以，只有风险评估后过滤标定出那些采取社区内的适度监督隔离就可以加以有效控制风险的对象，才能分流进社区矫正。风险评估基于此出发点，其范围应提前到社区矫正的准入决定阶段，包括量刑或矫正前决定阶段。西方成熟处遇制度中的刑前风险评估正表明了这种意义。另一方面，规范矫正机能的风险评估出发点是个体视角下的人格可矫性判断。[③] 犯罪社会学微观研究从犯因机制的角度阐述社会不良因素对罪犯人格的扭曲影响，也就表明以人身危险性为核心的犯罪人格受社会决定，从而，也可以在社会中或利用社会机制矫正。因此，基于教育矫治机能的风险评估就是通过对表征人身危险性为核心的风险因子的整合量化分析，判断犯罪人格的危险程度，为相应的恢复矫正手段实施提供依据。与"标定—监控"的出发点不同，这种评估并不需要从社会视角辨别过滤犯罪人，也不基于适度隔离的需要，而只是为了确定合适的教育矫正手段。

二、风险的性质存在双重性

在前述评估出发点的差异影响下，两种风险评估的风险性质亦有所差别。监督管控所要控制的风险是矫正时的当下社会侵害风险，这种风险标准应基于"实施大多数犯罪的少数人"的社会学精算统计，是强调"大数法则"计算下的社会学意义风险，风险的可矫性在所不论；而教育矫正所要依据的风险是未来的个体再犯风险，这种风险以人身危险性为特征，需依靠行为认知规律和犯罪心理学机理确定[④]，是更强调犯罪人视角的行为科学和认知心理

① See, David F. Greenberg, The Incapacitative Effect of Imprisonment: Some Estimates. Law & Society Review, 1975,(4), p. 541.

② See, Feeley M. and Simon J., The New Penology: Notes on the Emerging Strategy of Corrections and its Implications. Criminology, 1992(4), pp. 449 - 450.

③ 参见张新民主编：《社区矫正风险评估研究》，南京大学出版社，2009 年版，第 32 - 33 页。

④ 参见黄希庭：《人格心理学》，浙江教育出版社，2002 年版，第 98 - 102 页。

学意义的风险。综合而言，就是需评估的风险实际上具备社会学宏观属性和行为认知心理学微观属性的双重意义；风险评估除了从个体视角考虑基于恶性人格的人身危险之外，还要从社会管制难易程度、管制成本和管制重点等社会学视角客观评定宏观意义上的社会风险程度。

以往研究中经常将人身危险性评估与风险评估等而视之，这实际上只注意到了认知心理学意义上的人格内在恶性表征的危险判定，而忽视了社会意义上的外在表征风险判定。科学完整的风险评估机制应是在综合衡量内在矫治和外在管控需要的基础上，对人身危险性因素和社会风险因素双重风险来源耦合评估的模式。当然，在特定意义上这两种风险有所重合，社会侵害风险可以部分由未来再犯风险表征，需要密集监控风险的犯罪人也同样需要对其人身危险教育矫治。但是，社区矫正处遇对象的社会风险相对独特，所以，常可能出现二者的背离，也许犯罪人社会风险较小并不需要密集监控，但却可能从行为认知心理学角度看其人身危险性较高，矫正难度大。

三、风险评估目的存在双重性

不同的机能也限定了风险评估服务于外在控制和内在改造的不同目的之差别性。基于监督管控机能的风险评估目的，是确定合适的外在监督和隔离措施[①]，即依据风险等级的从重到轻分流实施从较重的密集监控和隔离型措施如居家处遇和中途之家到较轻的开放式管理措施如定期报到等各种等级的监管举措。而基于规范矫治的风险评估目的是确定相适应的犯罪人内在教育矫正手段，即依据风险等级采取期限不一、丰富的心理辅导、社区服务、技能辅助或更生教育措施，促使犯罪人悔改犯罪，以自觉消除其再犯可能性。

基于不同机能展开的风险评估具备双重特征，意味着从评估指标的设定、量化和确立相应的处遇措施，都需要兼顾考量外在监督控制和内在教育矫正的双重目标，否则就因无法完成社区矫正的机能任务而丧失其有效性。目前，我国无论在理论上还是实践中都形成了深入而多样的社区矫正风险评估体系研究与设计成果。然而，由于对风险评估的机能和性质双重性认识上的不足，理论研究集中于风险评估机制对教育矫治机能的满足，而忽视对风险安全的管理，呈现重矫正轻管控的旨趣，这导致以人身危险性代替双重风

---

① 参见翟中东：《危险评估与控制——新刑罚学的主张》，载《法律科学》2010年第4期。

险性，从而不当缩小了风险评估的范围，忽视了社会学宏观视角风险的独立评价意义；而实践中恰恰相反，虽然也认识到教育矫正机能的重要性，但是，风险评估的设计运行主要是倾向于管理主义的思路，重点用其来确定对社会的现实风险等级而采取适当的监管措施，至于矫正取向则并不清晰，呈现出重管控轻矫正的相反倾向。这一方面与社区矫正的管理体制和责任分担有关，但是，另一方面更重要的原因在于对社区矫正机能的认识不足而对风险评估双重性缺乏认知。要确立科学的风险评估，就需要理论上不仅重视人身危险性评估的研究及其成果，还要积极深入进行社会宏观视角的风险评估实证研究，在两种研究积累的基础上，科学确定耦合人身危险性和社会风险性因素的综合量化评估机制；而在实践运行中需要强调两种评估的均衡完整性，不能只侧重预防脱管的管理主义需求而功利性和选择性评估，而要细化风险评估与教育矫治措施的应对关系，在管理主义思路之外更加注重风险评估对矫正措施的重要意义。

第二节　二元风险评估的内涵

前述分析的风险评估双重属性表明，实际上在社区矫正风险评估中存在两种不同的风险评估逻辑思路，对评估性质的认识并不一致，进而导致对评估结论也可能产生差异。一方面，从教育矫治功能和长远风险管控需求出发，认为风险评估“对科学制定矫正方案，降低社区服刑人员再犯风险，提高社区矫正质量等方面具有重要价值”[①]。因此，风险评估应主要判断犯罪人的犯罪人格和心理特征，基于这种特征所表征的可矫正性程度为确立适当的矫治方案提供依据。另一方面，则基于保障矫正中社会安全和当下风险管控的需要，着重强调风险评估的功能是为了确定合适的监督控制手段以有效隔离再犯威胁。[②] 由此，风险评估主要判断矫正对象对社会的危险性质和程度，并

① 冯卫国、王超：《中外社区矫正风险评估因素结构差异研究》，载《法学杂志》2014 年第 7 期。

② 尽管在许多地方风险评估实施规范中，都原则性地规定了风险评估既是用来确定合理教育矫治的措施又是用来确定合适的控制防范手段，但是，在具体实施往往只关注根据风险评估结果确定合适的防范控制手段，制定有严格的对应措施细则和考核办法。但根据评估结果施加相应的教育矫治措施则往往被忽视或语焉不详，既没有相应细则也没有具体的考核，只停留在原则规定之中。参见张新民主编：《社区矫正风险评估研究》，南京大学出版社，2009 年版，第 24-25 页。

以此作为施加宽严有别、重点突出的监督防范措施的依据。

诚然，这两种评估思路的不同并不尽然导致评估结果的差异，例如，严重暴力罪行者就既在教育矫治的意义中因为矫治的相对困难而表征为风险较高，又在社会风险意义中基于其行为的严重侵害性而表达为高度威胁，在两种思路中都一致判断为高风险；但是在更多情况下，当矫正对象的矫正难度与社会威胁度在评估等级上并不一致时，不同思路下的风险评估结果就存在显著不同，由此导致对矫正对象的处遇态度和处遇重心迥异。比如，就盗窃惯犯而言，从教育矫治的思路出发，其属于矫治相对困难的反复犯罪人，从而可矫难度大风险度高，应属于重点矫正对象且实施密集矫正措施；而从社会安全思路出发，相对于人身犯罪或暴力犯罪，其即便存在反复罪行，但盗窃本身也属于对社会安全威胁较小的犯行，从而在安全风险序列中排位较低，相对不是防范重点而不需过分关注。由此，评估思路不同导致的评估结果差异反映出，如果不厘清上述两种思路的合理性并进而确定犯罪风险评估的科学属性，则风险评估就会由于前述观点差异存在定位模糊和性质不清的问题，并进而影响评估结果的稳定性，造成影响社区矫正合理性和科学性的可能危机。

一、矫治型风险评估：规范矫正和长远防控的产物

在两种风险评估思路中，理论界所强调的以确定适当教育矫治措施为目标的风险评估观念符合社区矫正制度的原生理论立场，是与实证学派社会决定论和教育复归论发展一脉相承的制度理念，所以，其所认知的风险评估是一种着眼于罪犯改善成效和长远风险防控的矫治型风险评估。

（一）矫治型风险评估的发展历程

这种风险评估的发展源头可追溯至社区矫正制度的兴起阶段。社区矫正的发展勃兴与实证学派思想的推动有直接联系。在实证学派社会决定论的立场下，犯罪人不再是古典学派理性选择理论所认为的被归责对象，而是主要受各种不良社会因素影响和决定的扭曲人格者，因此，对犯罪人施加的不应再是体现个人责任的谴责性惩罚，而应是体现社会责任的教育矫治措施；通过教育矫治可以纠正罪犯的危险人格，使其无害复归社会而预防再

犯。[1] 从这种立场出发，社区矫正模式因能更好实现较轻犯罪人的教育矫正，因此得以迅速流行。[2] 可以说，社区矫正是为了满足实证学派教育矫治的效果而专门发展的刑罚制度，其原生理论立场也自然体现为实证学派教育矫治思想，自然以纠正危险人格和消除犯罪人人身危险性为目标。教育矫治思路下的风险评估正符合这种社区矫正的原生意义，因此，是基于决定论立场的以人身危险性为核心而进行的风险判断，风险评估的内容就是人身危险性所表征的人格可矫正性程度[3]，基于这种矫正程度的判断，可以开展针对性的教育改造措施。

然而，初始意义上的风险评估并未制度化，其具体实施方式与早期的教育矫治论相一致，采取的是以个殊定性评估为特点的医疗模式。医疗模式如前所述秉持处遇个别化立场，认为每个罪犯的人格都是个别化和差异性的，不存在如法律规范般抽象一致的适用标准，因此，必须根据犯罪人的具体人格特征进行如医生看诊式的个案评估。所以，风险评估就变成了依靠矫正工作者利用其专业知识对罪犯危险人格进行的个别评价。[4] 但这种模式无论在理论上还是实践上都因矫正任意性和模糊性受到了激烈批评。风险评估由于矫正专业人员素质良莠不齐和观点差异，在实践中常常出现评估结果的主观随意，导致在此基础上的矫正措施容易混乱与不公，严重影响社区矫正的效果与声誉。[5] 如前所述，造成这一问题的根源在于诊断式处遇模式对处遇个别化逻辑的过度依赖，使得风险评估及其矫治处遇缺乏明确的规范标准，

---

① 参见邱兴隆：《关于惩罚的哲学：刑罚根据论》，法律出版社，2000 年版，第 196 - 199 页。

② 参见吴宗宪：《社区矫正比较研究（上）》，中国人民大学出版社，2011 年版，第 45 页。

③ “人身危险性”作为实证学派影响下用以表征再犯危险的常用术语，在教育矫正范围内其含义主要是对犯罪人人格可矫正性的一种表征。但也有观点用其来表征犯罪人对社会的危险程度，因此其内涵并不清晰。参见陈兴良：《论人身危险性及其刑法意义》，载《法学研究》1993 年第 2 期；游伟、陆建红：《人身危险性在我国刑法中的功能定位》，载《法学研究》2004 年第 4 期。这里是基于理论溯源和便于理解需要依然使用“人身危险性”这一用语。后文论述出于精确性需要，在风险评估体系中用“人身可矫性”来表征人身危险性中的矫正性含义，用“社会危险性”表征人身危险性中的对社会危险程度的含义。

④ 参见［意］菲利：《实证派犯罪学》，郭建安译，中国人民公安大学出版社，2004 年版，第 178 页。

⑤ 发达国家 1970 年代的社区矫正大批判典型地体现了这一问题。比如当时著名的马丁森调查发现采用个案评估的社区矫正不仅无效，而且也不能维护社会安全和基本行刑正义。参见 Robert Martinson. What Works? Questions and Answers about Prison Reform, The Public Interest, 1974(25), p. 25.

成为一种缘心而定的自由裁量活动①,从而风险评估也难以制度化和标准化。为应对这一难题,实证学派逐渐发展出了折衷刑罚个别化逻辑和依法施刑理念的规范矫治理论,在人身危险性概念的基础上发展出了可抽象适用的犯罪人格风险评估标准,从而,为风险评估机制的体系化和制度化扫清逻辑障碍,产生了可协调统一的定量风险评估与处遇规范体系。②

后来,规范矫治论认为,虽然每个矫治对象的具体犯罪人格状况存在个殊特征,但是,作为表征犯罪人格和心理状况的各种风险因素却是可以一般化和抽象判断的,因此,将这些经过实践归纳的风险因素按照性质和轻重程度进行分类和分级排列,就能够形成规范性的风险标准统一体系,用组合指标量定犯罪人格状况。③ 而犯罪人格状况又实际反映了犯罪人与正常人格的偏离程度,也就实质上说明了这种人格需要进行矫正的可能性程度,从而可以用来表征人身可矫性等级以确定相应的矫正处遇措施;这就使原来相对主观性和随意性判断的人身危险性评估转换为在相对客观统一的标准下对犯罪人格及其表征的人身可矫性的等级进行可比较性的量化判断④,风险评估借此实现了规范化和制度化。

(二)矫治型风险评估的特征

受规范矫治论决定,这种矫治型风险评估的特征体现为:首先,风险评估的目标是满足科学的教育矫治犯罪人的需要,风险评估应为教育矫治犯罪人提供犯罪人可矫性结论作为判断依据。其次,受这种目标所决定,风险评估性质上就应该是一种人身可矫正性判断,而人身可矫性作为一种犯罪人对社会的偏离程度判断,又需通过犯罪人格来表征,因此,风险评估的内容就是通过规范的风险指标体系对犯罪人格的性质和程度的判断。最后,既然风险评估的内容是量化犯罪人格判断,则被评估的风险因素在性质上就是犯罪人格的某一侧面的个性或心理特征的具体表达,只不过,这种表达出于规范需

---

① See, Eric J. Wodahl, Brett Garland. The Evolution of Community Corrections: The Enduring Influence of the Prison. The Prison Journal, 2009(3), pp. 91 - 92.

② 参见翟中东:《社区性刑罚的崛起与社区矫正的新模式》,中国政法大学出版社,2013年版,第89-93页。

③ 参见鲜铁可:《安塞尔新社会防卫思想研究》,载《中外法学》1994年第2期。

④ 当然,绝对的量化判断也存在过度僵化,无法完整反映犯罪人格的问题,所以,域外风险评估往往采用定量为主、定性补充的结合评估方式。参见 Andrews D. A., James Bonta. Risk-Need-Responsivity Model for Offender Assessment and Rehabilitation. Ottawa: Public Safety Canada, 2007, p. 10.

要而进行了归纳抽象和分类分级，具备了可以定量判断的规范属性。犯罪人格实现定量评估以后，实证学派早期只能定性判断，且内涵不清的人身危险性核心概念被更加精确的、可量化的犯罪人格和人身可矫性概念所取代，解决了备受诟病的评估不具操作性和不够准确的问题，从而推动了社区矫正向科学化和精确化发展，从而延续了社区矫正的生命力。[①]

二、防控型风险评估：必要隔离和当下防控的需求

强调当下社会安全之风险评估的思路与前述矫治思路不同，其所强调的服务目标不再是内在矫正犯罪人，而是通过评估犯罪人的社会危险等级用以确定外在对其恰当的防范控制手段，因此，这种风险评估是一种确保对罪犯有效监督管制以维护社会安全的防控型风险评估。

（一）防控型风险评估的发展历程

防控型风险评估的理论源头可追溯至隔离主义的刑罚理念。隔离或剥夺再犯能力本是一种古老朴素的刑罚观念，剥夺人身自由的流放或监禁刑就是这一观念的直接表达。[②] 在实证学派将犯罪预防的重心从社会一般预防转向对犯罪人再犯的特殊预防之后，这种古老的观念又因为其物理性隔绝犯罪人再犯的可靠机能成为对难以矫正或矫正中的犯罪人再犯的处罚控制根据。[③] 当然，随着近代人权观念的兴起，不加区分的一律监禁隔离由于对人身自由的过度限制已经不具有合理性，剥夺再犯能力时应采取与罪犯对社会的危险程度相符合的隔离措施，以符合对人身自由的限制必要性和比例原则，保障实施既能防范再犯可能性和保护社会安全又能最小程度限制人身自由

① 社区矫正的缺乏定量性问题一度是制约社区矫正乃至教育改造刑发展的根本问题，其中典型的以人身危险性的内涵不清和不具操作性为代表。参见陈伟：《认真对待人身危险性评估》，载《比较法研究》2015 年第 4 期。

② ［意］加罗法洛：《犯罪学》，耿伟、王新译，中国大百科全书出版社，2004 年版，第197 页。

③ 剥夺再犯能力在大陆法系近代刑罚目的理论体系中是依附于特殊预防教育矫正的地位并不独立的刑罚理念，主要作为特殊预防中教育矫正论的补充功能出现，其内涵也多局限于对无法教育矫正的对象的物理性隔离。这与实证学派以矫正理念起家有很大关系。但是，在英美法系的刑罚根据论中，剥夺再犯能力是与教育矫正相并列的独立刑罚根据，因此，不仅可以补充适用于无法教育矫正的重刑犯，也可与矫正同时适用发挥各自功能。参见邱兴隆：《关于惩罚的哲学：刑罚根据论》，法律出版社，2000 年版，第 198 页。社区矫正中的矫正对象属于可以矫正的对象，但在矫正过程中仍然有对社会的危险，此时，剥夺再犯或隔离功能就具有独立于矫正的施行意义。本书基于此采用剥夺再犯能力具有独立于教育矫正功能的观点。

的隔离控制措施。[①] 由此相对朴素粗糙的原始隔离主义刑罚观就演变为兼顾人权和安全的必要隔离理念，根据犯罪人的社会危险性量身定制适当的对人身自由限制最小的必要防范控制措施。因此，要在行刑实践中满足必要的隔离理念，就必须首先对犯罪人社会危害风险进行科学有效的评估，才能保障隔离犯罪风险的防范措施的必要性和适当性，这说明风险评估是必要隔离论的自然逻辑要求。当然，这种基于危险直接防控的风险评估与前述矫治型评估有明显不同，应是为满足隔离措施的判断需要从社会安全角度出发的犯罪人对社会威胁大小的评价。基于这种评价才能针对性地控制防范社会危害可能性，达到隔离风险的目的。

（二）防控型风险评估的特征

受必要隔离论所决定，这种防控型风险评估的特征为：首先，这种风险评估的目标是以社会安全为出发点，满足对危险外在适当控制的需要，因此，风险评估应为采取必要的外在监督防控手段提供判断依据。其次，受这一目标决定，风险评估应该是一种社会危险性判断，而社会危险性又需要通过社会风险统计得出的犯罪人再犯风险指标来体现和表征。犯罪再犯风险高低通过受威胁的法益重要性[②]、威胁的程度和威胁的频次等指标因素来具体组合量定，其结果表征出犯罪人社会风险性的等级，可以用来确定适当的监控手段种类和程度。最后，风险评估作为对犯罪人再犯风险的判断，表明被评估的风险性质是从社会整体视角出发的犯罪人再犯危害威胁性衡量，既跟受威胁的法益的重要程度有关，又跟再犯的可能性有关。因此，在风险指标设计时，就需要通过犯罪统计抽象归纳出法益的优先保护顺位和历来受威胁的程度排定风险性标准，这种标准跟犯罪人前述矫正评估中的可矫性并无关联。防控型风险评估以再犯风险及其表征的社会危险性为判断核心，与防范矫正中即刻风险的必要隔离的有效方案相配合，在一定程度上，补充解决了社会对矫正效果慢、复归后不安全的质疑问题，并且满足了风险社会态势下对社会安全倾斜保护的需要，因此，越来越成为社区矫正的重要机能。[③]

---

① 刘军：《该当与危险：新型刑罚目的对量刑的影响》，载《中国法学》2014 年第 2 期。

② 受威胁的法益范围并不限于社会法益，在社会中存在的个人身体和财产法益、国家法益都属于可能受损的需隔离保护的社会保护对象的一部分。

③ See，Feeley M.，Simon J.. The New Penology：Notes on the Emerging Strategy of Corrections and Its Implications. Criminology，1992(4)，pp. 457 - 460.

三、二元风险评估的构造

（一）风险评估功能目标的二元性

由上分析可见，教育矫治对应的长远风险管控和必要隔离对应的当下风险管控理念分别决定了社区矫正的规范矫治功能和监督防控功能，而规范矫治功能和监督防控功能又进一步在逻辑上形塑了矫治型风险评估和防控型风险评估的评估内容和风险性质。而受前述两种完全不同刑罚理念的差异所决定，规范矫治功能和监督防控功能在犯罪人对待立场、处遇方向和场域以及预防的风险阶段都有显著差异。由此决定了两种风险评估无法实现一致，只能按照功能目标的各自需求进行分别评估。

首先，规范矫治和监督防控功能的刑罚理念并不存在共同理论基础，分歧难以弥合。如前所述，规范矫治功能的刑罚目的观是矫治主义的，其认为刑罚处遇性质上是个体内在矫治治疗，即通过对犯罪人进行教育改造的方式从内在消除犯罪人的人身危险性，使其复归社会。① 而监督防控功能的刑罚目的观是隔离主义的，其认为刑罚处遇性质上是外部社会隔离措施，即通过适当的监督控制手段隔离防范犯罪人的危害风险，使其无法危害社会。矫治主义和隔离主义是分别基于内在改造逻辑和外在控制逻辑形成的完全不同的两种刑罚根据，如前所述，其理论发展各成体系而成为两种并行话语系统，并不存在共同的理论基础和逻辑上的渊源关系，因此，决定了规范矫治和监督防控功能并不存在逻辑一致的可能性。

其次，受刑罚目的观的分歧所决定，两种功能对犯罪人的立场完全不同。规范矫治对犯罪人采取的是积极接纳并帮助改善的立场，将犯罪人视作是社会中需要扶助的“自己人”帮助其重新复归社会。社区矫正也由于其教育矫治性在西方国家长期被视为对犯罪人福利的一部分，是帮助犯罪人重新融入社会和改善生活的重要举措。② 这一立场的刑事政策也因此被称为“自己人”刑事政策。但监督防控的态度完全相反，其将犯罪人当作需要隔离排斥于社会之外的“他者”，采取的是消极警惕和隔离排除的立场，犯罪人不再是“自己人”，也不在乎其复归，直到对社会的危险消除前都是需要防范的“敌人”。这

① 参见马克昌：《刑罚通论》，武汉大学出版社，2006 年版，第 269－271 页。

② 参见许华孚：《英美刑罚发展与台湾经验之探究：一个批判性的分析》，载《犯罪与刑事司法研究》2004 年第 2 期。

一刑事政策立场也被称为“他人”刑事政策。[①] 站在相反立场的两种功能自然难以逻辑一致。

再次，两种功能的处遇方向和场域显著不同。规范矫治帮助改造犯罪人的立场是内向性的，作用于犯罪人内在的心理和行为认知层面，其所要矫正的最终是犯罪人的自身扭曲人格，改正犯罪人的内在认知。但监督防控的隔离排除立场是外向性的，其并不关心犯罪人的内在认知变化和改善程度，而是在犯罪人外在与社会关系的层面施加适度隔离手段，从而达到隔绝犯罪人对社会的危害可能性的目标。[②]

最后，由处遇方向和场域的差别导致两者所预防的再犯风险阶段并不相同。规范矫治所预防并非着眼于当下，其所预防的再犯风险是长远的、间接的。由于改造犯罪人内在人格难以一蹴而就而是持续性和渐进性的工作，所以，规范矫治对矫治当下的再犯可能性难以有效消除，但犯罪人一旦矫治成功，其未来较长时间的再犯风险就能保证得到较好的预防。恰恰相反的是，监督防控以当下犯罪人风险控制为着眼点，其所预防的再犯风险是即刻的、直接的。监督防控并不关心未来长远犯罪人能不能得到一劳永逸的矫治，而只是对现存风险状况进行考量并采取相应防范措施，所以，重要的是动态关注当下风险状况并予以监督防范。

（二）风险评估的二元并列结构

风险评估的功能目标决定了风险评估的性质定位和施用逻辑。当矫治型风险评估的规范矫治目标和防控型风险评估的监督防控目标存在基于理论预设的根本差别时，受此决定，两种风险评估也就不可避免地走向不同的逻辑进路，从风险的内涵、风险形成机制到风险因素的择取范围都存在显著差别，只能依据各自思路独立判断。

首先，两种评估风险的内涵存在显著不同。矫治型风险评估的人身可矫性判断基于实证学派逻辑而生，受社会因素对人格扭曲影响的性质和程度所决定，是一种通过犯罪人格和心理恶性程度表征的判断。而防控型风险评估的社会危险性判断基于必要隔离刑罚观的逻辑，受社会学意义上再犯对社会的危害性质和威胁程度所决定，是一种主要体现犯罪人外在社会危险性的判

---

① See, Garland D.. The Limits of the Sovereign State: Strategies of Crime Control in Contemporary Society. The British Journal of Criminology, 1996(36), pp. 461 - 462.

② 参见李川:《从特殊预防到风险管控：社区矫正之理论嬗变与进路选择》，载《法律科学》2012 年第 3 期。

断。前者表明犯罪人格的判断是一种社会—心理作用机制的判断，反映的是社会因素作用于特定的个性、认知程度的个体而导致的其意识特征的变化状况[①]；而后者表明社会危险的判断是一种对行为外在观察和统计分析的综合考量，反映的是犯罪人既往行为史对统计意义的社会利益的威胁程度。[②]

其次，受风险内涵的差异所决定，两种风险的形成机制和判断原理也显著不同。由于可矫性判断是一种异常人格及其心理恶性程度的判别，因此，就风险因素形成机制而言，需要根据认知科学和心理学上相关人格形成原理来确定需要量化的风险因素及其标准，风险判断过程也应是一种以犯罪心理学为核心的人格生成发展机制的应用判断。截然不同的是，社会危险性判断是一种罪犯外在表现的社会风险判断，这种判断决定了风险因素的形成机制是社会学意义上犯罪统计和风险精算论所得出的各种偏差行为表现对社会的威胁程度的抽象和归纳，风险判断过程主要是一种从外在于犯罪人的社会统计视角出发的社会学应用判断[③]，与行为人的内在人格形成和心理发展过程无关。

最后，受风险形成判断原理的决定，两种风险因素的择取范围存在明显差别。一方面，在人身可矫性判断中，由于其内容主要是受社会不良因素的异常人格和心理恶性的判断，因此，那些对犯罪人格形成起关键作用的风险因素就变得至关重要。从实证学派及其流行的认知科学分支研究而言，在矫正前，这些风险因素就主要体现在导致犯罪行为发生的罪因条件之中，一部分是作为犯罪人环境组成部分的社会决定因素，即在犯罪人的家庭、社会关系、经济、就业等社会境况中导致犯罪心理形成并转化为行为的那些决定因素；另一部分是犯罪人受不良社会因素影响的个体生理心理促成因素，即犯罪人的家族犯罪史、精神状况、生活习惯、个性、偏执度等具有表征与犯罪相适应的内在心理状况的决定因素。[④] 另外，矫正中也需要对矫正型风险进行动态评估，以灵活调整相适应的矫正手段。此时，决定矫正型风险因素的就

① 参见张新民主编：《社区矫正风险评估研究》，南京大学出版社，2009 年版，第 32 - 33 页。

② 参见周愫娴：《以风险评估为基础至新刑罚学：新远道与旧乡愁》，载《月旦法学教室》2013 年第 124 期。

③ 参见许华孚：《傅科对于当代犯罪控制的启发》，载《犯罪与刑事司法研究》2004 年第 3 期。

④ 参见冯卫国、王超：《中外社区矫正风险评估因素结构差异研究》，载《法学杂志》2014 年第 7 期。

是那些体现犯罪人格变化的行为心理表征，比如心理适应性调整和精神状态变化等，需要进行动态评估。[①] 另一方面，社会危险性判断中，作为判断内容的社会危害可能性特征表明，那些表征犯罪对社会可能危害的性质和概率的决定因素是风险判断的核心。从外部社会观察角度而言，对社会再犯的危害性质和可能性因素主要取决于评估前犯罪或越轨行为的严重程度和频次，需与社会统计结果的契合性为参照。[②] 其中，犯罪或越轨行为的严重程度表征了社会危险性质的程度，而犯罪或越轨行为的频次则表征了社会危害的可能性大小。

综言之，两种风险评估在性质上体现为内在犯罪人格和外在社会危险判断，决定了形成逻辑上的认知科学和心理学形成机制与风险社会学和社会统计学形成机制的差别，这进一步影响了风险因素的范围，形成了强调人身属性的社会—心理判断及心理变化因子与强调行为属性的犯罪及越轨行为史因子的不同。

（三）二元风险评估机制的必要性

由上分析可见，理论界强调矫治型风险评估和实践中强调的防控型风险评估由于功能目标的差异而无法逻辑整合，只能各自独立判断。而既然矫治型风险评估和防控型风险评估是各自独立分析的，能否为避免社区矫正的复杂性就在两种风险评估中仅择其一，形成单一的风险评估机制？当下理论研究采取的正是偏重矫治风险评估的一元论，而实践则是偏重防控型风险评估的另一种一元观点。这样的观点是否就具有了合理性？对这些问题的回答牵扯到两种风险评估的必要性，这就必须回到其各自功能目标对社区矫正的必要性探讨。因为，风险评估的必要性依赖于其对应的功能目标的必要性，如果两种风险评估所对应的规范矫治和监督防控对社区矫正来说都是必须要满足的机能时，则两种风险评估就具有必要存在的价值而不能舍弃。

社区矫正作为行刑制度所要实现的刑罚目的主要是对犯罪人风险进行预防，即刑罚目的理论中所强调的再犯预防目的。受这一目的所决定，社区矫正的机能就必须围绕着再犯预防进行展开。以此为标准审视，两种风险评估的目标功能规范矫治和监督防控分别从内在矫正和外在防控两个方面分

---

① 参见翟中东：《国际视域下的重新犯罪防治政策》，北京大学出版社，2010 年版，第133－134 页。

② See, Davies Garth, Dedel Kelly. Violence Risk Screening in Community Corrections. Criminology and Public Policy, 2006(5), pp. 746－747.

别起到了预防再犯的作用，从机能必要性而言都具有存在意义。一方面，规范矫治功能如前所述通过内在对犯罪人的教育改造矫正，消除其人格体现的危险性，从而避免了犯罪人的再犯风险；另一方面，监督防控功能则通过外在的监督防控措施使犯罪人与社会适度的隔离，剥夺其再犯能力，从而消除了犯罪人的再犯可能性。进言之，内在规范矫治功能与外在监督防控功能互相构成必要的补充关系，忽视任何一种功能都将威胁社区矫正特殊预防目标的实现。一方面，如果忽视监督防控功能，仅靠规范矫治的机能，就不能保证对当下犯罪人的再犯危险进行有效的预防。因为如前所述，规范矫治功能的实现需要一定的矫正过程，因此，其预防的再犯风险主要是未来的和长期的，对当下矫正过程中的再犯风险只能是渐进消除，此时，就需要通过暂时的监督控制手段从外部隔离犯罪人尚存的社会侵害危险，即通过监督防控功能保证再犯预防。同样另一方面，如果忽视规范矫治，仅靠隔离防范，也不能保证对犯罪人再犯进行有效的预防。监督防控功能所依靠的监督控制方案对社区矫正来说是暂时的、有限的，行刑结束后，再犯危险的长远和根本预防最终需要依靠教育矫治来实现犯罪人人身危险性的消除，即依靠对犯罪人的规范矫治功能。诚然，社区矫正中的特殊预防观强调刑罚的轻缓化和非刑罚化方向，因此以教育矫正功能为重，但剥夺再犯能力或隔离的思想及其指导下的监督防控功能观始终在再犯预防之中占据了不可或缺的一席之地，与教育矫正一起分别代表刑罚严和宽的两面。①

规范矫治和监督防控两种功能的必要性，意味着实现这两种功能的风险评估手段都是不可或缺的，矫治型风险评估和防控型风险评估都是社区矫正过程中保证其功能完整性的必要风险评估的内容，当两者在逻辑上不能一致的情形下，应保持风险评估的二元机制，分别评估人身可矫性和社会危险性，并针对性地实施教育矫治和监督防控措施。

第三节　风险评估二元机制的启示

风险评估二元构造意味需按照功能二元性要求区分矫治型和防控型两种评估，以此决定矫正的准入和结束标准以及矫正措施的配套实施标准，实现矫正的科学性。从这种二元观出发，审视我国社区矫正的法律规定和实践

① 参见刘军：《该当与危险：新型刑罚目的对量刑的影响》，载《中国法学》2014 年第 2 期。

特点，可为未来的风险评估机制的设置提供许多有益的启示。

一、设置矫前二元风险评估机制

（一）矫前二元风险评估机制的必要性

按照《刑法》的规定，宣告缓刑与决定假释的前提条件都有悔罪表现、没有再犯罪的危险和对所居住社区没有重大不良影响。[①] 虽然，相关法律和司法解释并没有明确规定对这些条件的判断需要进行风险评估，但已明确可以进行带有风险判断性质的综合调查评估。[②] 但是，由于对这些调查评估的内容和方式都没有详细的规定，实践中评估做法和标准皆不统一，甚至出现了当时悔罪或表现良好却矫正中屡屡再犯的极端情形，表明矫前调查评估仍然具有一定的不确定性和主观性，影响了社区矫正的具体判断和矫正功能的实现。[③] 这一方面是由缺乏明确的量化矫正评估机制所造成的，另一方面更进一步也体现了对作为社区矫正前提条件的风险性质的认识和判断问题尚存不足。

理论上，社区矫正只能施行于风险较低的犯罪人，也就是在风险二元性意义上不仅具有良好的人身可矫性，也有较低的社会危险性的犯罪人。而这种人身可矫性和社会危险性的判断如前所述可以分别通过矫治型风险评估和防控型风险评估来具体得出。前述我国《刑法》规定的悔罪表现和没有再犯罪的危险等要求也分别体现出了这种风险二元评估的意义。其中，“悔罪表现”判断作为犯罪人格扭曲程度较低和可矫性较好的一种判断因素，体现出了矫治型风险评估的性质；而“没有再犯罪的危险”[④]和“对所居住社区没有

---

① 《刑法》第八十一条对假释的条件之一表述为“考虑其假释后对所居住社区的影响”，实质上与缓刑“对所居住社区没有重大不良影响”同样都强调的是基于社会安全考量的对社区的实际风险因素。

② 参见两高两部《社区矫正实施办法》第四条，最高人民法院《关于办理减刑、假释案件具体应用法律若干问题的规定》第十五条。

③ 参见翟中东：《缓刑适用中的再犯罪危险评估问题》，载《河南警察学院学报》2012 年第 2 期。

④ 实际上刑法对“没有再犯罪的危险”存在用语严谨性的商榷之处。社区矫正作为行刑方式理论上以具有较轻危险的犯罪人为对象。如果犯罪人实际没有任何再犯罪的危险，说明其一方面在犯罪人格方面已经基本消除而没有矫正必要，另一方面对社会无危害可能性也无监督控制必要，则连矫正的必要性都难以谈起。因此，“没有再犯罪的危险”应是从暂时、相对性的无危险意义上理解为再犯危险较低。本书对社区矫正风险评估标准仍从危险较低的意义上进行分析。

重大不良影响”的判断则可以作为对社会危险性低的判断性质，体现出了防控型风险评估的特征。但是，“悔罪表现”和“没有再犯罪的危险”“对所居住社区没有重大不良影响”分别仅仅是矫治型风险评估和防控型风险评估的部分因素，还远远不能反映二者所表征的人身可矫性和社会危险性的全貌①，更毋论也未能明确区分人身可矫性和社会危险性作为不同类型的风险因素的差别，因此，难以为实行社区矫正的缓刑、假释等制度提供明确、科学的入矫标准。

（二）矫前二元风险评估机制的建立

未来应建立起符合前述风险评估原理的二元性矫前风险评估标准，统一从人身可矫性和社会危险性两个方面实行入矫前的量化风险判断，为决定是否实行社区矫正提供科学、客观的标准。

首先，这种标准应该是诸种实行社区矫正的处刑制度包括管制、缓刑和假释等所共同的决定标准②，即这种标准应在各种社区矫正的处刑制度决定程度或级别标准上保持抽象一致。即不管是管制、缓刑还是假释等，其所要达到的人身可矫性程度和社会危险性量化程度应保持共同的程度要求，才能保证入矫的一致性和公平性。当然，在具体的风险评估因素中，根据其各自处刑阶段特点，可以加入符合其处刑特定特征的专门因素，但其量定标准却仍需一致。如缓刑处于宣告刑阶段，犯罪行为及其严重程度就是重要的社会危险性表征因素；而假释处于刑罚执行过程中，可将服刑中的相关行为表现作为人身可矫性的指标。但无论管制、缓刑还是假释，其仍然要达到人身可矫难度低和社会危险性较小的一致标准。

其次，这种矫前评估标准应与矫正中评估标准保持逻辑统一性，能够在体系上实现良好衔接。社区矫正风险评估并非仅为矫正中采取正确处遇措施服务，其还可以在决定是否进入社区矫正时提供相应的判断依据。③ 因为，

---

① 即便在缓刑中还规定了作为表征犯罪行为严重程度的“拘役、三年以下有期徒刑”条件和表征人身可矫性的特定主体条件、在假释中也规定了表征可矫性的“认真遵守监规、接受教育改造”的条件，但相对于系统性的综合多重风险指标的评估体系来说，其仍无法体系性地全面表征前述两种风险的各自程度。

② 暂予监外执行是一种仅规定于刑诉法的为满足特殊行刑实践需要的社区矫正制度，与其他社区矫正相比条件和程序都相对特殊，非标准意义的社区矫正，因此，这里和以下出矫评估部分都不涉及这一制度。

③ 参见梅义征：《社区矫正制度的移植、嵌入与重构》，中国民主法制出版社，2015 年版，第 95－98 页。

决定是否进入社区矫正的条件仍然是基于风险的考量，矫前评估仍然可以同矫正中评估采用相同逻辑的风险判断指标，保证评估逻辑相衔接和标准相一致，以此保证矫正的连续性和科学性，矫正效果也可以在标准一致的情形下，通过矫正前风险和矫正后风险的具体比较而体现出来。①

最后，这种评估标准应该坚持二元性风险评估，从人身可矫性和社会危险性两个方面分别评估风险因素，只有达到人身可矫难度较低和社会危险性较低兼具的标准才能适用社区矫正行刑。确定评估因素时，按照法定条件的风险属性，其中，体现犯罪人格和心理状况的犯因史和矫正程度因素，如法定的"悔罪表现"、"认真遵守监规、接受教育改造"等，作为人格表征状况的体现列入可矫性判断因素之中，而表征社会威胁性质和程度的犯罪史和越轨行为史因素，如犯罪行为被判处"拘役、三年以下有期徒刑"、累犯、暴力性犯罪等，均作为社会危险程度的体现列入社会危险性的判断因素之中。

二、矫正中按功能需求进行二元风险评估

（一）矫正中二元风险评估机制的必要性

当下，风险评估实践机制的重要问题在于其定位模糊的一元论逻辑：即只通过一套风险评估机制得出的一种犯罪人风险判断结论来决定具有矫治和隔离的不同功能的处遇措施——即教育矫治和安全防范措施，由此，难以保障对社区矫正功能的全面满足而影响社区矫正的有效性。社区矫正的教育矫治和监督防控的复合功能及其逻辑表明，教育矫治和安全防范两种主要处遇措施分别对应着矫治型和防控型不同风险评估机制：矫治型风险评估是为了满足确定合理的教育矫治措施的需求，因此，其注重的是对犯罪人格风险的判断，通过这种风险表征的人格可矫性程度，就可通过合理教育矫治措施改造犯罪人的危险人格、消除其再犯的内在心理基础而实现教育矫正功能；而防控型风险评估是为确定适当的防范控制措施提供依据，因此，其注重的是对犯罪人外在危险性的判断，通过这种危险性性质和程度的判断，就可通过适当安全措施控制犯罪人的社会危害可能性，实现监督防控功能。因此，按照矫正功能需要和矫正措施评估需要，就应区分两种不同的风险评估，形成二元的风险评估机制。

---

① [美]埃德温·萨瑟兰等：《犯罪学原理》，吴宗宪等译，中国人民公安大学出版社，2009年版，第470－476页。

（二）矫正中二元风险评估机制的体系

在二元风险评估机制中，矫治型和防控型风险评估各自具有需要独立判断的评估依据，这就意味着从风险因子择取标准、风险判断逻辑和配套人员及处遇手段都需按照教育矫治和监督防控的不同需求分别设计，形成两套满足各自教育矫治和安全防范处遇措施需要的并列评估体系。

首先，应按照表征人身可矫性标准和社会危险性标准分别择取典型风险因子，保障风险因素应分别体现可矫正性程度和社会危险程度的判断。一方面，就矫正型风险评估而言，如前所述，影响人身可矫性判断的因子主要是那些从认知科学和行为心理学角度对犯罪人格和心理起决定作用的判断因素。在矫正过程中，这些判断因素主要由可追溯至犯罪时的犯罪人格决定因素和矫正中受到矫正措施影响而导致矫正人格变化的决定因素所组成：前者是犯罪前的导致犯罪人格形成的外部社会环境和内部心理预设促成的所谓“犯因史”因素，包括家庭环境、成长背景、人际关系、经济和社会地位等相关社会因素和性格、价值观、行为倾向等心理因素；后者包括通过犯罪人对先前矫正手段的接受度、响应度等表征矫正中人格和心理变化的因素，即所谓的“矫正响应”因素。[①] 另一方面，就防控型风险评估而言，影响社会危险程度判断的因子主要是从社会统计和行为外在表现意义上表征对社会安全威胁性的因素，这些因素主要是通过犯罪人行为体现的犯罪及偏差行为史或越轨史因素。其中，犯罪及偏差行为史是指行为人在评估前的犯罪记录，也可囊括各种偏差行为的历史记录，作为对未来犯罪人犯罪的预估指标；越轨史是指在矫正前或矫正中行为人对规则的遵守程度，是用来表征行为人未来行为规范性的指标。当然，这种犯罪史或越轨史是指评估前的表现，而不限于进入矫正前的表现，因为矫正中的评估仍然需要考量在矫正过程中的犯罪或越轨行为。[②] 比较之下，人身可矫性判断的风险因素是对人格起决定作用的社会性的和心理性的因素，包括犯因史因素或矫正响应因素；而社会危险性判断的风险因素则是表征再犯危害性质和程度的犯罪史和越轨史因素，二者分别侧重的是相区别的人的因素意义和行为的因素意义。

---

① See, Andrews D. A., James Bonta, Hoge R. D.. Classification for Effective Rehabilitation: Rediscovering Psychology. Criminal Justice and Behavior, 1990(1), pp. 30 - 31.

② See, Andrews D. A., Craig Dowden. The Risk-Need-Responsivity Model of Assessment and Human Service in Prevention and Corrections: Crime-Prevention Jurisprudence. Canadian Journal of Criminology and Criminal Justice, 2007(4), pp. 84 - 86.

其次,与这种风险因子的择取相一致,风险的具体判断也按评估类型的不同采取不同的评价逻辑。风险评估是定性评估和定量评估的结合,作为定量分析基础的风险因子的择取只能考虑到较为典型的风险因素,因而可能评估并不全面,因此,仍需以定性评估作为定量分析的有效补充。[①] 而风险评估的逻辑原则是定性风险判断的基础,定性风险的精确依赖于风险评估逻辑原则的准确,这就要求在两种风险评估中必须对风险评估逻辑加以区分。第一,就判断逻辑的理论基础而言,矫治型风险评估从确定犯罪人格和心理的性质出发,应以认知科学和行为心理学对人格和心理形成的理论为依据;而防控型风险评估从确定社会危险程度出发,应以社会风险理论和统计学"大数法则"的分析原理为依据。[②] 第二,受理论基础差别所决定,矫治型风险评估的判断核心是犯罪人格和心理所体现出的人身可矫性程度;而防控型风险评估的判断核心是社会危险性程度所表征的再犯对社会的可能危害程度。第三,根据这种判断核心的差别,矫治型风险评估应作出的判断结果是针对犯罪人可矫性的特征采取何种相适应的教育矫治措施,主要从行为和心理矫正角度就适当矫正手段提出评估意见。而防控型风险评估应作出的判断结果是针对犯罪人的再犯危险程度采取何种相适应的隔离防控措施,主要从外部安全防范措施的角度就监督控制措施提供评估意见。

最后,二元评估机制也意味着评估人员专业化和处遇手段多样化配套的需求也应分别视之。一方面,评估人员的专业化对风险评估的准确性至关重要。出于风险评估的不同性质,对评估人员的专业要求也有所差别。矫治型风险评估是基于认知科学和心理学理论而进行的犯罪人格和心理的判断,因此,评估的专业人员应具备心理学的相关专业素养,才能保证按照人格矫治的逻辑进行准确评估。[③] 而防控型风险评估是基于社会学和风险统计原理而进行的犯罪人危险性的判断,因此,评估的专业人员应具备犯罪社会学的相关专业素养,才能对社会危险性作出准确判断。二元评估机制要求评估人员分别向心理学和社会学的方向按评估需求进行专业化,有条件时应配备具有

---

① 参见阎耀军:《社会预测学基本原理》,社会科学文献出版社,2005 年版,第 24 - 26 页。

② See, F. Bérard, M. Vacheret Full, G. Lemire Honorary. Risk Management in the Correctional System of Canada: A Problematic Model. The Howard Journal of Criminal Justice, 2013(52), pp. 254 - 256.

③ 参见金碧华:《社区矫正风险评估机制的分析与思考》,载《南通大学学报(社会科学版)》2009 年第2 期。

心理学和社会学专业背景的不同评估人员。另一方面，分别对应不同的风险评估性质，应确保矫正手段的多样化。二元评估的体系下，处遇措施应区分对应矫治评估的教育矫正手段和对应监督防控的监督防范手段，并保证这两种手段在各自评估体系内对应不同的风险等级采取适应性的多元处遇措施。目前，我国地方实践在矫治型风险评估对应的教育矫正手段适用方面已经相当丰富，许多地方已经形成生理治疗、心理矫治和教育学习相组合的成套措施，只是体系性和评估等级对应性还需完善。但在监督防控手段方面还相对比较单一，大多施行的还是开放式处遇的制度，监督控制手段相对仅按照《社区矫正实施办法》的要求采取定期或特殊报告和不定时检查制度，相对很难控制脱管问题，安全监管只能依靠资源投入和人海战术。而域外成熟社区早已认识到开放式矫正在监督防控时的单一性漏洞，从制度上形成了从严密监控的居家矫正到半开放式的中途之家的各种监督密度的监控手段，形成了可以同各种级别的防控型风险结果相适应的多元化监控机制[①]，值得借鉴。

三、新设出矫二元风险评估机制和对应处分

（一）出矫二元风险评估机制的必要性

由于我国《刑法》规定实行社区矫正的管制、缓刑和假释制度在执行前都已确定期限，因此，法律对出矫评估较少具体的规定。但是，犯罪人经过社区矫正后，是否已经消除犯罪人格和对社会没有再犯的危险却仍然需要评估判断才能得到答案。因此，不能排除社区矫正到期后，解矫人员仍然具有犯罪人格和社会危险的可能性，因此，仍有需要进一步地评估并采取刑后的矫正和防范措施的必要性。域外许多国家正是认识到固定期刑在教育改造方面的僵化性，因此，设置了刑后进一步矫正和防控的补充性保安处分制度，作为特殊预防功能的进一步延伸。[②] 我国虽对犯罪人服刑后设置有安置帮教制度，但是，这种制度是作为帮助服刑人员平稳复归社会的福利性救助举措，并不具备强制教育和隔离监督的内涵[③]，因此，虽然可以从减少服刑人员被社会排斥程度意义上减少再犯可能，但对行刑后仍有一定矫正和防控必要的危险解除矫正人员无法起到有效的再犯预防作用。因此，出于风险预防功能的完

① 参见姜楠：《美国矫正制度中的中间制裁制度》，载《中国司法》2015 年第 3 期。

② 参见苗有水：《保安处分与中国刑法发展》，中国方正出版社，2001 年版，第 32－34 页。

③ 参见王华菊、才凤伟：《诊断、干涉和重塑：安置帮教工作的运行逻辑》，载《中国人民公安大学学报》2015 年第 4 期。

整性，未来仍有必要设置补充性保安处分制度：对犯罪人社区矫正结束时进行出矫风险评估，并按照评估结果对仍有需矫正或防控风险的犯罪人进一步实施矫正或防控措施。[①]

（二）出矫二元风险评估机制的内容

一方面，这种出矫风险评估作为社区矫正的成果检验，其功能目标和属性应与矫前评估及矫正中评估相一致，因此，仍应采用矫治型和防控型风险评估的二元评估机制。也即出矫风险评估作为对处遇成效的检验，仍应从社区矫正教育矫治和监督防控功能目标来分别进行：通过矫治型风险评估来判断教育矫治功能的实现程度，通过防控型风险评估来判断监督防控功能的满足情况。另一方面，出矫风险评估作为刑后特殊预防必要性和延伸性的判断依据，也应按照教育和防控的两面需求来具体实施评估：从矫治方面对仍然具有需矫犯罪人格的解矫人员进一步采取补充的教育矫治措施，而从防控方面仍然具备社会危险性的解矫人员应实施补充性的监督管控措施。当然在现行法律之下，补充性的具备保安处分的矫治和监管措施仍有待未来作出补充规定。而这一规定的必要性如前所述，也可以从出矫风险二元评估的必要性角度得出。

作为保障社区矫正规范性和效益性的重要机制，对于风险评估自身的功能目标和认知属性首先需要进行原理分析和逻辑释明，才能保证风险评估体系得以科学确立。而认识到风险评估两种风险管控机制相结合的二元逻辑，是兼顾社区矫正的教育改造和安全保护需求、保障处遇措施全面有效的理论前提。域外较为成功的风险评估机制如 WRSI 或 LSI-R 都是基于科学区分矫治型和防控型风险评估的 RNR 模式，方能得以兼顾教育矫治和监督防控两种功能，取得良好的矫正效果。[②] 而我国当下社区矫正实践中热衷于对域外风险评估机制进行“拿来主义”式借鉴，却又常常因为对其背后的基本原理缺乏认知而以一元主义的逻辑僵化适用，最终导致借鉴而来的机制往往难生成效而成为形式主义的纸上规范，实际处遇仍然未能摆脱缘心而定的主观任

① 保安处分制度的借鉴与设计是复杂的理论和实践问题，也并非本书的主题，因此，这里只是作为基于风险评估机制延伸自然得出的制度需求性结论，不作深入探讨。

② RNR Model，即风险-需求响应模式，是最主要风险评估模式。这种模式以矫治和防控区分两大类风险评估，如前所述，其中 Risk 即风险类评估对应防控型风险评估和安全风险判断，Need 即需求类评估对应矫治型风险评估和矫正难度判断，是风险评估二元机制的典型应用体现。参见 Andrews D. A.，James Bonta，Hoge R. D.. Classification for Effective Rehabilitation：Rediscovering Psychology. Criminal Justice and Behavior，1990(1)，pp. 121 - 123.

意。未来以风险评估二元性原理为基础,需结合我国对教育矫正和监督防控两种功能的实际需要,才有可能在借鉴国外成熟机制的基础上,分析表征我国犯罪人格特点和社会风险状况的风险因子,形成适应我国社区矫正实践的科学风险评估机制。

风险评估作为整个风险管控机制的基础和起点,其属性机制的确定对风险管控能否实现至关重要。而基于风险管控的社区矫正监督管控与规范矫治机能都以风险的精确评估作为前提。基于矫治和监控两种机能的理论来源和保护目的差异,导致其各自的风险评估在评估出发点、风险性质和评估目的等基础问题上呈现出差别性的面向,这决定了精确风险评估的双重属性。进一步受这种双重属性所决定,风险评估应具备二元机制。一方面,监督管控机能决定下的风险评估应成为防控型风险评估。这种评估出发点是集体主义视野下的社会风险标定需求。风险评估的任务就是用不同的风险级差标定过滤出不同风险性的犯罪倾向者,加以监督控制。监督管控所要控制的风险是矫正时的当下社会侵害风险,这种风险标准应基于“实施大多数犯罪的少数人”的社会学精算统计,风险的可矫性在所不论。另一方面,规范矫正机能决定下的风险评估应为矫治型风险评估。这种评估出发点是个体视角下的人格可矫性判断。其所要依据的风险是未来的个体再犯风险,这种风险需依靠行为认知规律和犯罪心理学机理确定。总之,需评估的风险实际上具备社会学宏观属性和行为认知心理学微观属性的双重意义。规范矫治和监督防控两种功能的必要性意味着实现这两种功能的风险评估都是不可或缺的,矫治型风险评估和防控型风险评估都是社区矫正过程中保证其功能完整性的必要风险评估的内容;当两者在逻辑上不能一致的情形下,应保持风险评估的二元机制,分别评估人身可矫性和社会危险性,并针对性地实施教育矫治和监督防控措施。将这种二元风险评估对照我国社区矫正风险评估实践,应进一步设置完善的矫前风险二元评估机制、矫正中风险二元评估机制和出矫风险二元评估机制,并配套相应的处分举措,以保证评估的科学性及其基础上的管控有效性。

第七章

风险管控视野下中间刑制度的借鉴

风险管控视野下社区矫正的多元风险控制需要决定了社区矫正的多元机能，更进一步决定了社区矫正处遇措施的多元属性：监督管控、规范矫治和正义修复分别强调社区矫正措施的隔离性、矫正性和惩罚性；且由于不同的处遇对象及同一处遇对象的不同阶段其风险表征都有所差别，因此，对多元机能的需求组合也动态变化，在此影响下强调不同属性的社区矫正措施也需实现多样化和动态化，社区矫正必须通过丰富多样的举措类型来满足变动中的多种机能需求。基于这一原理，社区矫正发达的国家在长期实践中形成了能满足不同机能需求且可动态调整的、有效而节约资源的多元中间刑制度[①]，较为完善地满足对不同风险层次矫正对象实施不同机能的多元化措施的需求，非常值得我国借鉴。特别是我国社区矫正目前进入实践深化阶段，缺乏相应的类型化机制建构，导致了本应有体系化多元需求对策的社区矫正实践却采取接近全开放行刑的制度宽松模式，导致了监管教育等多元实践需求的行刑困难：一方面是矫正人员工作强度和压力大、资源紧张、兼顾多元功能时捉襟见肘；另一方面却是制度供给上相对空白、未能提供行之有效的针对性机制。虽然，目前我国社区矫正实践中已经有中间刑制度的零星试点做法，如电子腕带、阳光之家等，但距离体系性、系统性且规范化的多元中间

---

① 参见吴宗宪：《社区矫正比较研究（下）》，中国人民大学出版社，2011 年版，第 430 - 431 页。

刑机制还距离尚远，因此，有必要在对中间刑的考察分析中借鉴形成我国中间刑制度的具体应用机制。

第一节　基于风险管控的矫正方式多元化需求

一、风险管控视野下的多元需求催生中间刑制度

中间刑(Intermediate Sanctions)，又称为中间制裁，它是指介于传统的社区矫正和监禁刑之间的制裁形式，其惩罚的严厉性强于传统的社区矫正，而轻于监禁刑。由于这类制裁形式主要是为了解决监禁刑和传统的社区矫正在矫正过程中存在的不合理问题而发展起来的，因而往往被看成是监禁刑或者传统社区矫正的替代形式。[①] 中间刑的主要特征为：第一，居中性。这种居中性不仅表现在存在形式上，居于传统的社区矫正(特别是缓刑与假释)和监禁刑之间，也表现在惩罚的严厉程度上，中间刑惩罚的严厉程度要强于传统的社区矫正，但要比监禁刑轻微。[②] 第二，替代性。中间刑往往被看成是监禁刑或者传统社区矫正的替代形式。这里所说的替代性不仅仅是指它们是传统监禁刑的替代措施，即犯罪人不需要被监禁在监禁机构内；更有意义的则是传统社区矫正的替代措施，使得犯罪人不一定是全开放式社区矫正，而是有各种可替代的中间社区矫正形式。第三，多样性。中间刑的形式从全开放到半开放形成了诸如中途之家、日居中心、训练营等多样化的各种样式，一反传统社区矫正的全开放状态，提供对各种犯罪人的风险需求的对应式管控。

中间刑对社区矫正风险管控的需求满足而言意义重大。一方面，在处遇制度设置上提供了社区矫正领域内适应不同机能需求的多种中间刑方案。即在完全剥夺人身自由的监禁刑与相对彻底开放式处遇的定期报到制之间，分布了各有侧重的各种中间处遇措施：既有倾向于隔离性和满足监督管控需要的居家处遇、中途之家和电子监控；也有倾向于矫正性和满足教育矫治的社会服务和日间报告所；还有倾向于惩罚性和满足正义修复的改造营和被

① See，Leanne Fiftal Alarid. Community based Corrections. Boston：Wadsworth Publishing，2014，p. 122.

② See，Dean John Champion. Probation，Parole and Community Corrections in the United States，5th ed.. Upper Saddle River，NJ：Pearson/Prentice Hall，2005，p. 67.

害人定向服务等。[①] 另一方面，通过与定期评估制度相结合，动态根据犯罪人的风险状况和社会需求，及时灵活地实现不同中间刑方案的无缝运行衔接，可以达成矫正效益的最大化。如犯罪人在社区矫正过程中社会风险大幅降低、基于风险监管的机能需求下降而基于内在矫治的机能增加，则可以从侧重于风险监管的措施例如居家处遇改为具备更大人身自由程度、可使用更多矫治措施的社会服务和定期报到制。

二、我国理论和实践缺失需要多元中间刑制度

（一）理论需求：弥补教育一元论缺失

我国《社区矫正实施办法》仅规定了社区内执行，实践中也不论风险境况或机能需求，而主要采取定期报到制和社区服务制的相对强调矫正性的开放式处遇制度，这与理论上过于强调教育矫正的一元机能有关系。监督管控的机能及其决定的隔离或管控型需求仅作为社区矫正行政管理工作加以强调，但缺乏必要的脱管制约机制和监督隔离方案，脱管情况时有发生。更为被忽视的是基于正义修复或被害人保护的需求，经常无具体实施方案。教育矫正机能一元论使得制度或机构设置层面较多采用仅关注教育矫正的单向制度，而脱管、再犯和社会修复缺乏专门性制度设计方案，仅靠工作自觉和少量试点，从而效果无法保证。所以，满足多元机能而提供多样式和灵活性机制方案的中间刑模式值得借鉴。随着监督管控和正义修复等多元机能得到更多关注，应在我国设置较为正式的中间刑制度作为社区矫正的重点处遇机制，一方面，明确设置侧重于满足各自机能需要的中间刑方案，通过规则明确中间刑基于机能的适用标准和适用程序，配备中间刑的制度设置。而基于当下应对监督管控和正义修复机能的重点强调，注重隔离性和修复性的中间刑制度如电子监控、被害人定向服务等应优先加以引进借鉴。另一方面，明确与定期风险评估和社会需求满足相结合的动态中间刑实施制度，根据定期的风险评估结果所体现的机能重点，动态确定实施相适用的中间刑方案。

（二）实践完善：保障风险管控的科学化

我国社区矫正机能研究长期忽视管理监控这一机能，从而与实践需求相对脱节。地方社区矫正工作更加重视安全管理工作，但却无法上升到风险社会和风险管控这一理论层面来思考和分析安全防范问题，理论上长期在风险

---

① 参见姜楠：《美国矫正制度中的中间制裁制度》，载《中国司法》2015年第3期。

管控的对应机能和制度设计层面上研究匮乏，也无法提供相应对策思路。这就造成实践中管理监控的责任重大却手段单一：相对于西方基于社会风险采取的监督管控多元中间刑灵活手段，如针对不同风险主体采取宽紧有别的居家处遇、训练营，我国实践仍主要是“盯人防守”的包户分摊责任制，造成地方社区矫正工作人员压力巨大，尽管时时动员，但脱管、违规仍时有发生。而地方社区矫正工作进一步的解决思路仍集中于加大投入、增派人员或者工作人员警备化等传统行政管理或治安思路，在人财物资源有限的情况下效果并不明显，而且资源使用效率较低。这就凸显了对社区矫正基于风险管控机能引入中间刑的重要意义。从社会实际风险研究入手，经过大量的实证调研，在前述运用大数据法则确立一套科学的、适合我国的犯罪人社会风险评估和分类管控体系的基础上，研究采取与不同风险等级相对应的灵活多元中间刑方式。

（三）价值考量：同时满足轻缓和安全的目标

当下我国社区矫正引入中间刑也符合刑罚价值意义上具体需要。一方面，中间刑体现了轻缓化、非刑罚化的刑罚改革趋势。我国传统的重刑主义、刑罚万能的思想已不能适应现代文明社会发展的要求，违背了基本的刑罚价值理念。在刑罚轻缓化、非刑罚化的国际大背景下，我国限制死刑、短期自由刑、加大非监禁刑的比重等呼声越来越高。中间刑作为传统的社区矫正和监禁刑之间的制裁形式，也正是刑罚轻缓化、非刑罚化的体现。将中间刑引入我国的社区矫正，可以减少监禁刑的适用，适应非刑罚化的刑法改革方向，使我国的刑罚结构趋向合理和完善，对我国刑事司法有重要的意义。

另一方面，中间刑体现了刑罚安全价值的重要性。在社区矫正中引进中间刑，将犯罪人从监狱之中转移出来，在社区内进行教育改造，犯罪人在接受教育改造的同时也并未脱离原来的正常社会生活，服刑人员重新融入社会同时保障其安全。在自己居住社区内进行矫治，能有效减少在监禁机构中的交叉感染，也可以弥补因其犯罪行为而对社区造成的伤害，使社区关系重归于好，保障社会安全。同时，中间刑可以根据犯罪人的社会危险性大小等，对犯罪人开展有针对性的矫治措施，相较于传统的社区矫正执行方式，中间刑更严密，更能够达到监控犯罪人的目的，增强社区矫正的安全性。除此以外，将危险性大于一般社区服刑人员而又小于监禁刑服刑人员的犯罪人转移出监狱，放置于中间刑中，既给予了严厉的惩罚，又避免了在监狱中的风险传染，减轻监狱的负担同时减少安全担忧，避免了司法资源因安全疑虑的浪费。

第二节　以风控程度为坐标的中间刑谱系分析

一、中间刑的产生与发展

中间刑制度的产生并不是一蹴而就的，作为介于监禁服刑和公开释放之间的矫治制度，从欧洲中世纪开始就逐渐萌芽。在宗教力量的介入下，修道院和牧师就为那些被监狱释放的人提供暂时的食物和住处，并对其进行帮助教育，或者在社区中负责帮助和支持刑满释放的人顺利过渡和接受辅导以回归社会，直到他们能够在社会中稳定为止。可以说，早期的中间刑制度更多是自愿的、福利性的救助制度。在19世纪20年代，人们逐步开始考虑通过建立过渡矫治场所的形式来帮助刑满释放人员回归社会，但这仍然更多具有刑后保护的特征。直到1914年，第一个正式具备中间刑性质的社区工作服刑的具体制度才得以实施，作为附条件的半自由式的服刑制度，这一做法居于监禁和彻底释放之间，为那些较轻犯罪人提供了适当的行刑处遇制度。而二战之后，随着社区矫正制度的蓬勃发展，作为社区矫正具体形式的中间制裁机制日益多元化和完善化，各种对自由限制不一和附加不同矫治条件的刑罚逐渐成型，形成了体系性的多元中间刑制度。① 甚至，中间刑制度最终脱离社区矫正行刑体系，成为独立的刑罚种类，标志着中间刑制度的发展高峰。中间刑能够实现快速和迅猛的发展，跟当时行刑的时代理念和现实需求有重要的关系。

（一）行刑时代理念需要

首先，是行刑矫治至上理念的质疑与精确风控的需要。与风险管控产生的时代背景一样，秉持矫治至上理念的行刑领域，无论是监禁刑还是社区矫正，在七十年后都面临着矫治效果的大幅衰退。② 单纯追求矫治的教育刑受到了批评和反思，社会形成了一种设计新的行刑机制应对矫治不利的新思路。在这一过程中，不是依靠无法规范化和制度化的个别矫正，而是固定特定行刑制度来相对精确地管控犯罪风险的刑罚思路逐渐出现，这一思路的必

---

① 参见［美］克莱门斯·巴特勒斯：《罪犯矫正概述》，龙学群译，群众出版社，1987年版，第57页。

② 参见刘强：《各国（地区）社区矫正法规范选编及评价》，中国人民公安大学出版社，2004年版，第411－415页。

然逻辑结果就是设计新的中间刑罚机制满足多元风险控制需要。

其次，宽严有序的行刑思想的流行。[①] 矫治至上的理念被质疑的另一个重要原因是过于个别化和随意化，缺乏有效的规范行刑机制。因此，社区矫正内部有行刑理念上进一步的规范化需求。适应这种需求而产生了行刑机制规范化的逻辑，希望能够形成不同宽严的行刑方式规范化，达成宽严有序的行刑机制。所以，以制度化的形式将行刑实践中各种临时或不确定的做法按照特定规范标准固定化形成宽严有序的状态就成为其必然要求，而中间刑制度就是对类型化的多元行刑机制的确定和规范，正体现了行刑的宽严有序。

最后，行刑多元化理念的推动。以往行刑实践往往在强调严厉的惩罚性的监禁与过于放纵的释放之间摇摆，缺乏适应各种需要的居于两极之间的多样的行刑方式，因此，有针对性的行刑多元化的需求逐渐强烈。秉持着行刑多元化的理念，实践中逐渐开始注意创制介于监禁与全开放之间的适合多样需求的各式行刑制度，并取得了良好的对应性成效。比如，服务令之于未成年受刑人、居家处遇之于女性受刑人等都体现了行刑多元化的有效成果。因此，行刑多元化理念不断推动着行刑实践的多样化及其制度化，逐渐形塑和完善了中间刑制度。

（二）行刑实践现实需求

行刑实践也存在着大量的现实原因推动着中间刑制度的发展。

首先，是监狱不堪重负，而需要其他成熟的社区行刑机制替代。从 20 世纪 70 年代起，犯人数量的剧增导致监狱数量的增加并造成监狱过度拥挤的状况，即便有的地方比如美国有的州进行了私人监狱改革或外包，也不能解决这一问题，减轻监狱的负担迫在眉睫。为了缓解这一状况，原本应该判处关进监狱的罪犯可能只能适用缓刑而留在了社区，或者本应还继续留在监狱服刑改造的罪犯被提前假释而回到了社区。社区矫正罪犯数量的增加，不仅增加了社区矫正机构的工作压力，同时，也给社区的安全保障带来了一定的威胁。因而，需要设计社区矫正中的多元制度来加强社区矫正的有效性，既能够节省原来监狱的犯罪改造成本，又可以保证社区矫正的行刑同监禁一样安全稳定。而中间刑就因为同时满足了这些需求得到了极大的迅速发展。

其次，受刑对象复归社会需要寻求帮扶和管制并行的新制度设计。许多

① 参见姜楠：《美国矫正制度中的中间制裁制度》，载《中国司法》2015 年第 3 期。

受刑人员因长期在监狱内服刑改造而与社会隔离，刑满后由于无法融入社会生活而再犯者并不少见。出于帮助刑满释放人员可靠回归社会、降低再犯罪率的实践需求，行刑机关就需要通过某种过渡性机制来达到既不放松犯罪监管又能为其复归社会进行心理和就业过渡性准备的双重目的。而具有帮扶和管制功能的中间刑正好符合了这一要求而得到强化。

再次，行刑特别是社区矫正实践效益性要求建立中间刑的制度。社区矫正的有效性需要良好的、有针对性的多元机制发挥作用，必须根据不同的风险等级采取不同级别的自由限制和改造措施，而不能个别和随机矫正。过于严厉的惩罚限制自由或过于宽松的放任式行刑都无法满足中间多层次、多元性风险情况的社区矫正对象之改造。因此，只有设计出有针对性的多元中间行刑制度，才能够保证限制受刑人人身自由的具体措施有效得力、教育改造明确适当，也才能保证社区行刑的具体效益。

二、中间刑的制度优势

在中间刑制度成型之前，行刑主要以严厉趋向的监禁刑和相对措施随意的社区矫正为主，由此造成的一个直接问题就是缺乏中间的过渡机制和刑罚选择空间，这进一步造成了行刑的单一性、僵化性和无效性，因此，通过相对完整灵活的中间刑制度体系可以相对摆脱这种两极化刑罚机制的缺陷，保障刑罚制度的整体有效性和科学性，这充分体现出了中间刑的制度优势。这一优势也是中间刑整体制度借鉴所要达到或解决问题的具体意义。

（一）作为独立刑罚模式和行刑模式的多元选择优势

中间刑在各种刑罚规范机制框架下的规定模式选择上具有很强的适应性和灵活性，无论是作为整体刑罚制度中独立的刑种还是仅在行刑领域作为规范性的行刑方式，都可以根据制度需要选择。一方面，在国外许多国家，特别是美国的许多州特定的中间刑制度如服务令、居家处遇都是立法规定的刑种，被视为是监禁刑和非监禁刑之间的过渡刑种，可以在刑罚裁量时即加以明确内容。另一方面，在有些国家或地区，具体的中间刑措施也可以作为行刑规范加以规定，从而依附于行刑，仅具有执行时的意义。因此，作为行刑的中间刑制度可以不通过量刑确认或者在量刑阶段就明确，而是作为行刑模式在实践中按需应用。因此，可见中间刑制度本身具有立法作为独立刑罚制度模式和作为规范行刑模式的灵活选择性。我国刑罚制度有自己的独特之处，目前将社区矫正作为行刑方式加以规定。而针对社区矫正的诸多问题，中间刑提出了很好的针对性解决方案，如果未来需要借鉴，既可以作为独立刑种，也可以作为社区矫正下的行刑模式，比如可以先通过行刑模式在实践中进行试点，如果经验成熟再作为独立刑种在刑事立法中加以规定，可以根据时代发展需要结合我国具体国情以及试点的实践来决定。

（二）中间刑的多重机能优势

相较于目前我国社区矫正取向偏窄，重监管而轻教育矫治和被害人保护的现状，中间刑制度则呈现其在均衡监管、教育和被害保护这三者中的多元机能优势。首先，中间刑作为社区矫正中常见的行刑模式如服务令等，本身就蕴含教育矫治的意味，而教育矫治措施亦是中间刑的重要内容。中间刑并非单纯的惩罚，而是通过监督社区服刑人员履行一定的义务、参加一定的活动，来促使其产生悔罪意识、责任意识、自尊意识，帮助其重塑社会适应性人格。其次，中间刑区分的重要标准是对自由的限制程度，通过轻重不一的限制差别可以看出，中间刑通过限制受刑人人身自由来进行监管的具体程度，体现了中间相对灵活适应性的监管机能。再次，中间刑也能相对较好地兼顾正义需求和被害人保护的精神。如定向服务令就主要是指面向受害人赔偿服务的具体服务令，从而为被害人保护设置专门的中间刑制度。中间刑可以兼顾多重行刑机能，有效地满足对行刑的复合要求。例如，作为中间刑具体机制之一的日间报告中心，要求犯罪人定期到指定地点报告自己的情况来进行监督和日常管理，同时，还提供大量的服务满足改造的需要，如戒毒治疗、职业培训、就业服务等，其活动功能具有综合性，不只是满足于监督、控制、管理机能，也重视服务与改造需求的满足。

（三）中间刑的风险管控的多样应对优势

由于中间刑的多元机能优势，导致了中间刑能够有效在不同层面的风险意义上进行管控，实现社区矫正的基本目标。一是中间刑制度通过对教育矫治机能的满足可以有效管控未来再犯风险。通过具有多种适应性的中间刑机制的展开，可以有针对性地改造不同情形的受刑人，量身打造相应的教育矫治中间刑措施，更有利于改造好犯罪人，防止其未来长远再犯风险。二是中间刑制度也主要体现在对社会风险的即时预防和管控。由于中间刑举措针对不同程度的自由进行差别性限制，因此就同时根据需求针对性地防范了受刑人的即时再犯风险，保障当下安全。三是特定中间刑专门具备被害人保护和恢复性司法的内涵，可以通过具体机制的展开如定向受害人的服务令等实现对犯罪人—加害人社会撕裂风险的预防和管控。中间刑可以根据实践需要各有消长地针对不同的风险管控需求来定制中间刑方案，因此，有风险管控不可替代的应对优势。

三、具备社区矫正性质的中间刑类型

出于对风险特征多样性的契合，中间刑制度介于监禁服刑与全开放式社会行刑之间，采用各种对自由程度限制不一的差别性制度以适应各种风险管控需要。其中，少部分对自由限制较为严重的制度如半开放监狱、封闭改造营更接近于监禁，由于同社会接触较少而在性质上难以体现社区矫正的社会化行刑性质。但是，大部分的中间刑倾向于部分限制人身自由，受刑人社会活动的时间和范围都享有很大自由，所以，这部分中间刑制度如密集监控、居家处遇、电子监控等都更多具有社会化行刑的特征，因此，可以视为是社区矫正的具体类型。按照风险管控的力度，社区矫正的中间刑类型可以从相对较严格到相对较轻依次进行区分，主要适用类型有相对较重的密集监控、居家处遇、电子监控和相对较轻的中途之家、日间报告模式，可根据不同需要灵活地在社区矫正中选择这些中间刑措施。

（一）密集监控模式

密集监控模式是社区矫正的一种严格类型，它与通常的社区矫正最大的区别就在于，在密集监控模式中，对社区矫正对象实行更加严格的监视、更加严密的监督和更加严厉的控制。[①] 密集监控模式根据社区矫正来源可以包括两种类型：密集监控式缓刑和密集监控式假释。其中，后者措施比前者要更严格，密集监控程度更高。

密集监控模式是在西方国家刑事政策趋于严厉的形势下出现的，是实行严格刑事政策的重要结果。这种缓刑、假释严管方式自 20 世纪 80 年代早期过于宽松的矫治主义在矫治较为危险的受刑人存在失效问题以来得到迅速发展，并随着缓解监禁刑压力的需要而兴旺发达，是目前应用相对较多的针对风险性较高的受刑人的中间刑模式。例如，美国几乎所有的州都有了这样的中间刑行刑方式，有的州甚至将其作为独立的刑种。[②]

密集监控模式针对缓刑和假释两种不同的社区矫正情形都可以适用，其与一般缓刑与假释相比就在于其可以通过量刑裁判（作为司法裁判授权）或

---

① 参见郭建安、郑霞泽主编：《社区矫正通论》，法律出版社，2004 年版，第 180－183 页。

② See, Gail A. Caputo. Intermediate Sanctions in Corrections. Denton, TX: University of North Texas Press, 2004, p. 37.

行刑决定(作为行刑自由裁量权)对少数风险性较高的受刑人附加强于一般手段的更加严密的监控措施或矫治措施,而且一旦发现有违反规定的行为,对其撤销缓刑、假释,重新收监后的处罚力度更大。具体而言,密集监控模式具有以下特点:第一,只针对风险性较高的少数危险受刑对象。大多数密集监控措施都适用于可量处徘徊于监禁与非监禁刑界限附近的犯罪人,因此,对社区矫正来说,这部分主体的风险性几乎位于最高等级,因此数量也最少。实践中,社区矫正的密集监控模式多用来作为监禁刑的宽缓或替代措施。第二,行刑矫正官与受刑人之间的互动交流要求更加频繁。密集监控模式下,行刑矫正官一般会强制受刑人接受比一般社区矫正更密集的当面报到和交流次数,甚至那些无须当面的交流如电话报到、文字汇报也要求比一般矫正要更加频繁密集。第三,更加密集地实施对受刑人的考察评估。就定期考察评估而言,密集监控模式往往要求更短更密集的考察时效,并要求附加较多次的不定期临时评估,按照需要随时进行评估。第四,对受刑人施加更为严格的监控措施,包括各种行动、接触的禁止令和多样化的监控、改造手段。例如,对行动范围可以给予更严格的限制,限制接触他人的范围更广,并采取循环打卡制、密集的强制服务令等,加强监控和改造效果。第五,更密集地进行成瘾性检验。对有酒精或毒品成瘾史的受刑人施加更为密集的成瘾检验,并进行密集的不定期的随时抽查。第六,增强监督监控专人力量,必要时设立专门的监控小组。密集监控的受刑人往往接受至少两人的专门监控,以保证实现对受刑人的无缝跟踪监督。更有设置社会志愿力量、受害人和社会力量参与的专门监控小组,负责专人监控帮扶的轮换式监控,达到无死角、无疏漏的全面监控。第七,违规的惩处力度更大。在密集监控模式下,受刑人违规将更容易被撤销社区内服刑,且撤销后对其监禁力度也比一般社区矫正情形更大。①

密集监控模式期限通常并不比一般的缓刑或假释更长,但其特点在于采取了与一般缓刑和假释相比较来说特别的逐段递减监控的做法:即通常将整个监控时期分成几个对应不同风险性程度的阶段,对受刑人的监控手段程度依据风险衰减的相应阶段的进展而逐渐减弱。当受刑人经过前面的阶段其风险得到显著降低达到下一阶段的要求后,对其监控的具体措施就会相应

① See, Joan Petersilia. Community Corrections: Probation, Parole and Intermediate Sanctions. Oxford: Oxford University Press, 1997, p. 56.

的降低。如果受刑人在开始的阶段就违反密集监控模式的规定，将更容易面对被撤销社区内服刑，被继续收监服刑的处罚。而在嗣后的风险减弱阶段，如果不是严重地违反密集监控的相关规定，一般不会被直接收监，而是被给予更多的反省悔过机会。密集监控模式的缓刑和假释最早作为监禁刑的替代手段在监禁人满为患时体现出重要的效益功能，从而得到大量应用。后来，更因为其成本相对监禁低廉，又更有利于受刑人复归社会，从而成为一种独立的、大量适用于风险较高受刑人的社区矫正严格手段。

（二）居家处遇模式

居家处遇，也称为“家庭拘留”“家庭缓刑”，是指在特定的时间内要求受刑人留在家中的一种中间刑模式。居家处遇相对于全开放的社区矫正处遇方式而言，属于偏向较为严格的处遇方式。居家处遇与密集监控模式一样，主要是作为监禁刑的替代方式开始在世界范围内流行。其低成本、较安全、教育效果佳、又不过于放纵受刑人的优势使其受到了大面积的应用。而电子监控技术的迅速发展为居家处遇提供了充足的技术执行手段，使得居家处遇的大面积推广使用成为可能。如在美国，自 1984 年佛罗里达州率先针对未成年受刑人使用这种措施后，其迅速在全美国推广铺开，成为一种广泛适用于各种受刑人的监禁刑替代模式。①

居家处遇属于对人身自由限制较为严重的社区矫正中间刑模式，但可以灵活分为不同的方式实施，既可以是全封闭性的 24 小时居家处遇，也可以是特定时段必须留在家中的行刑方式，比如宵禁式居家处遇（晚八点到早八点）或假期式居家处遇（非工作时间含周末假日）。其共同特征在于：第一，居家处遇主要适用于非暴力的、没有明显社会风险性的犯罪人，同样可以作为监禁刑替代措施，适用于那些介于监禁与非监禁界限的受刑人，前提是需要有固定的居所。第二，居家处遇在许多国家直接作为独立的刑种加以规定和适用，因此可以是一种独立的裁量刑，也可以在行刑中作为社区矫正方式。第三，居家处遇往往附加特定的定期评估处遇措施，行刑矫正官定期上门评估和决定其他处遇措施。第四，居家处遇是对行动自由限制最为严格的社区矫正中间刑措施，一般附加有违反禁止规定离家的收监措施。第五，居家处遇可以附加一定的时限，比如晚上必须居家或非工作时间居家等，可以针对不

---

① See, Edward J. Latessa, Harry Allen Bruce S. Ponder. Corrections in the community, 14th ed.. NYC: Pearson Publishing, 2015, pp. 311 - 321.

同的风险性程度灵活设定相应的时限限制。①

居家处遇在结合电子监控手段的情形下，已经能够较为严格的进行监督执行，带有电子镣铐的受刑人一旦离开家里违反规定，可以迅速地被锁定和抓获。因此，居家处遇的安全性和执行性都能得到很好的保障，成为隔离效果与监禁相当但成本远低于监禁、改造效果又远优于监禁的良好行刑模式，因此，已经成为发达国家经常适用的中间刑模式。

（三）电子监控模式

作为社区矫正中间刑的电子监控是指利用电子设备保证社区服刑人员按照需要服从监督矫治的一种行刑模式。作为司法矫正技术的电子监控伴随着电子设备的发展而开始出现，最初这些电子设备用于司法监控目的是在监禁精神病人领域，随后拓展到社区矫正所适用的缓刑和假释的领域，并成为社区矫正所广泛采用的行刑监控手段。② 作为一种行刑模式，1980 年代其第一次在刑事司法领域中得到运用，电子监控被作为缓刑的一种先置条件使用，以犯罪人的自愿同意接受为使用前提，并对电子监控信息作为犯罪人的隐私进行严格保密。在使用该中间刑模式时，要求犯罪人佩戴可以发射电子信号的、不能自行拆卸的腕带，以便矫正工作人员可以接收到犯罪人佩戴的装置发出的电子信号。此后，随着电子技术的快速发展和普及，这一矫正做法得到大面积的开展适用。

作为一种广泛使用的中间刑措施，电子监控即可以作为独立附加电子监控条件的中间刑模式，也可以与其他中间刑模式如居家处遇等结合适用。其具体的特点有：第一，在实践中，电子监控通常与其他中间刑模式结合适用，其他中间刑模式将电子监控作为执行必备手段。密集监控模式、居家处遇、日间报告等其他社区矫正措施都已广泛采用电子监控技术。当然，不同的中间刑模式采用的电子监控设置和条件各有不同，需要依据各自风险管控需求分别规范其实施。第二，电子监控本身可以成为中间刑的独立适用模式。可以通过规定对特定风险对象的特定限制性电子监控措施，实施特定的电子监控中间刑模式。如可以采用分阶段电子监控程度逐步减少的逐级电子监控模式，对风险逐渐降低的矫正对象区分阶段可采用定位手段逐渐灵活化和限制区域逐渐扩大的逐步放松电子管控措施。第三，电子监控作为中间刑模式

① 参见吴宗宪：《社区矫正比较研究（下）》，中国人民大学出版社，2011 年版，第 534 页。

② See, Edward J. Latessa, Harry Allen Bruce S. Ponder. Corrections in the Community, 14th ed.. NYC: Pearson Publishing, 2015, p. 347.

具有良好的安全性和可靠性，因为电子监控技术的发达，受到电子监控的受刑人可以全程无缝受到良好的监管，且易于定位和发现，既能节省人力资源又能达成良好的监控效果。第四，电子监控可适用于各种风险等级的受刑人，因此，也可以作为监禁刑的替代措施之一。[①] 电子监控可以采用综合密集监控模式替代轻刑犯的监狱关押，减少监狱负担的同时也有利于受刑人的教育矫治。但是，这一替代措施需要经过受刑人自愿选择，受刑人必须同意接受电子监控让渡特定的行为隐私才能替代监狱行刑。

电子监控目前已经实现手段的多元化，通信、视频、GPS 行动和信息监控已经使得电子监控成为社区矫正的必备手段。[②] 电子监控成套技术的发展已经形成各种适用于不同监控程度和受刑人控制范围的中间刑模式，因此，具有广泛的适用空间。

（四）中途之家模式

中途之家通常是指为了帮助社区矫正的受刑人和从监禁机构释放的受刑人以及其他相关人员重新适应和复归社会而设立的过渡性机构及场所矫正措施。中途之家的概念起源于早期的欧洲，从十九世纪宗教兴办的福利性犯罪人回归社会帮助机构（如欧洲贵格会教徒建立的帮助刑释人员机构），逐渐发展为可适用于社区矫正行刑的独立的中间刑模式。这一模式主要着眼于对受刑人复归社会的帮助和支持，有利于受刑人减少社会排斥、顺利融入社会，因此，以其独到的风险化解功能得到广泛的适用。[③]

中途之家的可适用对象比较广泛，既可以适用于社区矫正行刑过程中的缓刑假释者；也可以适用于即将复归或已经复归社会但需要过渡帮助的刑满释放对象；还可以适用于作为替代监禁刑措施而适用的中间刑对象。这里的中途之家主要是指作为中间刑模式可以替代监禁刑或作为社区矫正行刑模式之一的机构处遇做法。

中途之家主要提供三个方面的功能措施：首先，中途之家有一定的监控防范职能。在封闭或半封闭的中途之家模式中，受刑人可以被约束在中途之家内部活动，也可以在特定的时段如晚间或非工作时间被要求约束在中途之

---

① 参见吴宗宪：《罪犯改造论》，中国人民公安大学出版社，2007 年版，第 93 页。

② See, Dean John Champion. Probation, Parole and Community Corrections in the United States, 5th ed. Upper Saddle River, NJ: Pearson/Prentice Hall, 2005, p. 67.

③ 参见刘强、武玉红主编：《英国社区刑罚执行制度研究》，中国法制出版社，2011 年版，第140 -143 页。

家内部，以起到必要的安全防范的功能。其次，中途之家可以向犯罪人提供各种具备教育矫治功能的帮助和服务，可以提供心理咨询、文化和职业的相关教育培训、戒除成瘾性等方面的咨询帮助，以及定期报告和见面交流等措施，达到教育矫治的基本功能。最后，中途之家提供过渡性的必要食宿，保障无家可归或难以立足的受刑人能够满足必要的生活条件，以有利于将来顺利的复归社会。实在难以复归社会的，如身患重病、丧失劳动能力等情形，也可以在中途之家过渡之后送归相关福利机构。可以说，中途之家是具备复合性功能的矫正处遇机构，完全可以作为独立的中间刑模式发挥其良好的复合性风险管控功能。

社区矫正意义上的中途之家作为中间刑模式，根据不同的适用对象，可划分为两大类型：一是适应性中途之家，作为判处监禁的替代措施或违反缓刑假释规定的加重处遇措施，具有更强的惩罚和监管属性，因此，对人身自由也施加较为严格的限制。此类中途之家具备更严密的监控安防措施，可以实施半封闭甚至全封闭的自由限制措施，属于较为严厉的中途之家形式。此种类型的中途之家，在许多国家可以作为一种替代监禁的独立的刑种，由法庭直接裁量判决为送入中途之家的刑罚，作为监禁的替代措施。此外，通常也可作为一种犯罪人因违反缓刑、假释规则或因特殊风险预防需要而被送入中途之家，替代直接入监的严厉措施。二是过渡性中途之家，作为复归社会前的过渡性措施，首要目的是提供良好的教育帮助措施和基本物质帮助，促进受刑人能够平稳融入社会。此类的中途之家一是可以作为释放前机制使用，即将刑满释放的受刑人在完全释放前可以提前进入中途之家，进行适应性训练，获得进入社会的基本经验和技能；二是作为一种社区矫正中的中间刑模式，专门针对缺乏基本生活条件的受刑人或需要接受较为紧密教育矫治的受刑人，将其安排在中途之家，进行相应的生活扶助和教育矫正。[①]

（五）日间报告模式

日间报告模式是指社区矫正过程中要求犯罪人定期在白天前往特定日间报告中心进行报告，从而对其进行监管与矫治的机构矫正模式。日间报告制度 1980 年代从英国起源而在各国迅速扩展，其主要优势是以固定的监管与矫治机构为行刑安排的中心设计矫正制度，能够适用于各种风险层次的受

① See, Joan Petersilia. Probation in the United States. Crime and Justice, 1997(22), pp. 149 - 162.

刑人;并且通过设施完备的日间报告中心开展实施,可以更好地贯彻落实矫正措施,可靠地实现矫正效果。

日间报告模式的特点有:第一,日间报告模式所依靠的日间报告中心是一种非居住式矫正机构,一个可以进行监督和开展矫正计划的固定场所,与中途之家不同,并不为受刑人提供食宿或福利服务功能。第二,日间报告模式要求犯罪人定期或按照一定的时限到日间报告中心进行报告,以此来监督和指导受刑人接受行刑矫正。对不同风险程度的受刑人可以设定频率宽严不一的见面时限,并在见面时确定相应的监督矫正措施。第三,日间报告中心是该模式的核心矫正机构,起到开展社区矫正工作的核心功能,该中心具备多种功能形式。日间报告中心不仅起到受刑人报告其具体情况的监督管理机能,同时,还具有提供多种形式的教育矫正或交流手段的机能,如开展成瘾性治疗、进行必要的心理咨询和职业培训等。所以,日间报告中心是具有复合功能的社区矫正专用机构,设置除福利救助之外的其他各种职能。第四,日间报告模式可以根据受刑人的风险程度选择适当的监管见面频率和教育矫正措施,因此,适用的受刑人层次可以非常广泛,是具有最为宽广的适用领域的中间刑措施,而且能够与多种形式的其他中间刑制度相互配合、结合适用。第五,相对于其他可以作为独立刑种的中间刑模式而言,日间报告模式是作为专门行刑模式而出现的,可以相对灵活的在行刑过程中由行刑机关决定适用,而不必在量刑时就加以决定。

日间报告模式基于适用阶段有不同的类型划分,可以将日间报告模式的具体适用区分为四种类型①:第一,作为判决前候审监督模式。判决前部分犯罪嫌疑人和被告人并没有被羁押,在许多国家就要求这些人员采用定期前来报告的日间报告模式服从监督考察,并同时参与刑事诉讼流程。这种模式主要属于量刑前的刑事诉讼程序的一部分,并非行刑具体程序。第二,社区矫正改造模式。在这一模式中日间报告中心的适用对象主要是进入社区矫正的受刑人。② 这一模式经常作为社区矫正一般监督和矫治的常规部分,依托日间报告中心实现受刑人接受定期的观察监督和教育改造。通常每次日间报告中心的活动可以实现多功能合一的效果,强制性报告可以首先考察受刑人的最近改造状况和遵守规范情况,进而可以对其进行相应的心理咨询、

① Gail A. Caputo. Intermediate Sanctions in Corrections. Denton, TX: University of North Texas Press, 2004, p. 37.

② 参见吴宗宪:《社区矫正比较研究(下)》,中国人民大学出版社,2011 年版,第 534 页。

教育指导和职业培训等教育改造措施。需要时，日间报告中心还可以提供受刑人与受害人和社区交流沟通的平台和机会。第三，监禁替代模式。监禁替代模式是指日间报告中心可以通过较为密集的报告及接受教育义务要求如每日报告和教育，替代监狱较为严厉的监督和改造措施，同时，可以保证受刑人既受到严格监督又能够避免监狱行刑的弊端，受刑人可以不与社会完全隔离，因此，能更好地复归和融入社会。这一模式只适用于风险较高介于监禁与非监禁行刑界限的受刑人，且对其监督报告义务的要求也相对较高，通常采用每日或隔日报告教育模式，对监督功能的强调高于教育改造。但随着受刑人日后风险程度的逐渐降低，日间报告义务也可以随之相应降低频率，功能重点可以转向教育改造。第四，作为缓刑、假释的特殊结合模式。日间报告中心也可用作是对缓刑、假释的特殊情况下对受刑人的处理模式。一方面是被判处缓刑和假释的受刑人需要一段时间的过渡期适应融入社区矫正行刑之中，这段时间需要更多的监督帮助，日间报告中心可以提供固定频率的监督和帮助措施，帮助缓刑假释者有效过渡进入社区矫正进程；另一方面，违反缓刑假释规定者在直接收归监狱之前应给予一定的悔过缓冲机会，日间报告模式可以通过较为严密的报告义务措施等提供违反规定者一定的观察缓冲期，减少直接监禁。①

第三节　我国引入中间刑制度的路径探究

一、基于行刑的制度化选择

（一）中间刑的制度定位

我国在引进中间刑时，必须首先考虑中间刑在行刑过程中的制度选择，即中间刑将以怎样的形式存在我国的刑罚体系中，这关系到刑罚体系的整体协调性和中间刑能否充分发挥自身积极作用。综观国外立法实践，主要有以下两种制度化选择：一是作为独立的刑种，将中间刑列为与监禁刑、罚金刑等相并列的刑种，作为监禁刑与非监禁刑的过渡；二是作为社区矫正的具体

---

① See, Joan Petersilia. Community Corrections: Probation, Parole and Intermediate Sanctions. Oxford: Oxford University Press, 1997, p. 56.

行刑模式，即把中间刑视为一种特殊形式的刑罚执行方式。①

将中间刑作为独立的刑种需要推倒当前的刑罚体系进行彻底的制度重构和设计，不仅根本上影响刑法基本罪刑体系，影响总体的社会控制体系，也是对我国并不完善的刑罚体系的巨大挑战。在考虑增强我国社区矫正试点力度、社区矫正立法模式的选择或是增设中间刑作为独立刑种等问题时，必须结合非监禁刑罚制度、被害人保护制度、恢复性司法制度来进行综合改革完善，否则，难以解决我国社区矫正制度的构建问题，还可能产生新的制度性隐患。中间刑的建设首先应以良好的社区建设为依托。但目前，我国的社区建设仍然相对落后，缺乏中间刑的实施条件。将中间刑作为一种独立的刑种，难以保障刑罚执行的公正公平。其次，我国处罚制度的二元体系导致行政强制处罚与刑罚并行，而西方国家则属于一元体系。在西方国家纳入社区矫正的犯罪，在我国则多数属于治安违法行为，此时，中西语境的内涵就具有不对等性。而且，我国《刑法修正案(八)》将社区矫正作为一种刑罚执行方式纳入刑法，实际上也就否认了以社区矫正为依托的中间刑作为独立刑种的必然性与可能性。

由于我国的社区矫正起步较晚，社会基础十分薄弱，现有法律也未规定具体执行的详细模式，导致社区矫正没有形成固定的模式，为中间刑的引入提供了空间。社区矫正的试点工作也取得了一定的成就，完善了非监禁刑的惩罚机制，为中间刑的实施奠定了基础。因此，中间刑制度更合理的定位还是作为社区矫正内的行刑模式，在符合我国国情的基础上来对社区矫正进行完善。

(二) 中间刑的推进模式

而另一个需要考虑的问题就是，对于中间刑的引进是自下而上进行试点实践，还是自上而下直接进行立法规制。这关系到中间刑制度能否切合我国国情，充分发挥其集惩罚、教育与帮扶于一体的价值。

自上而下的立法规制虽可以使得中间刑的适用有法律的后盾，但是中间刑制度属于舶来品，在我国若不采取相应的试点工作，必然会导致中间刑制度移植出现水土不服的现象。直接的立法规制不能使社区居民了解中间刑的精髓所在，导致中间刑的实施没有群众基础，甚至会引起社区居民的抵触

① See, B. Campbell. Transforming the Sentencing Framework. Prison Service Journal, 2003(4), pp. 64 - 72.

心理，更不利于中间刑的实施。同时，我国的刑罚制度本身就存在一定的现实问题，例如经费保障不够充分，社区矫正工作人员专业化问题等①，中间刑制度的空降，解决不了这些问题的同时，还会因自身建设的需要，带来更多的问题，使得中间刑的效果大打折扣，违背了引入该制度的初衷。

而开展中间刑试点工作具有重要意义。试点工作可以结合我国的实际情况来检验制度的效果、摸索制度的机制，总结一套极具可操作性的经验，为社区矫正制度的建立健全提供现实基础。对于那些不需要、不适宜监禁的犯罪人有针对性地实施社会化的中间刑措施，充分利用社会力量，提高教育改造质量，在维护社会稳定的同时，帮助犯罪人重返社会。如此，方能实现社区矫正与监禁矫正两种行刑方式相辅相成，合理配置行刑资源，增强刑罚效能，降低行刑成本。

因此，对于中间刑制度的借鉴，应结合我国具体国情分析，将之作为社区矫正下的具体行刑模式，自下而上地通过试点工作再到立法规制，只有这样，才能充分发挥其积极作用，解决我国社区矫正中存在的执行性差、惩罚性弱、缺乏管理的问题。

二、作为行刑模式的制度空间

中间刑制度作为行刑模式，在我国目前的非监禁刑执行方式下，存在其制度空间。具体而言，中间刑可与管制、缓刑、假释、暂予监外执行等制度相结合，构建其应用的合理空间：

第一，在管制中具体应用。对管制可以借鉴日间报告中心的制度，犯罪人定期向日间报告中心报告，并对其进行治疗、教育和培训，以此来管控犯罪人的行为，提高管制的惩罚性的同时，保障了社会公众的安全。根据犯罪人的主观恶性和社会危险性等分类，进行强度不同的日间报告要求和严密监控的要求。对于那些主观恶性相对较大、社会危险性相对较高的犯罪人，可以要求将日间报告和电子监控结合使用，以更严密的监控和更强程度的管理去监督这些犯罪人；对于违反管制的执行规定的犯罪人，可以将这些犯罪人的惩罚措施升格，如原本使用日间报告的，可以将日间报告和电子监控相结合使用，甚至可以将日间报告升格为居家处遇，以示惩戒。② 这样可以使得我国

---

① 参见王珏：《社区矫正试点及有关思考》，载《监狱理论研究》2006 年第 1 期。

② See, E. J. Latessa, P. Smith. Corrections in the Community. Burlinton: Anderson, 2007, pp. 77 - 79.

管制的执行不至于过分宽松，满足监督、控制、管理的要求，也重视服务和改造。

第二，在缓刑、假释中具体应用。日间报告中心制度同样也适用于缓刑，可以解决目前缓刑监管不力的现象，对不同的犯罪人实行不同的矫正项目来进行监督、改造和教育。而对于仅靠日间报告不能达到严密监督效果的犯罪人，可以配合电子监控。① 而假释适用于有期徒刑、无期徒刑的犯罪人，其主观恶性、社会危险性都明显大于被判处管制的犯罪人，因此对于这类犯罪人，日间报告的惩罚和监督都存在明显不足，应直接适用居家处遇。犯罪人根据监督官的要求，每天提交居家日志，记录每小时进行的活动并定期向监督官报告，同时，可配合使用电子监控进行管理。这意味着，犯罪人在居家处遇的过程中，必须待在自己的家中，即使在得到批准的情况下，也只能在特定的时间到特定的地点做特定的活动。

而对于在缓刑、假释考验期内违反规定的犯罪人，就可以适用密集监控模式，即对缓刑、假释犯实行更加严格的监视、更加严密的监督和更加严厉的控制。对于违反缓刑规定的缓刑犯，将日间报告改为适用居家处遇。而针对违反假释规定的假释犯，对犯罪人进行更多的限制，在居家处遇的基础上，配合适用电子监控对犯罪人行为进行限制，并更多地使用宵禁令。在使用宵禁令的情况下，犯罪人夜晚不得外出。对缓刑、假释犯定期进行行为考察，通过行为考察，监督官评估犯罪人遵守缓刑、假释条件的状况，了解其取得的进步。

第三，在暂予监外执行中的具体应用。保外就医适用于患有严重疾病或生活不能自理的犯罪人，日间报告中心的执行方式缺乏操作性，不切合实际。对于需要长期住院或有传染病的犯罪人，可以采取电子监控的方式进行监督管理；而对于在家疗养的犯罪人，则可以在居家处遇的同时配合适用电子监控。而对于怀孕或者正在哺乳自己婴儿的妇女和生活不能自理的犯罪人，考虑到其行为不便，也可采取居家处遇和电子监控的方式。总而言之，就是根据犯罪人身体情况、主观恶性及社会危害性的高低，将居家处遇及电子监控相互配合的适用。

---

① See, Joan Petersilia. Community Corrections: Probation, Parole and Intermediate Sanctions. Oxford: Oxford University Press, 1997, p. 58.

三、中间刑行刑模式的立法展望

作为社区矫正行刑模式的中间刑制度，对其立法规制的选择，实质上就是对社区矫正的立法模式的探讨。现阶段，对于社区矫正中间刑的立法模式的探讨，主要有三种意见：一是在专门的《社区矫正法》中创设性规定明确中间刑的具体种类和实施细则，对实际操作中所遇到的各种问题作出具体规定。二是创制包含社区矫正在内的统一刑事执行的《刑事执行法》，并在其中对中间刑进行专门规定。这样中间刑的范围可以超越社区矫正，而成为整个刑事执行都可以适用的中间形式。三是创制专门的中间刑规范，能够全面充分地对中间刑制度进行统一综合规范和阐述，这可以在中间刑列入《刑法》规定之后加以制定，落实刑法原则性规定。这样可以保证通过统一的立法来协调行刑标准的一致，解决当前中间刑的不同看法和观点，降低过于自由的裁量权。另外，也为矫正中所有的参与者提供行为指南，统一监禁与非监禁而实行一体化中间刑机制，对刑罚执行资源也可以进行高效整合利用，从而形成一个完整的矫正系统，提高并有效保障对犯罪人的改造质量。[①]

但是就目前而言，无论是哪一种立法模式，由于现阶段社区矫正概念、性质不能准确界定，且需要对相关法律规定如刑法、监狱法等一系列法律作出重大修改，中间刑的立法未来还有很长一段路要走。因而对于中间刑来说，首要的任务并非立即加以立法设立，而是先作为目前已经有所规范的社区矫正制度之执行方式加以适用和试点。中间刑主要是以更好地实现矫正效果为目标而在矫正体系内的具体类型化行刑方法，因此，可以作为执行方式加以适用而不会与现行立法相抵触。[②] 在未来中间刑制度有充分的实践经验积累的基础上，通过科学归纳总结可以上升至立法层面，加以原则性或具体性规定，不仅可以规定为社区矫正正式的行刑模式，甚至还可以规定为独立于社区矫正的单独的刑种。

四、作为社区矫正行刑模式的中间刑具体方式

通过上述对中间刑具体措施的介绍，结合我国社区矫正实践经验，借鉴国外中间刑发展模式，应将我国现有社区矫正的执行措施进行体系化、科学

---

① 参见王顺安：《社区矫正研究》，山东人民出版社，2008 年版，第 274 页。

② 参见吴宗宪：《论社区矫正立法与刑法修正案》，载《中国司法》2009 年第 3 期。

化的管理，对中间刑进行本土化推进。而根据中间刑的具体措施，将中间州在我国的应用也分为如下的几个模式：

（一）电子监控模式

电子监控在我国的探索适用过程中，必须注重与我国社区矫正的实践紧密结合。电子监控应该定位于社区矫正的具体行刑方式，并在此基础上进一步进行规范。首先，应通过立法明确电子监控的法律地位和具体内涵，为电子监控的应用提供正当性和合法性；其次，在电子监控的适用对象上，多适用于危险性较低的受刑人，以受刑人风险水平作为使用电子监控的标准，应建立电子监控可行性评估制度，通过对犯罪人罪犯的个人品性、日常作风、人身危险性和再犯可能性等方面的情况进行科学而客观的评估，然后，以此为依据再行决定是否适用，适用前需要明确地告知；再次，明确电子监控的具体适用措施和方式、期限和程序。[①] 将电子监控全程实现规范化，防止滥用监控手段；最后，规定电子监控可与密集监控模式、居家处遇、日间报告中心等其他社区矫正措施结合使用，服刑人员还应定期向矫正工作人员汇报行踪。

目前，电子监控模式在我国得到了初步实现，部分省份在社区矫正实践中采取了“电子腕带”的方式。服刑人员佩戴可以发射电子信号的手环或脚环，以便矫正工作人员可以接收到犯罪人佩戴的装置发出的电子信号。“电子腕带”定位监控系统具有实时定位、行动轨迹再现、电子围栏设定和越界报警等功能。其采用 GPS 和基站定位相结合的原理，能自动发出定位信号，实现对佩戴者的实时监控，掌握其行动轨迹，与之配套的还有一部仅能接听专有电话的手机，实现对社区服刑人员报到、学习、劳动的随传随到。[②] 系统可以实时监控社区矫正人员的生活轨迹和行动规律，并可以随时联络社区服刑人员，保证 24 小时监管无盲区，如遇异常情况，将第一时间报警。同时，佩戴“电子腕带”的社区矫正人员活动范围不能超出管辖区范围，一旦越界，就会响起警报。如果社区矫正人员活动异常，包括长时间没有移动，“电子腕带”也会报警。系统还可以随时调取任意一名矫正对象的 GPS 信息，准确掌握他的活动轨迹，缓解社区矫正脱管难题。

（二）居家处遇模式

对于我国居家处遇模式的应用，也应立足于我国社区矫正实践和我国具

---

① 参见赵志强：《电子监控在社区矫正中的应用》，载《江西警察学院学报》2013 年第4 期。

② 参见王顺安：《社区矫正研究》，山东人民出版社，2008 年版，第 96 页。

体国情，进行制度设计。首先，要考虑居家处遇与现有的社区矫正制度进行立法上的衔接：一方面，应先将居家处遇定位于社区矫正的执行方式之一，以行刑措施施用；另一方面，主要是程序法层面上，应对居家处遇进行必要的实施程序规制，对居家处遇的适用对象、执行单位、具体适用等进行规定。

一般而言，居家处遇的适用对象罪行较重但主观恶性较小，因此，其惩罚强度要重于其他中间刑措施。在我国的居家处遇模式下，居家处遇的适用对象，可包括罪行较轻、社会危害性较小、主观恶性不大的老病残犯、初犯、过失犯、轻刑犯①，即包括原本应关进监狱但主观恶性较小又不至于再犯的犯罪人。此外，对于未成年犯，由于未成年人身心发展尚未成熟，极容易受到外界的诱惑，在监狱中更易受到"交叉感染"。而且，监禁极易引发未成年人的心理问题，对自由、学业、亲情的剥夺更会加剧其社会剥离问题，对今后的成长造成不利影响。但也正是因为未成年人身体智力尚未发展成熟，易于引导，能够积极改正，因此，成为世界各国刑事制度上广泛从宽处理的对象。因此，对于未成年人，应以积极引导为主，尽可能地减少监禁，多使用居家处遇。而对未成年人采取居家处遇时，应注重社会资源的广泛参与。正如《联合国少年司法最低限度标准规则》即《北京规则》总则所言："应充分注意采取积极措施，这些措施涉及充分调动所有可能的资源，包括家庭、志愿人员及其他社区团体以及学校和其他社区机构，以便促进少年的幸福，减少根据法律进行干预的必要，并在他们触犯法律时对他们加以有效、公平及合乎人道的处理。"

居家处遇模式可以根据需要对犯罪人设置如下的规则，要求犯罪人遵循：一是遵守国家法律、法规和相关法律规定；二是可以实施全时居家处遇，也可以允许实施宵禁式处遇和放假式处遇，如设定夜晚或不工作的时段不得离开自己的住所，当然，也应当允许因健康原因或其他目的经批准的情形作为特殊允许离家情形；三是应允许继续从事职业学业，未成年人需在学校、家庭的共同监督下完成学业；四是应当定期与社区矫正工作人员交流，向专门的社区矫正工作人员报告。

虽然，在目前我国的社区矫正实践中，由于居家处遇的相对严格的对人身自由的限制，尚没有对居家处遇的借鉴和规定，但是，随着社区矫正制度的不断完善，在轻刑化的大背景下，必定会引进该制度，促进我国的社区矫正

① 参见何杰：《我国社区矫正中适用家庭监禁制度探析》，载《昆明师范高等专科学校学报》2008年第1期。

发展。

（三）密集监控模式

密集监控模式主要包括密集监控型缓刑和密集监控型假释，即对缓刑、假释犯实行更加严格的监视、更加严密的监督和更加严厉的控制。因此，密集监控模式主要可以作为缓刑假释具体的实施模式直接加以行刑中规范应用，无须一定上升为国家立法，可作为行刑机关的内部适用规范出台；可以待将来条件成熟时再加以立法。按照密集监控的适用特点，其未来适用的对象主要为社会风险性较高的缓刑、假释犯，或者是在缓刑、假释期限内违反规定的一般缓刑、假释犯但又不是必须收监、可以适当给予机会的。

在密集监控模式下，首先应对犯罪人进行风险评估，了解其进行社会危险行为的可能性，然后根据评估结果，安排有效控制犯罪人的监督和控制措施。[①] 可以采用按阶段风险与监控的密集型逐级递减的科学模式，前提是对风险评估必须具有相当的准确性和基本制度。目前，各地已经在实践中设计了丰富的风险评估量表，这可以作为评估密集监控必要性的基础；另外，在密集监控过程中，对社区矫正对象服刑需定期进行风险评估，根据评估结果，决定是否进入下一阶段的较轻的处遇措施。[②] 此外，还要对犯罪人提供大量的帮助，包括帮助犯罪人发展在社区中生活的个人计划的措施，例如工作、学习、社区服务、职业培训和其他支持人员为犯罪人提供帮助和指导等，以便他们重新融入社会。同样的，在各地的实践中都能体现出对犯罪人教育矫正、心理矫正、帮困解难的重视，为该模式的顺利推进奠定了基础。

在不同的条件下，受刑人也应履行不同的法律义务：第一，对所有密集监控型受刑人的一般要求包括：遵守各项法律，定期会见矫正机构工作人员，保持就业、上学并参加培训等。第二，针对有治疗需要的受刑人则有特别的要求：应参加需要的成瘾性治疗，参加需要的心理咨询和心理治疗，参加相应的教育矫正。第三，对于需要增加惩罚性的受刑人可以附加特定的义务，特别是面向受害人和社区的义务，如支付赔偿犯罪被害人，提供对受害人和社区的服务，附加居家处遇或社区处遇等。第四，从劳动所得中依法补偿被害人。第五，与受害人与社区代表保持必要的联系，以此增加对受刑人的惩罚性和控制力度。这类条件通常适用于危险性较大或违反规定的受刑人。

---

① See, F. Schmalleger, J. O. Smykal. Corrections in the 21st Century. New York: Mc Graw Hill, 2007, pp. 87 - 91.

② 参见王顺安：《社区矫正研究》，山东人民出版社，2008 年版，第 87 - 89 页。

未来密集监控模式可以通过先行试点的方法形成一定的制度化经验，再将这些经验加以系统归纳总结，逐步上升为具体的行刑规范。必要时，立法可以考量成为特定的缓刑、假释类别加以规定，形成对监禁刑一定的替代作用。

（四）中途之家模式

以北京“阳光之家”模式为代表，目前，我国不少地方已经在试点中途之家的社区矫正行刑模式。从中途之家模式的特点出发，我国在借鉴该模式时更适宜将其作为过渡性的、替代性、福利性的社区矫正行刑模式，可以相对有效解决我国目前存在的异地矫正、生活困难人群矫正和有复归社会过渡需求人群的矫正难题，更好地保障社区矫正风险管控机能的实现。作为特别依赖物质保障的中间刑模式，必要时，可以将中途之家的建设纳入社区矫正立法规范中加以明确规定，予以足够的制度和人财物资源的保障。

对我国中途之家的具体设置而言，应注意以下几方面的问题：首先，应在社区矫正整体机制内部设置必要的中途之家设施。中途之家模式特别依赖中途之家的机构设置，因此，应在一定层级的社区矫正机构中设置相应的中途之家场所，作为该模式具体适用的前提。当然，出于人财物资源条件和必要性的考虑，不需要所有层次的社区矫正机关都设置中途之家，而是可以根据需求情况灵活确定。借鉴加拿大的双层制中途之家设置，在较大城市和条件较好的城市，可以财政出资设立作为社区矫正基地的官办中途之家，而在其他下级地方可以根据需要灵活地设立固定或临时的中途之家，可以司法行政与民政等部分部门联合设立，也可以采取政府购买等形式租赁房屋或联合企业设置或委托社区矫正社会组织进行设置，缓解资金和人力配置压力。[①] 但无论采用何种形式，都必须满足中途之家的复合机能，具备提供食宿、教育培训、办公管理、心理咨询、交流咨商的五类基本功能，保证中途之家的实际运转。其次，可依据不同的要求设置不同类型的中途之家适用模式。一是针对替代监禁刑或违反缓刑假释的悔过处遇措施，应设置适应性中途之家模式，更强调对受刑人的严密监管和惩处性，施加较为严格的自由限制和报告义务，加强安防和监控密集程度。二是针对接受教育改造表现良好，即将复归社会的受刑人，应设置过渡性中途之家模式，将中途之家作为这些受刑人

---

① See, F. Bérard, M. Vacheret Full, G. Lemire Honorary. Risk Management in the Correctional System of Canada: A Problematic Model. The Howard Journal of Criminal Justice, 2013(52), pp. 258 - 259.

复归社会前的过渡性措施，重在对其进行教育培训和职业训练，使其能够平稳融入社会，具备独立社会生活能力。三是针对异地矫正、疾病或生活困难矫正对象，应设置福利性中途之家模式，以提供食宿和必要生活条件的福利性物质帮助解决暂时生活困难为主要内容，帮助异地矫正者适应在地生活或作为回归异地矫正前的过渡措施，或者帮助疾病无着落者或生活苦难矫正对象暂时解决生活困难，协助下一步进入福利机构或医院进行治疗。这类型中途之家模式主要以提供福利性帮扶为主，通常具有暂时性，以便于进一步对接社会相应福利制度为目标。

中途之家模式以其良好的适应性和帮扶性在发达国家成为机构中间刑处遇的主要形式。我国应在进一步的相关试点的基础之上，进行制度性的归纳总结，形成较为系统化和类型化的成熟机制，以立法规范形式固定下来。条件成熟时，可以作为量刑决定的内容规定在基本刑法规范之中。

（五）日间报告模式

日间报告模式是最多样化、适用面最广的中间刑措施，因此，适用该类模式的受刑人种类可以更为多元，既可以适用于风险较高的介于监禁与非监禁界限的受刑人，也可以适用于风险较轻更重于教育的受刑人；并且也可以同多种其他中间刑措施结合起来进行行刑，作为替代监禁刑必要的社区矫正行刑模式。

对于我国日间报告中心的具体设置，可借鉴相关的经验，结合我国具体国情，构想如下：首先，日间报告中心应重视观察监督和教育矫正，向受刑人提供多样化的教育改造服务，提供工作培训和安置服务、小组咨询、基础成人教育和普通同等学历教育，还应提供成瘾性治疗、生活技能培训、健康技能培训、应激管理、过渡性职业教育等。矫正计划应具有不同的类型，既包含特别化的专门设计以满足特殊类型参加者的需要，也包含综合性的为大多数受刑人提供一般性的治疗服务。其次，对受刑人进行分阶段治疗和监督，在第一阶段要求最为严格，向受刑人介绍该矫正计划，评估治疗和服务需要，以便工作人员根据各人需要制定矫正计划；在第二阶段，向受刑人提供集中矫治和服务；第三阶段，使受刑人从矫正计划向社会回归过渡，并尽可能地提供后续安置，在这个阶段，受刑人亲自报告以及监视和控制方面的要求，无需太严格。而每个阶段的时间，则根据各人矫正计划的设置而定。再次，受刑人应定期亲自到报告中心报告或是通过电话报告。报告的密集程度可以根据需要进行频率和内容的不同调整。[①] 除此以外，还应对受刑人实行不同的监视和控制机制，包括向工作人员提交每日活动计划，遵守宵禁令，上学或参加工作，参加治疗等。

日间报告中心是进行观察监督和具体教育矫正的专门机构设置。与中途之家不同，日间报告中心不需要提供福利性功能，因此，主要以办公管理、教育矫治功能为主，设置和管理成本相对于中途之家要低廉很多，运行相对也比较简单容易，因此，可以进行较普遍的设置。日间报告中心因为采用了集中监管矫正的形式，因此，对提高矫正工作效率、缓解矫正工作人力资源压力非常有效。在我国社区矫正人财物资源相对紧张、矫正工作烦琐压力大的情形下，是解决矫正资源限制、大幅提升矫正效率的有效制度，可以相对广泛采用。特别是发达国家和地区采取了窗口式、流程化或分散化的强调效率节约成本的日间报告中心设置，值得我国大力借鉴。例如，美国加利福尼亚州推行的窗口分流式日间报告中心模式，借鉴银行医院的分流诊疗模式将报告矫正采取流程化、接待式处理方式，大大增强了矫正效率，节约了人力资源，值得借鉴。而美国纽约州开始的适用于边远地区的，类似于银行 ATM 机设置的电子报告亭机制，使得矫正运用了信息化网络化时代远程交互的优势；受刑人可以运用设置在偏远地方的矫正亭进行指纹、视网膜或生物特征报道、报告材料提交、与矫正官视频交流、成瘾性测试等矫正功能，大大方便了交通不便地区受刑人报告和接受矫正，提升了矫正效率，值得幅员辽阔的我国借鉴。[②]

国外的日间报告中心多设置在社区中，由于我国社区建设的特点，且根据目前社区矫正的试点来看，我国的日间报告中心设置在乡镇一级的司法所更为合理，其工作也符合司法所的日常工作，也方便司法工作人员对社区服刑人员的管理。此外，"北京模式"也已建立起了分段管理制度，根据矫正对象在矫正过程中出现的心理变化、行为变化及需求变化的规律，将教育矫正过程分为初始教育、常规教育和解矫前教育三个阶段。初始教育阶段放在接受矫正后的一个月，解矫前教育阶段放在解除矫正的前一个月，中间时段为常规教育阶段，三个不同阶段分别设定了不同的教育目标、教育内容和教育

---

① 参见吴宗宪：《社区矫正比较研究(下)》，中国人民大学出版社，2011 年版，第 565 页。

② See, Davies Garth, Dedel Kelly. Violence Risk Screening in Community Corrections. Criminology and Public Policy, 2006(5).

方式,从而增强教育矫正工作的系统性。① 这样的制度为日间报告中心的适用提供了试点条件。因此,司法所实际上已成为日间报告中心的雏形,以乡镇司法所为依托,以分段管理制度为参照,试点建立具有我国特色的社区矫正制度下的日间报告中心模式。

基于风险管控的立场重新检视社区矫正实践,出于对风险动态全面管控的考量,应借鉴国外社区矫正运行经验引入中间刑制度。首先,就引入必要性而言,我国在全开放式社区矫正行刑与监禁刑之间没有中间适应性刑罚措施,造成了社区矫正手段单一易脱逃等问题。这是对不同矫正对象的风险表征缺乏多元对应手段造成的,中间刑制度可以较好地解决这一问题。由于不同的处遇对象及同一处遇对象的不同阶段其风险表征都有所差别,因此,对多元机能的需求组合也动态变化,在此影响下强调不同属性的社区矫正措施也需实现多样化和动态化,社区矫正必须通过丰富多样的举措类型来满足变动中的多种机能需求。其次,就国外先进机制而言,国外发达的社区矫正制度在长期实践中形成了能满足不同机能需求且可动态调整的、有效节约资源的多元中间刑制度,在处遇制度设置上提供了社区矫正领域内适应不同机能需求的多种中间刑方案。即在完全剥夺人身自由的监禁刑与相对彻底开放式处遇的定期报到制之间,分布了各有侧重的各种中间处遇措施:既有倾向于隔离性和满足监督管控需要的居家处遇、中途之家和电子监控;也有倾向于矫正性和满足教育矫治的社会服务和日间报告所;还有倾向于惩罚性和满足正义修复的改造营和被害人定向服务等。最后,应在我国设置较为正式的中间刑制度作为社区矫正的重点处遇机制:一方面,明确设置侧重于满足各自机能需要的中间刑方案,通过作为行刑制度纳入法律规定,自下而上推进制度化,明确中间刑基于机能的适用标准和适用程序,配备中间刑的基本规范设置。而基于当下应对监督管控和正义修复机能的重点强调,注重隔离性和修复性的中间刑制度如电子监控、被害人定向服务等应优先加以引进借鉴。另一方面,明确与定期风险评估和社会需求满足相结合的动态中间刑实施制度,根据定期的风险评估结果以及社区和被害人需求所体现的机能重点,动态确定实施相适用的中间刑方案。

---

① 参见郭建安、郑霞泽主编:《社区矫正通论》,法律出版社,2004年版,第52页。

第八章

基于风险管控的我国社区矫正实践反思

社区矫正机能对社区矫正具体制度提出了更多元复杂的规制要求，社区矫正制度设计中的关键机制问题，如风险评估属性、禁止令确定依据以及中间刑借鉴，都需要厘清多元机制的决定和影响，这是社区矫正复合机能论制度展开的论理前提。[①] 而当下被害人的保护、禁止令的确定依据以及循证矫正的借鉴由于传统机能一元论出现了许多与实践需求的定位龃龉之处，影响了社区矫正制度的成效，从而有依托合理的社区矫正机能科学化和合理化的制度需要。社区矫正的复合机能要依靠具体机制得以有效实现保障，也需要将复合机能论在这些关键机制问题中适用展开，保证社区矫正的机能发挥制度运行的正向引导功能。

第一节　禁止令多元适用依据的确立

一、禁止令的适用依据分析

我国《刑法》规定了对管制和缓刑的犯罪人可以在社区矫正的同时实施禁止令制度，禁止犯罪人在社区矫正期间从事特定活动，进入特定区域、场

---

① 参见[英]戈登·休斯：《解读犯罪预防——社会控制、风险与后现代》，刘晓梅、刘志松译，中国人民公安大学出版社，2009年版，第203页。

所,接触特定的人;而对部分假释者还可以同时附加禁止从事特定的职业。[①]虽然对这一制度是否是社区矫正的一部分尚有不同看法,但从执行意义上看,其与社区矫正是同一机关一体执行的。设置这一制度的出发点同社区矫正要实现的目的也是高度重合的。根据全国人大法工委《刑法修正案(草案)条文及草案说明》以及禁止令司法解释[②],设刑事禁止令的目的是对犯罪人进行必要的行为管束,以适应对其改造和预防再犯罪的需要,即同社区矫正一致的教育矫正和安全防范目的。从特定意义而言,禁止令就是可选择的、司法判决的特定社区矫正措施[③],社区矫正所要满足的三重机能也同时应该是禁止令所要满足的机能,禁止令的实施可以更好地实现社区矫正的各种机能。因此目的论意义上,判定禁止令是否实施及实施内容的依据可以从其机能出发得以确定。基于矫正风险管控的三重内涵来考量,社区矫正中的禁止令应考虑相应的不同依据。

(一)教育改造需要

首先,最为常见的禁止令的确定依据是"改造和预防再犯罪的需要",这是从传统的教育矫治机能出发所形成的必要根据。在犯罪社会学视野下,无论是塔尔德的模仿理论还是萨瑟兰的社会学习理论,都认为犯罪的发生受到具体社会环境和人际接触的影响,犯罪风险就来自于产生不良引导效应的某种活动情境、场所、不良行为人或职业。[④] 所以,影响犯罪风险的不良社会因素可以是某种引诱式活动情境、浸润式区域场所环境、产生不利影响的危险恶行者或特定职业便利,因此,隔绝这些不良影响有利于降低犯罪人的人身危险性、防范再犯从而促进其矫正复归。因此,对有特殊不良影响的场所、情境、活动、人员或职业的防范甚至隔离是有效矫治犯罪人、防范再犯长远风险的重要举措。禁止令要达到这一效果,就需要全面评估罪犯的犯因性因素及其作用逻辑,确有特定的犯罪情境和不良主体关键影响的,方能通过禁止令

① 《刑法修正案(八)》首先规定了管制、缓刑禁止令,禁止犯罪分子在执行期间从事特定活动,进入特定区域、场所,接触特定的人。之后,《刑法修正案(九)》又增加了职业禁止令,可以对部分利用职业便利和实施违背职业要求的特定义务而犯罪的服刑完毕者或假释者实施。其中假释者的职业禁止令与社区矫正行刑相关。

② 两高两部《关于对判处管制、宣告缓刑的犯罪分子适用禁止令有关问题的规定(试行)》第一条也同样表达了"促进犯罪分子教育矫正、有效维护社会秩序"的目的。

③ 参见苏青:《我国〈刑法〉"禁止令"如何才能"令行禁止"——兼论与社区矫正的衔接问题》,载《法学杂志》2013年第10期。

④ 参见吴宗宪:《西方犯罪学》,法律出版社,2006年版,第298-300页。

对这些因素予以禁止性隔离。[①]

（二）隔离犯罪风险

从监督管控的机能出发，作为禁止令依据的也可以是预防即时犯罪风险的现实需要。从犯罪发生学视角出发，犯罪可以是通过特定活动、依靠特定区域场所、针对特定他人或利用特定职业而引发的，特定活动、区域场所、他人或职业不仅可能是人身危险性的影响因素，也可能作为犯罪对象或目标，成为犯罪行为的直接促使诱发因素。[②] 从预防即时风险的角度出发，将社区矫正对象与其曾经的犯罪具体对象或环境因素相隔离，就可以防范减少其造成直接再犯，保障即时预防的效果。此时，为了防止罪犯接触这些特定因素而诱发犯罪，从预防再犯风险的角度而言，可以通过禁止令消灭那些通过接触而诱发犯罪的风险。

（三）避免重复被害

禁止令最容易被忽视的确定依据是为了社会秩序的修复和被害人保护，这是基于社会修复机能和被害保护视野所产生的要求。反复被害理论表明，罪犯有同罪反复思维和犯罪惯性，从而，同一被害对象遭受再次侵害的风险较大，包括某类特征被害人或无被害人情形下的某种社会场所、秩序或职业环境，都有可能遭受社会处遇罪犯的再次侵袭。[③] 因此，从被害人学的理念出发，国家有义务重点保障被破坏的社会秩序和被伤害的被害人不会再次受到犯罪伤害，而在社区矫正的开放式处遇放大这一风险的环境下，禁止令就是实现这一防范目的的必要方式。

二、禁止令的复合依据机制展望

由上可见，受风险管控三重机能复杂性影响，禁止令的决定根据不应该是单一的，而应该是择一或复合的：为了罪犯的有效改造只是禁止令基于矫治受刑对象、减少长远再犯风险的判定依据之一，基于防止诱发即时犯罪风险的隔离犯罪对象和场所因素与基于防范撕裂风险与保护被害人的避免重复伤害各自本身，也应该独立或联合成为禁止令的适用依据。而目前实践中，禁止令大多仍然仅适用于有效矫治罪犯的目的，从而考虑的机能过于单

① 参见阴建峰、丁宁：《刑事禁止令问题研究》，载赵秉志主编：《刑法论丛(第 38 卷)》，法律出版社，2014 年版，第 467 页。

② 参见江山河：《犯罪学理论》，格致出版社，2008 年版，第 79 页。

③ 参见李伟：《犯罪被害人学》，中国人民公安大学出版社，2010 年版，第 162 页。

一。应在复合机能需求的基础上，进一步明确多元适用根据，扩展适用范围。从风险管控的必要性出发，以配合社区矫正措施为考量，罪犯的有效改造需要、隔离可能的犯罪场所环境和对象以及避免重复伤害，都应该可以单独和联合成为禁止令施加的依据。

此外，就机能保障视角考量禁止令制度的应然发展，禁止令的范围和类型应该进一步扩展。就隔离、保护或矫正机能而言，并非只有活动、区域场所、人员或职业是造成人身危险性、诱发犯罪和产生侵害的必要条件，特定的主体身份、能力资格和接触特定犯因性物质都是需要防范的犯因条件，这些未来都应该成为禁止令的规范范围。西方发达国家用更为宽泛的资格褫革制度，从活动性资格、主体资格和物质接触资格等各方面根据需求可给予犯罪人较全面的限制①，值得借鉴。此外，禁止令在刑罚制度中的适用领域也应进一步扩展。禁止令作为司法判决的社区矫正措施，应该与现行法律规定社区矫正的适用领域实现一致性，由此方能保障社区矫正机能的圆满实现。但目前一般禁止令仅规定适用于管制和缓刑，而同样执行社区矫正的假释和暂予监外执行等情形却不能实行，则在假释和暂予监外执行等情形为了实现社区矫正机能而有实施禁止令必要时，就会影响社区矫正的机能性，无疑造成了这些社区矫正实施领域的制度缺失和机能失衡。可适用于假释而管制、缓刑却没有规定的职业禁止令存在同样的适用领域过于狭窄的问题。因此，就禁止令与社区矫正机能必要性联系的意义上，应扩展一般或职业禁止令适用领域到所有的社区矫正范围。

第二节　恢复性司法和被害人保护机制的完善

一、重视行刑中被害人参与的必要性

我国刑事司法体系中，被害人保护和恢复性司法的力度仍相对羸弱，虽然《刑事诉讼法》中规定了被害人的当事人地位和参与诉讼的各种权利，也专门规定了基于被害人同意的和解程序这一带有恢复性司法和被害人权利保障意蕴的制度，但这些制度都集中在量刑及其之前阶段，而在嗣后的行刑阶

① See, Doris Layton MacKenzie. Evidence-Based Corrections: Identifying What Works. Crime & Delinquency, 2000(46), pp. 457 - 471.

段仍极度缺乏有效的恢复性司法和被害人保护机制，被害人权利无法得到足够保障。虽然，部分地区在社区矫正实践中有吸收被害人参与的试点机制，如矫正小组中对被害人的吸纳，但相对比较局部化和零碎化，缺乏体系化的恢复性司法和被害人保护制度。而这一问题背后体现出社区矫正行刑中对正义修复机能及其防范的社会撕裂风险缺乏关注，就实现风险管控目标而言不够周延。

基于前述社区矫正风险管控的复合需要，作为重要行刑制度的社区矫正不能忽视风险管控三大机能之一，即为了防止社会撕裂风险的正义修复必要机能。而要满足这一机能，则必须实现对社会关系的修复以及对被害人的保护，只有如此，撕裂的社会秩序才能恢复，犯罪人才不会被被害人、社区和社会整体所排斥，社会撕裂风险才能彻底消除。而要实现对社会关系的修复以及对被害人的保护，就需要满足恢复性司法和被害人保护的需求。

（一）恢复性司法与行刑社会修复

恢复性司法作为一种刑事司法模式，与以往关注国家追诉犯罪需要和刑法权威实现不同，重点关注被害人、社区以及犯罪人的具体需求，因此，与以惩罚为核心的刑事司法运作中忽视社会关系撕裂与被害权利补偿之问题形成鲜明对比，是一种以社会修复和尊重受害方地位为核心的新兴司法进路。[①]这一进路希望通过犯罪人与被害人及社区等受影响主体协商交流的方式实现各方需求共赢的局面：在共同协议和责任承担的基础上，被害人可以主动提出补偿需求，更好地体现自己的积极地位和权利；犯罪人可以接受教育，诚心悔罪，取得被害人谅解，从而减轻所受刑事制裁和回归社会的排斥；而社区或社会代表可以修补受到伤害的社区秩序和社会关系，不必为犯罪人回归社会的风险而担忧。[②] 因此，恢复性司法体现了社会本位、修复优先、受害保护和和谐主义的价值理念，为传统刑事司法增加了全新的社会修复维度，从风险管控视角而言，就是通过这种修复满足了被害人正义需求和保障了受刑人复归顺利，从而降低了社会撕裂风险。

虽然，恢复性司法由于补充性的全新机能视野，一经实践就迅速得到推广和发展，甚至成为世界刑事司法流行的制度理念，但其在刑事司法中的着

① See, Braithwaite John. Restorative Justice and De-Professionalization. The Good Society, 2004(1), pp. 28-31.

② See, Van Ness. Daniel W., Karen Heetderks Strong. Restoring Justice - An Introduction to Restorative Justice. 4th ed. Albany: Matthew Bender & Co., Inc., 2010, pp. 21 - 22.

眼重点却始终放在判决作出之前，而在行刑之中的地位和作用却常常得不到重视：这体现在恢复性司法很多下位成熟实践机制如刑事和解、认罪协商等都发生在判决前的诉讼流程之中。当然，这一方面是与恢复性司法在开始出现并勃兴过程中同减轻讼累、转处分流、受害赔偿等判决前刑事诉讼需要结合起来实现更多功能的状况有关①，另一方面也是因为判决前犯罪嫌疑人有更大的与被害人和解以获得免于或较轻处罚的动力，而判决确定刑罚结果导致受刑不可避免之后，则和解动力难以维系。但值得关注的是，恰恰在行刑特别是社区矫正行刑过程中，受刑人的社会复归和融入问题、被害人的谅解问题以及社会关系的恢复问题，随着受刑人回归社会的进程变得愈加需要考量和解决，社会撕裂风险最可能增大的阶段不是判决前的定罪量刑阶段，而是行刑特别是社区矫正行刑阶段。所以，就对恢复性司法的实践需求而言，行刑阶段更应秉持恢复性司法的精神，设置相应的司法修复措施，并将其与行刑实践中的教育改造等措施结合起来，促进受刑人的顺利回归和被害人的权利保障，恢复社会和谐，达成社会修复后消除社会撕裂风险的目标。

（二）被害人保护与行刑教育复归

被害人保护是二战以来西方兴起的被害人学的刑事司法理论的基本目标和出发点，这是随着被害人权利意识的崛起、在反思刑事司法过于强调刑事追诉和维护刑法权威的背景下兴起的刑事司法领域另一重要思潮。在传统国家垄断刑事追诉权的特征下，被害人逐渐沦为证人和一般参与人的诉讼角色，曾经长期成为刑事司法忽视的对象。然而，在权利平等保护和社会修复本位观念影响下，被害人逐渐受到了刑事司法理念和实践的重视，更在被害人学理论兴起和发展的带动下，对刑事司法实践产生了较为深入的影响，多国实践中诞生的被害人赔偿法律，明确了政府和社会的救济责任、刑事追诉和审判中将被害人地位提升和权利完善、通过刑事和解和协商增强被害人的主动权，都大大增强了刑事司法中被害人保护的力度，促进了被害人的地位提升、深入参与和权利维护。②

然而，与前述恢复性司法的实践困境类似，被害人保护理念在多年刑事司法实践中仍然只是在判决前的诉讼过程中得到积极贯彻和运用，而在判决

---

① See, Ruggiero Vincenzo. An Abolitionist View of Restorative Justice. International Journal of Law Crime & Justice, 2011(2), pp. 100 - 110.

② See, Andrew Karmen. Crime Victims: An Introduction to Victimology. Boston: Wadsworth Publishing, 2003, pp. 211 - 214.

之后的行刑阶段，则被害人并没有得到进一步广泛参与和主张权利的诸多机会[①]，被害人保护仍然存在着忽视行刑阶段的问题。这毫无疑问影响着被害人保护所带来的诸多实践优势。行刑特别是社区矫正阶段正是犯罪人与被害人可能较多接触和互相影响的阶段，被害人保护的措施不力直接影响着矫正的效果，也进一步增大了社会撕裂风险和再犯风险，风险管控目标也受到不良影响。一是由于行刑中对被害人权利的保护不够，被害人无法进一步对犯罪人形成接受和谅解，造成犯罪人回归社会时受到被害人及其环境的排斥，犯罪人难以顺利复归社会。犯罪人能有效融入回归社会的重要条件是社会关系的和谐，其中，最重要的就是被害人及其所在的社会环境的接纳与认可。然而，如果不在行刑中针对这一目标给予被害人一定的保护和关注，不能参与与表达、获得补偿的被害人自然难以形成对犯罪人的谅解，受其影响被害人所在的环境也难以放弃对犯罪人的排斥，必然导致受刑人难以复归社会，增大犯罪人的再犯风险。二是由于行刑中对被害人参与的关注度不够，丧失了通过被害人建议以及犯罪人—被害人交流沟通教育矫正犯罪人的机会，使得本来能够更快更深刻地接受到被害人被害信息从而有利于悔罪矫正的犯罪人无法得到这一机遇，受刑人可能仍然需要接受更严格的监督、更密集的矫正措施，不仅很可能减缓了矫正的进程，也降低了矫正的效果和效率，增大了再犯风险。三是由于行刑中对被害人地位的忽视，未能有效组织被害人、社区与犯罪人之间的互相理解言和，也就无法修复社会的和谐秩序，潜在的被害人报复或者社会报应也难以有效预防，增大了社会撕裂风险。因此，必须在社区矫正的过程中系统地、全面地将被害人保护纳入矫正考量、评估和处遇的各个环节，减少犯罪人改造难度和复归阻力，才能防止被害人或社区的报复风险，进一步实现风险管控的目标。

因此，综上而言，行刑阶段也必须重视恢复性司法的应用和被害人权利的保护。为了实现风险管控中社会撕裂风险和长远风险预防的目标，更好地恢复社会秩序和教育犯罪人使其顺利复归社会，就必须系统性、科学性的全程将恢复性司法和被害人保护理念整合进行刑矫正全过程，形成体系性的恢复性司法和被害人保护机制。

① See, Sebba L.. Third Parties: Victims and the Criminal Justice System. Columbus: Ohio State University Press, 1996, pp. 45 - 50.

二、恢复性司法与被害人保护的关系

（一）恢复性司法与被害人保护的必然联系

毫无疑问，恢复性司法与被害人保护两种理念之间存在着紧密的联接，从逻辑上存在着必然联系。一方面，恢复性司法以被害人权利保护为核心目标之一，充分尊重和保障了被害人在刑事司法活动中的地位和权利，不仅将以往被动的被害人的和解发动权和主动地位充分激活，体现为作为典型恢复性司法制度的刑事和解的启动和发展几乎完全依赖于被害人的积极性；而且通过恢复性司法也赋予了被害人获得更好的权利保障的机会，体现为通过刑事和解等制度可以获得犯罪人更积极的悔罪和更大量的赔偿。另一方面，被害人权利保护也为恢复性司法的实现提供了保障机制。被害人作为恢复性司法的协商中心，之所以能够接受与犯罪人的交流和解，其重要的动力就在于被害人在这一过程中能够获得更好的尊重地位和更多的权利保障，从而得到较为深入和全面的保护；而且当被害人在协商交流中也相对较为容易原谅犯罪人，促成社会秩序的恢复。[①] 由于存在上述逻辑上的必然联系，所以，恢复性司法与被害人保护存在具体实践中逻辑一致的做法。诸如，以被害人为核心之一参与的加害与受害交流协商就既是恢复性司法理念的体现，也有利于被害人保护。

（二）恢复性司法与被害人保护的目标机制差异

当然，虽然恢复性司法和被害人保护在逻辑上存在紧密联系，但其也存在目标方向及其决定实践机制的具体差异，并不能在机制上完全重合。一方面，恢复性司法更主要的着眼点是在于社会关系的和谐和社会秩序的恢复，因此，更强调多方参与的交流沟通机制的重要性，重在参与方之间的协商互动及其实现的互相和解效果。因此，实践中更倾向于采用会谈交流类的沟通会商制度。所以，即便无被害人的犯罪，基于恢复性司法的刑事会商也会要求被害社区代表甚至一般社会代表参与协商。而另一方面，被害人保护更主要的着眼点在于被害人得到了足够的参与地位和权利保障，主要是从被害人的权益一方来考量矫正的实践措施，因此，更强调对被害人尊重和服务机制的重要性，重在为被害人提供了何种待遇措施。因此实践中更倾向于采用向

---

① See, Robert Harris. Crime, Criminal Justice and the Probation Service. Oxford: Routledge, 1992, p. 65.

被害人倾斜性关注和对待的补偿服务制度。当然，诸如犯罪人—被害人协商制度是既能体现恢复性司法精神也能保障被害人权益的双重满足实践机制，但也有具体的制度如犯罪人—社区交流会议或者犯罪人向被害人定向补偿劳务是仅分别满足恢复性司法和被害人保护的各自要求的单一机能制度。

从效益角度考量，能够同时满足恢复性司法和被害人保护两种要求的机制是能实现最大产出的效益性制度，应该优先采纳，但也要考虑到不同机制的不同目标，在行刑实践中，分别采用具有恢复性司法性质和被害人保护性质的各自机制，做到两种理念都能够全面系统地贯彻到行刑过程之中。

三、确立被害人和社区全程参与机制

被害人和社区参与社区矫正应该是全流程和全覆盖的，一方面，被害人和社区参与的全面沟通协商有助于恢复性司法目标的实现；另一方面，被害人和被害社区在建议、接受补偿、协商谅解各个方面的参与也有利于充分实现被害人保护目标。其中，在有被害人犯罪的情形下，被害人以及其关系密切的亲朋好友参与以充分保障被害人的地位和权利；而在无被害人犯罪时，则选择合适的社区代表代表利益受损的国家和社会（社区）充分进行行刑参与，也可以实现社会和国家意义上的被害保护。

为了满足恢复性司法和被害人保护的理念，实现对社会撕裂风险和再犯风险更全面的监督管控，依据其参与社区矫正活动的阶段和性质不同，这些实践机制可以分为四个方面：

首先，是在确立矫正对象矫正方案时，吸收被害人和被害社区提供矫正建议和措施。被害人和被害社区对犯罪行为有深刻的体会，也与犯罪人有过直接的接触，其提出的矫正建议和措施更具备直接经验。允许被害人和被害社区参与矫正对象的决策也使得被害人和被害社区享有一定的决策参与权，有利于被害人和被害社区对犯罪人的谅解。

其次，在矫正过程中，采取特定的矫正咨商制度搭建犯罪人与被害人和被害社区的沟通交流机制，通过这一交流机制可以使得犯罪人真诚悔罪、深切认识到自己行为的危害性，更好地达成教育改造效果，也使得被害人和被害社区从犯罪人的悔罪中获得慰藉，更容易达成对犯罪人的谅解。目前，这一活动在发达国家通过犯罪人—被害人交流会议、社区矫正圆桌会议、矫正

谅解平台等具体制度得到了广泛开展①,非常值得我国借鉴。

再次,在矫正劳动服务活动中,采取定向的被害人和被害社区补偿交流服务,要求犯罪人直接面向被害人和受害社区采取相适应的补偿性劳务或补偿性服务活动,使犯罪人直接认识到自己行为的危害性便于进一步改造的同时,也可以使得被害人和被害社区权利得到进一步维护。如盗窃犯罪人向被害人提供劳务补偿,为被害人节省劳务雇佣费用的同时也是对被害人的一种赔偿。被害人的利益得到了充分的尊重,也更有利于对犯罪人形成谅解。

最后,在矫正结束后进行的矫正效果评估时,应当允许被害人和被害社区根据矫正过程中矫正对象的种种表现,对矫正对象的矫正效果提出自己的评估建议,充分保障被害人和被害社区的权利行使。这种全流程的社区矫正被害人和被害社区参与机制,可以体系化和系统性的全面在行刑中体现对被害人权利的尊重和保护,同时,由于被害人和矫正对象进行了最大限度的交流协商,也利于形成矫正对象的悔罪以及被害人和被害社区对矫正对象的谅解,最终防范社会撕裂风险,恢复社会秩序,实现恢复性司法的目标。

在正义修复机能的决定下,被害人在作为行刑方式的社区矫正中居于不可或缺的独立地位,其并非作为服务于良好改造目标的辅助参与者出现,而是对适当社区矫正措施具有重要决定权时作为矫正服务的必然对象和矫正评估的关键主体面貌出现,以满足恢复性司法和被害人补偿的双重需求。②受此理念影响,成熟的社区矫正实践逐步重视矫正的回报社会效果和被害人补偿机制,确定社区服务令既需考虑社区的受益情况和公众效应,以满足公众正义期待心理;又需考虑对被害人的心理和物理补偿,对被害人定向的悔罪式交流和补偿性劳务成为有被害人犯罪的罪犯社区矫正的优先选择。

第三节　循证矫正方法的适用

循证矫正(Evidence-based Corrections)是近年来西方发达社区矫正实践中为了应对矫正风险管控目标的需要,而借鉴医学循证方法的实践且普遍采取的一种特殊矫正探索方法。循证矫正的研究现在已经在美国、加拿大、澳

---

① See, Dorne Clifford K.. Restorative Justice in the United States. N. J.: Prentice Hall, 2008, p. 8.

② 参见郑列、马方飞:《社区矫正的新发展——恢复性司法的运用》,载《犯罪研究》2007年第4期。

大利亚、英国等国普遍推行。"所谓的循证矫正就是遵循证据进行矫正，具体来说，循证矫正是指矫正工作者在矫正罪犯时，针对罪犯的具体问题，寻找并按照现有的最佳证据等，结合罪犯的特点和意愿来实施矫正活动的总称。"[①] 循证中的"证"是最佳实践证据，它体现为那些已经被科学研究所能够证明能有效降低犯罪率、减少社会风险的矫正具体特征。可以说，循证矫正就是用现代科学的研究方法在矫正领域中进行理论与实践的互动研究，是通过对有效的实证证据的归纳探索，客观、均衡、负责地使用目前研究成果最有效地去指导矫正实践的过程。

一、基于风险特征的循证矫正必要性

循证矫正之所以被证明是一种有效的矫正风险控制方法，是因为风险因素本身具有实证化、差别化和动态化特征，只能科学地从特定时空背景下动态发生的矫正实践中采用实证方法抽象归纳发现。

(一) 风险的实证化需求

风险因素主要是一种实证化因素，而非先验的理论演绎性因素。人身风险性因素体现的是社会环境中可能造成危险人格形成的特定因素，这些因素只能从特定社会环境中通过实证观察分析、统计归纳而调研出来，而无法做出抽象的理论演绎。刑事古典学派之所以受到新的实证学派的批判之处就在于其认为理性人格因素是抽象一致的，遵循来自于形而上的先验抽象的哲学定义，犯罪风险的因素就是功利主义条件下的犯罪带来的收益大于刑罚的苦，不受其他具体实证因素影响。而这从实证主义角度而言就是一种脱离了社会实证状况的纯逻辑分析，将犯罪风险因素看作是不受环境影响的稳定常量，其结论的准确度和可行性都有问题，因此，对人身风险因素也不可能作出科学的判断。刑事古典学派理论的刑罚实践确实未能遏制十九世纪中后期的垄断资本主义犯罪高潮，这表明了抽象人格论的理论局限性，刑事政策从而转向新派实证主义方法，从人格危险性角度重新组织犯罪治理，取得了良好的成效，从而，表明实证学派社会决定论和风险实证化的合理性。这就说明人格风险因素应该采用实证主义认识方法，循证式归纳风险因素及其规律，尊重其实证化的特征。

① 张苏军:《在循证矫正方法及实践与我国罪犯矫正研讨班上的讲话》，载《犯罪与改造研究》2013 年第 1 期。

（二）风险的差别化考量

风险因素是一种差别化的因素，随着社会环境的时空不同而产生差异，强调在时在地特征，因此，必须在特定时空背景下加以认识分析。由于人身风险因素的实证化特征，导致风险因素受到犯罪人所在的社会背景实际决定，因此，社会背景本身所具备的特征就成为了风险的决定条件。而不同时空环境情形下，社会背景都会产生不同特征，因此，受此决定的风险因素也具有不同时空条件下的差别化。在对风险因素进行实证归纳提取时，只有充分考虑到具体的社会时空情境及其决定性影响、循证的对象是犯罪人特定时空背景下的风险决定机制，才能够保证风险因素合理归纳和应对的科学性。所以，单纯照搬照抄国外的风险评估体系和机制存在的问题就在于脱离了时空环境特征和实证机制，无法科学地考量特定时空环境的决定性影响，导致风险管控效果有限。

（三）风险的动态化要求

最后，风险因素受实证化特点决定，也必然是一种动态化的因素，随着社会环境的变化相应发生动态变化，因此，只有通过循证的方法才能及时认识和分析这种变化，将变动中的风险因素及时加以修正分析。风险因素如前所述是随时变化发展的，需要根据社会情势的变化及时将这种动态发展纳入风险因素的归纳分析之中，以保证风险评估指标体系的科学性和有效性。而只有通过循证方法，将实践中的最佳证据定期进行分析总结归纳，才能保证风险因素的动态变化得到及时的反映，也才能保证针对性矫正措施和风险管控措施的及时效果。

总之，循证矫正的方法的有效性本质上是由风险管控中风险因素的特征所决定的，循证矫正的有效实践也充分证明了其对科学掌控风险规律、实行合理矫正措施的重要意义，与理论必要性本身也相契合。

二、循证矫正的方法借鉴

循证矫正最重要的可推广价值就在于其是一种被证明了的有效矫正方法论。其对社区矫正实践的重要借鉴意义就在于用一种可靠有效的方法评估获取有效矫正经验证据，并将之作为有效矫正罪犯的先决条件。“循证矫正方法是在循证矫正过程中采用何种方法去收集证据或者数据。”[①]如果采用

---

① 参见王平、安文霞：《西方国家循证矫正的历史发展及其启示》，载《中国政法大学学报》2013 年第 3 期。

了循证矫正的科学方法，就可以在任何社区矫正中结合具体的环境特点对其矫正经验证据进行科学地归纳总结，形成矫正规律，并将这种科学矫正规律进一步在实践中验证发展再次实证归纳，形成理论与互动的良好循环。从这个意义上说，循证矫正也是一种自我循环的矫正完善机制。循证矫正的方法最主要的有两个步骤：一是对循证证据的有效获取，二是对获取的循证证据的归纳总结。

（一）循证证据的获取

循证矫正的基础步骤是最佳证据的获得，那么，在矫正实践和研究中我们面对海量的矫正实证经验，需要一定的机制去保证获得的是值得进行归纳总结的最好证据。这时就需要使用证据分级方法。[①] 该方法认为，可以把获得的证据按照获取的科学程度和有效性分为不同的级别，采取不同的循证总结对策。第一类证据级别称为“最优证据”，这类证据遵循科学验证的规律，包括严格控制的对照组实验、明显的证据效用，比如矫正做法能够明显持续的减少矫正再犯、良好的可推广性和普遍性以及获得其他间接证据和辅助证据支持等特点；第二类证据级别称为“次优证据”，这类证据在遵循科学验证的规律上相对弱些，但也较好地符合了科学规律，包括合理控制的对照组实验、有一定显著性的证据效用，比如矫正做法相对其他做法持续的减少矫正再犯、一定的可推广性和普遍性以及部分获得其他间接证据和辅助证据支持等特点；第三类证据级别称为“良好证据”，这类证据基本还可以遵循科学验证的规律，虽无科学研究要求的对照组实验，但有一定的证据效用体现，比如矫正做法通常持续的减少矫正再犯、尚有推广性和普遍性以及能找到间接证据和辅助证据支持等特点；第四类证据级别称为“无效证据”，即便证据提供者如矫正官宣称某种实践做法效果良好可以作为循证证据，但是并未遵循科学的提取方法，也不具备可推广性，且可能跟其他现有的证据相矛盾，则这样的证据就不能作为循证矫正的依据。不同的证据级别代表了在循证矫正证据提取中的优先顺位，即有第一级别最优证据时优先提取，没有最优证据情况下可以选择次优证据，次优证据也无可选择时良好证据也可以作为参考，但无效证据无论在何种情形下都不能作为循证矫正的依据。[②]

（二）对循证证据的归纳总结

循证矫正方法的第二个环节是对循证证据的科学归纳总结。循证矫正

① 参见张崇脉：《当代美国循证矫正及其启示》，载《中国刑事法杂志》2013年第6期。

② 参见周勇：《循证矫正的理念、方法与价值》，载《中国司法》2013年第7期。

的归纳需要遵循一定的科学流程，这是保证循证矫正科学化的关键。这步骤包括：首先，根据矫正目标检索证据。根据现有的矫正方案内容，以矫正良好的效果或效率为依据对矫正对象进行证据整合，确定良好的循证证据。其次，对确定的循证证据进行归纳总结，从研究证据中进行取舍分类并归纳其共性特征。再次，形成矫正规律。在对循证证据归纳的共性特征和矫正对象特征之间确定平衡的标准，找到矫正目标和相关变量（矫正人格特征等）之间的规律性关系，以确定什么样的最佳证据和不同矫正对象相匹配。[①] 最后，进行矫正规律验证。将获取的矫正规律在实践中不断地进行监控、观察，适时修整或调整矫正规律。

三、循证矫正的成果的借鉴

在世界社区矫正领域循证矫正方法运用过程中，以风险管控为目标，已经形成了许多具有共通性的社区矫正的良好矫正规律和矫正经验，值得我们现有的社区矫正进行具体借鉴。

（一）重点风险监控矫正规律

这一规律的主要内容认为，社区矫正有限的监管和治疗资源应当优先应用于那些具有较高再犯罪风险的罪犯。循证研究表明，当刑罚资源投入的重点是高风险罪犯而非较低风险罪犯时，刑罚资源的运用就更加有效。把监管和治疗的资源重点运用于低风险罪犯，本身也很难再提高矫正效率，从而导致资源浪费。[②] 如果将这些资源转移运用于更高危险的罪犯，可以明显地促进对这些犯罪人的矫正和监管效果，极大提高公共安全水平，因为这些罪犯更加需要融入社会的技能和思想，也需要进一步严格的监控，他们更可能是常犯。降低这些高危险罪犯的再犯率会有更大的收获。成功地应对这类罪犯需要将研发良好的矫正方案运用于较小的个案量，并针对罪犯的具体犯因性需求，实施充分密集的认知行为干预疗法，可以充分利用矫正资源。

（二）犯因需求规律

社区矫正应重视解决罪犯的最重要的犯因性需求。罪犯有各种各样的需求，其中有的需求与其犯罪行为有直接的关联。重要的犯因性需求是动态的危险因素，对之加以解决或改变时，会直接影响再犯风险。犯因性需求主

---

① 参见王平、安文霞：《西方国家循证矫正的历史发展及其启示》，载《中国政法大学学报》2013年第3期。

② 参见翟中东：《危险评估与控制——新刑罚学的主张》，载《法律科学》2010年第4期。

要包括：犯罪人格、反社会的态度，价值观和信仰；自我控制力低；犯罪同伙；物质滥用和家庭破裂。在对罪犯进行评估的基础上，可以优先考虑这些犯因需求，以便于对罪犯所提供的矫正服务集中于其最重要的犯因性需求。[①]

（三）反馈度规律

要重视受刑人对矫正措施的具体反馈程度。这要求我们在给犯罪人提供矫正服务时，充分考虑其个体特征对其接受矫正措施的反映程度。罪犯的个体特征包括但不限于：文化背景、性别、动机、发展以及学习方式等，这些因素影响着罪犯对于不同处遇的反应。因人施教原则还要求提供给罪犯的处遇措施是经过证明有效的。某些治疗策略，如认知行为方法，经严谨的科学研究证明，一直具有减少重新违法犯罪的良好效果。为罪犯提供适当的矫正对策，意味着要根据这些个体因素来选择反馈度良好的矫正服务措施，包括那些能获得较好反馈的与罪犯相匹配的处遇类型，以及与罪犯的变化准备阶段相匹配的沟通方式和方法。

（四）分类矫正规律

以往的社区矫正依据风险进行的评估处遇过分强调了风险的分层而忽视了风险的分类。循证矫正的研究表明，不同犯罪类型和犯罪人类型的矫正对象具备不同性质的危害风险，其所适应的矫正措施和监管措施也依据这种类型化差异而显著不同。因此，对矫正对象类别只按照风险等级不加区分的一律适用同类矫正手段往往无法达到良好风险管控效果。这就要求对矫正对象依据犯罪类型和犯罪人类型区分不同的类别进行循证矫正，从矫正经验中探索适用于不同性质矫正对象的最有效的类型化矫正措施和管控措施。[②]

目前，在国外通过循证矫正研究发现行之有效的分类矫正措施有许多，比如，在美国对交通犯罪的矫正对象采取参加交通秩序维护和交通道路事故辅助活动等矫正形式，使得矫正对象认识到了其交通犯罪行为对交通秩序和安全的伤害，从而起到针对性的教育矫正效果。此外，日本采取的根据犯罪人的类型进行分类矫正的保护观察令制度已经写入立法，通过更生保护法律（即日本的社区矫正法律），区分五类（五号）矫正对象，采取相对应的各有特色的矫正措施，效果良好：一号观察，是指对接受《少年法》第 24 条第 1 款第 1 项的保护观察的人所实施的保护观察；二号观察，是指对从少年院中被假

① See, Leanne Fiftal Alarid. Community based Corrections. Wadsworth: Wadsworth Publishing, 2014, p. 122.

② 参见艾晶：《女犯社区矫治的可能性研究》，中国社会科学出版社，2014 年版，第 49－52 页。

释出来的人的保护观察；三号观察，是指对被假释的人的保护观察；四号观察，是指对被判处缓刑、根据日本《刑法》第25条第2款第1项的规定附加保护观察的人的保护观察；五号观察，对妇女进行的专门辅导观察。[①]

从风险管控的理论出发，我国社区矫正制度中有许多实践问题值得研究。首先，应明确和完善作为社区矫正伴生制度的禁止令设立依据。从特定意义而言，禁止令就是可选择的、司法判决的特定社区矫正措施，社区矫正所要满足的三重风险预防机能也同时应该是禁止令所要满足的机能，因此目的论意义上，判定禁止令是否实施及实施内容的依据可从其机能出发得以确定。第一，"改造和预防再犯罪的需要"来自教育矫治机能需求。第二，从监督管控机能出发，禁止令依据也可以是预防犯罪风险的现实需要。第三，禁止令最容易被忽视的依据是社会秩序的修复和被害人保护机能。受机能复杂性影响，禁止令的决定根据应该是择一或复合的。除了少量的择一性考量之外，应在复合机能需求的基础上进一步明确多元适用根据，扩展适用范围。其次，应明确恢复性司法和被害人保护在社区矫正中的体系性机制。对社会撕裂风险的预防最终决定了社区矫正应满足应报正义为核心的社会修复和被害人保护机能，这一机能表明社区矫正措施应定向满足社区和被害人的正义心理需求及物理性需求，以合理修复社会秩序。在此机能的决定下，社区与被害人在社区矫正中居于不可或缺的独立地位，对适当社区矫正措施具有重要决定权时作为矫正服务的必然对象和矫正评估的关键主体面貌出现。此外，成熟的社区矫正实践逐步重视矫正的回报社会效果和被害人补偿机制，确定社区服务令既需考虑社区的受益情况和公众效应，以满足公众正义期待心理；又需考虑对被害人的心理和物理补偿，对被害人定向的悔罪式交流和补偿性劳务成为社区矫正处遇中不可忽视的必要措施。最后，作为科学管控风险的良好经验做法，循证式矫正是风险因素实证化、差别化和动态化特征必然要求的矫正归纳分析适用方法。特别强调根据矫正时空背景动态总结归纳适应性矫正方法，采用循证手段，进行经验归纳式矫正。这点对确立我国特色的社区矫正制度有重要的借鉴意义。

---

① 参见鲁兰：《中日矫正理念与实务比较研究》，北京大学出版社，2005年版，第34页。

第九章

非刑制裁方案：基于风险管控的社区矫正扩展

从风险管控的视角出发，不仅社区矫正制度运行有了较为全面完善的合理化方案，而且，对社会整体风险治理也成为可以扩张选择使用的理想方案之一。跳脱出行刑论思维，社区矫正制度可以实现立法论和刑事政策论意义上的积极意义。对接近犯罪的非刑制裁，风险管控视角下的社区矫正也应是良好考量方案之一。一个最明显的可能适用领域，就是劳动教养制度废止后，风险管控真空填补正是社区矫正制度扩展和风险管控机能发挥作用的良好契机。

劳动教养制度因为权利保障和制度合理性原因而废止之后，原《公安机关办理劳动教养案件规定》规定的十种劳教适用对象在实践中如何处理亟待明确和解决，即从风险管控的视角存在该制度废止后所遗留的社会侵害风险的真空。对这一问题，学术争论中形成“二元分流说”“轻罪说”和“保安处分说”三种观点和方案。然而，从权利保障和权利均衡视角，“二元分流说”有违反罪刑法定原则和谦抑原则之嫌；“轻罪说”在应然层面和立法合理性上无法说明扩大犯罪圈的有效理由，从而有不当侵入权利范围的嫌疑；“保安处分说”引入的保安处分制度存在设计偏差，对象与原劳教适用对象不同，无法有效填补矫治真空。

国外成熟制度中对相当于原劳教适用对象最常适用的是社区矫正处遇

措施，社区矫正也是对较轻人身危险性主体实施的平衡风险管控和受处遇人权利兼顾的最优选择。然而，目前我国法律将社区矫正定位于法定监外刑罚执行方式，较少考虑社区矫正面向较轻违法行为的适用扩展及其理论发展问题。在我国犯罪与治安管理违法行为二元独特体制下，要切实可行解决劳教废止后的风险管控真空问题，就要超越目前社区矫正职能定位，使得社区矫正可适用于原劳教适用对象的十种类型。这种职能定位的扩展，有并列制、统一制和补充制三种模式可供选择。回溯至原劳教适用的对象作为出发点，并列模式相对更能在我国法律体系下说明作为劳动教养替代措施的社区矫正制度。在我国现有对社区矫正的明确法律界定下，宜将这种作为劳教替代措施的对违法行为的社区处遇区别性地称之为社会矫正。社会矫正的理念和制度设计正是风险管控视野下为替代劳动教养制度、填补劳教废止后矫治真空的核心研究内容，也是社区矫正职能和定位扩展的核心体现。

从理论应然性和立法实然需求考察，社会矫正制度性质上具有结合保安处分制度和社区矫正制度特点的独立矫治制度的地位和意义。控制和引导社会矫正基本逻辑和处遇模式的处遇目的（保安处分与社区矫正亦是如此）是风险管控。以风险管控为目标并不会伤害作为废止劳教出发点的权利保障理念，因为基于风险管控的社会矫正，除了在维护社会秩序的意义上是对公共安全的人权保障之外，也强调对被处遇对象的权利保障，是在保障公众权利安全与保护受处遇人自由及福利权之间的衡平。沿用定量逻辑，虽然社会矫正制度宜于独立规定，但并非与现有法律体制相脱节，而是紧密衔接和功能互补的：一方面，社会矫正与社区矫正实现对较低风险主体的矫治无缝衔接；另一方面，社会矫正与治安管理处罚功能衔接，从惩罚性和矫正性两面实现风险管控目的。

第一节　劳教废止后社区矫正替代方案的合理性

一、劳教废止后的学说方案之争

劳动教养制度废止后，原《公安机关办理劳动教养案件规定》规定的十种劳教适用对象在实践中如何处理问题存在许多争议、亟待明确和解决：是利用现有的制度体系框架转处分流还是另辟蹊径设置专门处理机制？是从行为定性着手扩张犯罪圈或治安违法范围还是从处遇着手增加违法行为矫治或保安处分？原有管理机构人员是机关内部转型继续设置还是进行司法化转型和职能消解？对这些问题的看法莫衷一是，尽管学术界也进行了深入的研究和探讨，仍存在巨大的观点分歧和差异性的多元见解。

其中，相对主流的“二元分流说”主张维持和运用现有的犯罪和治安违法行为二元机制，将原劳教法律适用对象一分为二，分别向犯罪圈和治安管理处罚圈分流、纳入犯罪或治安违法行为的范围[①]，分别进行刑事处遇或治安管理处罚对待，将原劳教对象纳入现有制度化惩处的轨道。[②] 而“轻罪说”则通过考察外国经验发现，我国原劳教适用的行为通常是在国外作为轻罪或违警罪，并纳入刑事法处遇的对象。[③] 所以，该说认为应适度扩张刑法犯罪圈范围，将原劳教使用的行为新设立为刑法中轻罪或违警罪，并设立与之相对应的更轻刑罚，以将原劳动教养对象纳入轻罪或违警罪范畴，通过刑事诉讼司法认定，以实现对原劳动教养对象的程序性权利保护和轻罪轻罚。[④] “二元分流说”和“轻罪说”都着眼于对原劳教适用的行为进行重新定性从而将其再次纳入处遇范围，但无论是在运行中将行为纳入犯罪圈还是从制度上扩大犯罪圈的范围，都面临着扩张犯罪的实际范围，损害刑法谦抑原则的质疑。为了避免这一问题，“保安处分说”认为应从处遇方式着手，毋需扩大犯罪认定范围或变动现有犯罪种类，而应借鉴西方国家犯罪处遇的二元模式在刑罚之外新设保安处分制度，即设立与刑罚并列的针对有人身危险性对象的隔离和预防措施即保安处分制度，用来矫正原劳教适用对象。[⑤] 这些观点对劳教废止后的制度衔接和处遇真空修补有建设性的重要意义，但也因为观点纷争造成了路径或方法的选择困难。

二、风险管控和权利保障平衡中的劳教替代方案检视

而要明确具体的观点合理性、选择解决方案，首先，必须明确法律制度及

① 参见高铭暄、张慧：《劳教制度废除的必要性及后劳教时代的配套措施》，载中国社会科学院法学研究所主编：《“后劳教时代的刑法结构完善”学术研讨会论文集》2013 年 11 月。

② 参见阮齐林：《后劳教时代刑罚结构的调整》，载《苏州大学学报》2014 年第 1 期。

③ 参见卢建平：《法国违警罪制度对我国劳教制度改革的借鉴意义》，载《清华法学》2013 年第 3 期。

④ 参见梅传强：《论“后劳教时代”我国轻罪制度的建构》，载《现代法学》2014 年第 2 期。

⑤ 参见时延安：《劳动教养制度的终止与保安处分的法治化》，载《中国法学》2013 年第 1 期。

其实践并非凭空建构，而是“形式、价值和事实的一种特殊结合”[①]，法律制度及其实践的选择演变都必须符合特定的作为制度逻辑起点的价值目标。所以，相对合理的分析路径应是首先确定制度选择所要达成的价值目标和逻辑前提，以此检视诸种观点和方法，从中确定其合乎目的性的内容，方能作出科学合理的方案选择。对劳教替代方案的择取，首先也必须回溯原劳教制度及其所处的行政和司法环境的价值目标，并从这种价值目标回溯诸种方案，方能得出合理结论。

一方面，权利保护一直是当代社会最重要的价值目标。从权利保护的目标出发，法律制度的设计和运作需要实现诸种基本权利的平衡保护。[②] 另一方面，如前所述，风险社会情势下，风险管控是社会安全和发展的基本需求，甚至控制社会风险、保障民众的安全也可以说是另一层面上的权利保护。就违法犯罪行为及其刑罚或治安处罚而言，其背后的价值就体现为在风险管控及民众安全保障与违法犯罪者合法权利保障之间的权衡选择。一方面，《刑法》和《治安管理处罚法》等制度设计本身是着眼于对社会风险的管控和社会秩序的维系，通过刑罚和其他处罚措施实现对违法犯罪行为的一般预防和对违法行为者的特殊预防，尽量降低违法行为风险，保障社会安全；另一方面，违法犯罪行为者虽然受到了《刑法》和《治安管理处罚法》的处遇，但其他合法权利并未受到贬损，且秉持必要性和比例性原则，只有确有必要加以禁止的行为才能受到处罚，且处罚必须与行为相适应，以最大程度维持和保障受刑人和受处罚人的权利范围。这种权利均衡受到人权概念和范围的变化及社会环境的影响并非一成不变，而是需结合权利的发展程度和社会的风险管控的具体需要进行价值平衡，但无论如何变化都需要在两种价值机能中进行兼顾而不能偏颇一方。原劳动教养制度作为对违法行为者的处遇方式，主要强调了社会风险的严格管控和对民众安全的保障，但其制度设计和运行严重忽视了被劳教对象的程序性权利和人身权利，导致权利保护严重失衡因而被废止。[③] 但是，直接废除劳教制度后，又会使得原来受其制约的社会风险和保护的社会秩序失却保障，同样导致权利保护需要重新平衡，因此，出现了风险管

① ［美］E. 博登海默：《法理学：法律哲学与法律方法》，邓正来、姬敬武译，中国政法大学出版社，1987 年版，第 187 页。

② 参见张文显主编：《法理学》，北京大学出版社、高等教育出版社，2011 年版，第 87 页。

③ 参见陈国坤：《劳教废止后对违法犯罪行为惩治和矫正的法律导向》，载《时代法学》2014 年第 4 期。

控真空需要进行修复。而劳教替代方案无论是现有制度设计框架下的分流性实践还是新设犯罪或保安处分等制度，都需要放到风险管控与权利保障平衡的视角全面检视，一方面需要满足一般预防和特殊预防的机能，有效保障风险管控和公民权利安全，另一方面又需要制度安排满足处罚权力行使的必要性和比例性，以谦抑和适度为原则，维护被处遇对象的合法权利，方能保证其对价值目标的合目的性，也才能保证方案的科学合理性。

从这个意义上说，以上三种观点都有其值得商榷之处。首先，"二元分流说"难以解释违反刑法谦抑性和必要性原则，即限制原劳教对象权利、扩大犯罪圈的质疑。[①] 如果说，将原劳教适用对象纳入治安管理处罚范围却并未改变行为的行政违法性质，则将原来劳教适用的并不作为犯罪处理的违法行为分流为犯罪行为，则面临着加重处罚和过分侵入权利的质疑。即从原劳教适用的行为向犯罪的分流从规范论意义上难以解释，因为《刑法》规定并未发生绝对变化，法定犯罪范围并未发生绝对变化，何以原劳教适用的部分行为就直接从非犯罪行为纳入了犯罪行为，这必然面临刑法解释学上的说明困境。[②] 更何况原《公安机关办理劳动教养案件规定》的十种适用对象都明确规定或表明为"不够刑事处罚的"及接受过"行政处罚的"。因此，"二元分流说"很可能通过扩大犯罪圈的扩张解释方法而达到这一目标，这不仅在罪刑法定原则的层面上难以负荷，且有违反谦抑原则之嫌。其次，"轻罪说"虽然属于新设犯罪类型的制度设计层面方案而没有规范解释的问题，但其仍然在应然层面和立法合理性上无法说明扩大犯罪圈的有效理由，从而有不当限缩适用对象权利的嫌疑。在出于权利保护的犯罪限缩和除罪化的浪潮下，"轻罪说"反其道行之，不可避免在应然层面构成对刑法谦抑性的挑战，其扩大犯罪圈、抑制权利范围的程度远超前述刑法扩张解释的影响。而"轻罪说"论者仅给出我国《刑法》与治安违法行为二元体制与西方不同或劳教需司法化的技术理由，并不足以说明这样重大的对权利价值的限制，西方轻罪体制未必就比我国的二元体制更能实现权利保护。违法行为本身即可纳入司法化轨道，而不是必须借助轻罪或违警罪的引入。且轻罪或违警罪的设计属于"牵一发动全身"的制度建构观点，与当下我国犯罪与治安管理违法行为二元体系难以有效契

① 参见储陈城：《劳教违法行为的归宿——基于对"保安处分说"和"二元分流说"的批判分析》，载《法学》2014 年第 8 期。

② 参见袁林、姚万勤：《用刑法替代劳教制度的合理性质疑》，载《法商研究》2014 年第 6 期。

合，不仅涉及重构我国犯罪体系的宏大命题，还需要面对刑法与刑事法衔接、治安管理处罚行为如何定位的重重难题，能在多大程度上解决目前紧迫的问题尚存疑问。最后，"保安处分说"虽然认识到了原劳教适用的违法行为对象与保安处分对象的人身风险共性，也非扩大犯罪圈限制处遇对象权利，但从保护公众安全的风险管控视角上看，保安处分制度引入存在设计偏差，难以保证填补原劳教适用对象的风险管控真空。这是因为，保安处分对象理论上主要适用于存在刑事不法而无责任方或者已受刑罚处罚而进一步补充处遇的对象，这与作为原劳教适用主要对象是单纯不法行为未达刑事不法程度的性质并不相符，其风险管控的处遇手段也难以一致，所以难以直接借鉴适用，否则特殊预防的效果恕难保证。[①] 此外，保安处分制度设计也涉及刑法处遇体系的重构性变动，将现在的刑罚一元制架构转变为刑罚和保安处分的二元制架构，面临刑罚重构和两种处遇手段的衔接等重重制度难题，也难以解决目前劳教废除后的迫切制度需要。

三、基于风险管控和权利保障均衡的社区矫正方案合理性

诚然，如"轻罪说"所作的考察，作为我国原劳教适用对象相适应的违法行为，主要是未达犯罪程度的暴力或违反社会秩序的违法行为，在西方大多纳入轻罪或违警罪的范围。但如前所述，在犯罪论意义上的"轻罪说"借鉴面临着权利失衡和制度重构的缺陷，难以作为可行的合理方案。但作为对处遇方式的解决方案，值得关注的是，国外成熟刑事制度中对相当于原劳教适用对象的轻罪或违警罪这类人身危险性较轻主体，最常适用的是以社区矫正为内容的刑罚处遇措施，且效果良好。社区矫正也是对较轻人身危险性主体实施的平衡风险管控和受处遇人权利的最优选择。

一方面，从社会风险有效管控的层面出发，社区矫正制度的理论基础是着眼于有效预防再犯效果的风险管控理论。即从改造效果的角度考量，社区矫正可以实现较轻违法犯罪者的非监禁化和复归社会化，既通过适当风险监督手段防止社会中矫正的即刻风险实现；又有效防止交叉感染，可以矫正后无碍融入社会，对未来再犯风险长远预防，保障风险管控的最大功能实现。特别是二战后国外对社区矫正的职能和处遇模式研究蓬勃发展，产生广泛实践影响，就较轻违法犯罪人矫正而言，已成为替代监禁刑的主要行刑方式，广

① 参见林亚刚、黄鹏：《劳教改革与刑罚权扩张论辩》，载《西部法学评论》2014 年第 2 期。

泛应用于缓刑、假释等狱外行刑制度。尽管有过报应刑论复归的短暂低潮，社区矫正支持者经过持续研究与反思，已推动社区矫正成为独立于监禁刑的，涵盖审前处遇、犯罪处遇和不法处遇的普适性处遇方式。[①] 其职能在理论和实践上都有广泛扩展，早已超越刑罚执行方式本身扩展至审前释放和转处、未成年人保安处分等刑罚周边领域，教育复归之外兼具更进一步保障预防再犯效果的司法分流和风险管控职能；与之相适应，其处遇模式也从个案评估和分别矫治的医疗模式向以风险分类评估和管控为基础的各种分流和动态模式扩展[②]，以更抽象明确的人身风险因素替代相对模糊的人身危险性因素，实现评估处遇的进一步法制化和明确化，适用于各种复杂矫治领域。受此影响，在矫治模式上，针对不同危险类型的违法犯罪人探索具有广泛适用性和有效性的多元化中间矫正模式（Intermediate Correction Mode），创新出如休克缓刑、矫正训练营、中途之家、日间报告中心和居家处遇等针对举措。[③] 基于其深厚的理论实践积淀和良好成效，社区矫正在预防较轻犯罪人再犯、保障公众安全的风险管控意义上，已成为适用面最广、适用手段最多元的主要处遇方式。

另一方面，从受处遇人的权利保障来说，社区矫正也是对人身危险性较轻的违法犯罪者最谦抑、权利保护最充分的处遇方式。其一是社区矫正的设定必须经过正当司法程序，经由法官通过正当庭审制度决定，受处遇人有充分的诉讼权利和救济权利。其二是相对于监所机构封闭式处遇来说，社区矫正对人身权利和自由权利的限制最小，也最不容易受到非法侵害。社区矫正相较于原集中劳教方式完全剥夺人身自由而言对自由权只是局部限制，且随着社区矫正方式的多元化，从较多限制人身自由的中途之家（Halfway Houses）到较少限制人身自由的居家矫正，可以根据受处遇人情况灵活选择最谦抑和必要的限制手段，保证对人身自由限制的最低程度。[④] 其三是社区矫正是最有利于受处遇人复归社会、实现社会权利的处遇方式。社区矫正制度设计初衷就是着眼于受处遇人社会化能力的恢复塑造，防止受处遇人与社会脱

---

① See, Shannon M. Barton-Bellessa, Robert D. Hanser. Community-Based Corrections: A Text/Reader. Thousand Oaks: SAGE Publications, 2011, p. 107.

② See, Andrews D. A., James Bonta, Stephen J. W.. The Recent Past and Near Future of Risk and/or Need Assessment. Crime & Delinquency, 2006(1), pp. 10 - 12.

③ 参见吴宗宪：《社区矫正比较研究（下）》，中国人民大学出版社，2011 年版，第 227 页。

④ 参见但未丽：《社区矫正：立论基础与制度构建》，中国人民公安大学出版社，2008 年版，第 143 页。

节从而再次犯罪，因此，受处遇人得以在社会环境中开放式改造。由于受处遇人在社会中进行矫正改造，因此，仍然能够行使部分社会权利，同样享受各种社会安全和福利保障，除了法律明文规定受到限制的部分政治权利和自由权利，其社会中享有的其他自由政治权利和社会权自然得到最大程度保护。① 其四是随着社区矫正理论的进一步演进，对受处遇人的回归社会和生存保障成为国家福利体系的一部分，国家不仅负责对受处遇人的矫正改良，还有义务保障受处遇人的更生适应和社会生存权，受处遇人的安置和基本生活成为国家保障的社会权的一部分。② 所以，发达国家多设有社区矫正解除前后的帮助过渡机构和接轨安置机构，配备专门人员和物质条件保障社区矫正对象解矫后的更生和生存权利。因此，相较于原劳教适用对象主要的集中劳教措施，社区矫正无论在社会风险管控的预防效果层面还是受处遇人的权利保障层面都更加全面有效，成为最能达到风险管控与权利保障均衡保护效果的、针对较轻违法者的有效处遇措施。

第二节　填补劳教废止真空的矫正扩张模式选择

一、三种社区矫正扩张模式及其辩证选择

目前，我国法律将社区矫正定位于法定监外刑罚执行方式，社区矫正适用面有限，虽然理论上社区矫正是研究热点，但对社区矫正职能和处遇模式的研究仍集中于罪犯特殊预防和复归社会方面，而较少考虑社区矫正面向较轻违法行为的适用扩展及其理论发展问题。目前，虽有部分学者在论及国外社区矫正状况或制度展望时提及社区矫正适用对象向轻微违法行为者的扩展可能性问题，但多为简单论述，并未有深入探究。社区矫正难以进一步扩展至作为原劳动教养对象的轻微违法者，一方面，无法发挥社区矫正对原劳教适用对象的轻微违法的特别有效矫治功能，劳教废止后的矫治真空仍然难以有效填补；另一方面，也限制了社区矫正的职能和模式的全面发展，难以如西方理论实践般展开对多元职能和前沿矫正模式探索。在我国犯罪与治安管理违法行为二元独特体制下，考虑到原劳教适用对象的轻微违法特性和特

---

① 参见王顺安：《社区矫正研究》，山东人民出版社，2008 年版，第 77 页。

② Robert D. Hanser. Community Corrections. NY: SAGE Publications Ltd, 2010, p. 59.

殊预防需要，借鉴国外社区矫正的相关经验，要切实可行解决劳教废止后的矫治真空问题，就要超越目前社区矫正职能定位，使得社区矫正可适用于原劳教适用对象的十种类型。

当然，这种职能定位的扩展有几种模式可供选择：一是并列制，即设立并行于作为刑罚执行方式的社区矫正制度的社会矫正制度。社会矫正制度针对原劳教适用的十种对象并可在未来向收容教育、收容教养对象扩展。社会矫正制度需要国家基本法律加以规定，法律中明确规定社会矫正的性质、对象、司法程序和实施细则。社区矫正制度定位于行为的矫治，与社会矫正制度在评估和处遇方法上相似，甚至可以统一二者危险评估处遇标准；但其适用对象和司法程序有所差别，前者仅针对较轻犯罪人，遵循刑事诉讼程序；后者是针对较轻违法行为人，遵循特别的违法行为矫正决定程序。二是统一制，即将现有社区矫正制度适用对象进行扩展，使得社区矫正既能针对较轻人身危险性的犯罪人，又能针对具有更轻人身危险性的违法行为人。将刑罚或违法行为的确定和作为刑罚与违法行为矫治执行方式的社区矫正的法律分开，在《治安管理处罚法》中将社区矫正作为对较轻违法行为人的处理方式之情形进行规定，涵盖原劳教的适用对象；同时制定单独的《社区矫正法》，统一刑罚和违法行为矫治的社区矫正执行机构、实施方法、评估和处遇标准等具体矫正制度。三是补充制，即将对违法行为的社区矫正设定为类似于国外保安处分的制度设计，将这种社区矫正规定于刑法之中，作为对经过刑事诉讼程序认定虽有犯罪性质的行为但构不成犯罪的主体(包括无刑事责任能力、达不到定罪量的要求的违法和恶习行为的人)，即包括原劳教适用对象的主体，进行作为刑罚补充的社区矫正。① 这种社区矫正在性质上区别于作为刑罚执行方式的社区矫正，但在执行机构和处遇标准上又能实现与作为刑罚执行方式的社区矫正的统一。

以上三种模式各有其合理之处，但是，回溯至原劳教适用的对象作为出发点，可见作为替代方案的社区矫正的对象是违法行为，而与现有法律所规定的作为刑罚执行方式的社区矫正的对象是犯罪人存在属性上的截然不同，由此，导致了两种矫正对象的人身危险性也存在显著差别，并进一步决定了其具体矫正处遇措施的差别。此外，对违法行为的矫治与对犯罪的矫治不仅在实体法上存在巨大差别，在程序法上也有不同程度的要求，作为对犯罪的

① 参见刘仁文：《劳教制度的改革方向应为保安处分》，载《法学》2013 年第 2 期。

矫治手段的社区矫正的确定，应遵循刑事诉讼法的程序要求，而对违法行为的矫治则难以为刑事诉讼法所囊括。所以，作为劳教替代方案的社区矫正与作为刑罚执行方式的社区矫正差别巨大，从而使得统一制模式难以存在现实基础。而补充制虽然也将违法行为的社区矫正与犯罪的社区矫正分开，但将前者仍然置于刑事诉讼的范围内，并参照保安处分进行制度设计，也难以说明行为矫治与刑罚矫治的区别，且仍然面临违法行为的社区矫正与保安处分对象属性的差异而难以一体化的质疑。因此，相对将作为劳教替代措施的对违法行为的社区矫正独立规定之并列模式，相对更能在我国法律体系下说明作为劳动教养替代措施的社区矫正制度。

从并列制出发，对违法行为进行社会内矫正与作为刑罚执行方式的社区矫正具有明显差别，是应分开设计和实施的两种社区内矫正制度。虽然，广义的理论上的社区矫正可以包含违法行为矫正和刑罚矫正两种矫正方式，但在我国现有对社区矫正的明确法律界定下，社区矫正在制度体系中作为刑罚执行方式出现，而对违法行为的社区内处遇虽然可以纳入理论上社区矫正的范围，但为了区别制度上的狭义社区矫正限定，下文将这种作为劳教替代措施的对违法行为的社区内处遇方式称之为社会矫正。而这种社会矫正的理念和制度设计正是权利保障视野下替代劳动教养制度、填补劳教废止后矫治真空的核心研究内容，也是社区矫正职能和定位扩展的核心体现。

二、社会矫正之立法理念

立法理念或立法意旨是制度的灵魂和设立前提。一种新兴法律制度的设计必须以立法理念为基础和起点，方能保证其合目的性。① 在风险管控和权利保障均衡之下，从作为劳教替代措施的定位出发，结合社区矫正和刑罚处遇相关理论，我们可以明确社会矫正的性质、处遇目的和制度衔接定位，从而确立社会矫正的基本立法理念，指导社会矫正的制度设计和展开。

（一）明确社会矫正的性质

作为原劳动教养制度的替代措施的社会矫正，不应再与劳动教养一样定位模糊、性质难以确定，在制定相应法律之前必须先判断其基本属性，防止以往劳动教养无法定位而适用相对混乱的缺陷。对有别于作为刑罚执行方式的社区矫正的社会矫正的基本属性，看法不一。有的观点认为它是一种行政

---

① 参见[德]阿图尔·考夫曼：《法律哲学》，刘幸义等译，法律出版社，2004 年版，第23 页。

强制措施，也有的观点认为其可以是刑事法内部与刑罚并列的、具备保安处分属性的处遇措施，极端的甚至在引入轻罪或违警罪后，认为其同社区矫正一致。认为社会矫正是行政强制措施的观点所持的理由是：因为在我国刑罚与治安处罚的二元机制下，社区矫正已然是针对犯罪的属于刑罚的执行方式，社会矫正则应纳入治安处罚手段的轨道成为针对违法行为的治安处罚的具体执行方式之一，社会矫正是针对行政违法行为，是一种属于行政法序列的强制措施，社会矫正应属于"《行政处罚法》的特别法"。①而认为社会矫正是刑事法内部处遇措施的观点立基于将社会矫正保安处分化的前提假设，如有观点认为："违法行为矫治法（含社会矫正）的性质应为刑事性法律规范，所不同的是，违法行为矫治措施是类似保安性质的处分，矫治对象的行为虽然严重危害社会，但未构成犯罪，不予刑罚处罚。"②还有更为极端的观点延续前述"轻罪说"思路，认为应当引进西方国家轻罪或违警罪概念，犯罪圈扩展囊括至原劳教适用对象，社会矫正自然就与社区矫正同属对罪犯的刑罚执行方式，因此可以一体视之。

要明确对社会矫正的定性需从理论应然性和立法实然需求两方面考察。从理论视角出发，社会矫正作为一种社会内处遇方式的主要目的是风险管控，即适度监管并矫正改良受处遇对象，而非处罚，否则就没有必要进行以复归社会为目标的社会化处遇，而直接适用更为严格的监所内处遇。所以，从对人权保护的价值趋向考察，对被处遇人社会权利和复归福利的保护是社会矫正的价值追求，而这一点明显与行政或治安处罚的社会秩序维持的目标不同，社会矫正因此既非单纯行政处罚方式，也非刑罚执行方式，所以，行政强制措施说或社区矫正一体说显然都不符合对社会矫正属性的认识。社会矫正与西方国家保安处分所追求的消除被处遇对象人身危险性和使之复归社会具有属性上的重合性，保安处分的具体处遇措施和评估处遇标准可以为社会矫正制度所借鉴，认为社会矫正具备保安处分属性有其合理性。但不可忽视的是西方保安处分制度作为刑罚制度的补充处遇制度出现，理论上主要适用于刑事无责方（如未成年人、精神病人）和已受刑罚的常习常业犯，即"剥夺自由的保安处分如果不是适用于精神障碍、具有特殊瘾癖的犯罪者，则只能

① 参见程品刚：《违法行为矫治法应解决的若干问题》，载《湖北经济学院学报（人文社会科学版）》2007年第4期。

② 鲁嘉微：《邵名正教授谈〈违法行为矫治法〉》，载《中国司法》2007年第5期。

适用于犯有重罪的成年惯犯，并在所判处的监禁刑执行完毕后再适用”[①]。而社会矫正处遇对象主要是原劳教适用的未达我国《刑法》犯罪标准的违法行为者，在西方仍然是作为轻罪者而进行社区矫正处遇。这在根本上是由于我国并无轻罪制度设计，而是对应采用犯罪和治安违法行为的二元制度所决定的。这就决定了在我国社会矫正大多数情况下并不具备保安处分的适用对象和适用范围，而只是在对人身危险性的评估和处遇标准上有相似性和可鉴性，因此，认为我国社会矫正具备保安处分属性的看法也不准确，只能说社会矫正是我国特有的类保安处分制度。

从立法实然需求的角度出发，一方面，改进原劳动教养制度的缺点应该是社会矫正制度设计的重点方向，否则就丧失了基本的设置必要性；另一方面，社会矫正的法律规定应与目前的法律体系协调一致，必须是在我国当下《刑法》和《治安管理处罚法》的二元框架下寻求实然定位，而非如“轻罪说”般对二元框架进行根本性变革。

从第一方面来说，继续将社会矫正作为行政强制措施难以有效改变原劳教制度的缺陷。社会矫正如果是行政强制措施，就意味着其制度设计仍倾向于行政法性质，原有劳教制度的相关弊端难以有效解决。其一是以往劳动教养制度与治安管理处罚的不相协调问题就又可能产生。不管治安管理处罚还是行政强制措施，对人身自由的限制的时限都有明确的法律规定，原劳动教养的重大缺陷就是教养期限大大超出了《行政法》和《治安管理处罚法》的规定，社会矫正如果作为行政强制措施，就又会面临着社会矫正期限与一般治安管理处罚期限如何协调合理化的问题，如社会矫正期限与治安处罚的拘留能否折抵又会带来一系列新问题。其二是社会矫正行政法化继续导致了原劳教制度非司法化弊端无法消弭。《行政法》或《治安管理处罚法》本身的程序性是非直接司法化的，原劳教制度作为剥夺人身自由措施备受诟病之处也在于此。[②] 劳教制度被废除的重要原因在于缺乏相对明确的法律依据，易造成对人身自由的直接侵害。非司法化地剥夺受处遇人的权利，导致无法有效保护受处遇人的各项程序基本权利和自由基本权利，也不能受到司法制度有效保护和司法程序的救济。其三，社会矫正行政法化依然可能导致延续原劳教重惩处轻改造的问题。社会矫正虽然说以消除被矫正对象人身危险性

---

① 王晶、张莉：《违法行为矫治法的制定及其与刑法的协调》，载《政法论坛》2014 年第 2 期。

② 参见刘宪权：《废除劳教：完善法治的重要一步》，载《解放日报》2014 年 1 月 6 日。

和复归社会为目标，但其自身对自由的限制不可避免带有一定的惩处性质。行政法化的结果可能使这种惩处的性质被过度放大使用，作为维护社会治安的便宜手段而忽视了原有的复归社会的目标，导致重惩处倾向的继续延续。[①] 因此，从消除原劳动教养弊端的实然需求出发，社会矫正也不应视为行政强制措施。

从第二方面来看，在《刑法》和《治安管理处罚法》的二元框架下，社会矫正并不具备保安处分性质，也不具有社区矫正制度的一体属性。社会矫正制定的基本目标与西方的保安处分有相似之处，都与刑罚目的的实现有紧密的联系，而社会矫正的作用机制和评估处遇标准，又与作为刑罚执行方式的社区矫正高度关联，共享基本刑法适用原理。然而如前所述，社会矫正与保安处分的适用对象差别较大，我国实然立法现状中并没有系统的保安处分制度，社会矫正也显然无法承担这一重任。此外，社会矫正和社区矫正的适用对象具有明显区分，在《刑法》和《治安管理处罚法》的二元结构下，社会矫正的作为原劳教适用的对象显然并非刑事违法者，而是未达犯罪程度的违法行为者。这与刑法中作为刑罚执行方式的社区矫正显然不同。虽然“轻罪说”通过轻罪或违警罪制度可以达到这种统一，但设立轻罪或违警罪显然关系到我国罪行体系，不仅涉及改变犯罪定量属性和重构我国犯罪系统的宏大命题，还需要面对治安管理处罚行为如何定位、刑罚与行政处罚如何衔接的重重难题，对实然问题的解决显然难度过大。因此，从实然立法需求的角度，确立社会矫正的独立地位，将其作为一种类似保安处分的制度，不仅能消除原劳教制度的种种缺陷、填补劳教废除后留下的矫治真空，也更能有效地与我国当下违法犯罪处理体制相衔接。

在我国尚未建立保安处分体系也未明确保安处分的制度设计之前，只能说社会矫正是一种类似保安处分的刑罚外处遇措施，这是在其与保安处分的处遇对象都是具备人身危险性的非犯罪人的意义上而言的。同时，社会矫正也只是一种类社区矫正制度，虽然二者的处遇目标和评估处遇原理都相一致，但是对象的显著差别决定了其性质差异和难以一体化。社会矫正制度具有结合保安处分制度和社区矫正制度特点的独立矫治制度的地位和意义。

（二）社会矫正的处遇目的

社会矫正虽然与保安处分、社区矫正等制度在对象及性质上有所不同，

① 参见汪玉芳、付姗姗、杜冰花：《劳教事由类型研究——基于劳教案件的实证分析》，载《西南交通大学学报（社会科学版）》2014 年第 4 期。

但是，从对人身危险的风险管控目的角度来看又有共性。可以说，从处遇目的论的角度，社会矫正制度与社区矫正及保安处分一致，都有特殊预防和社会防卫的成分，由此，决定了社会矫正的设计逻辑可以借鉴社区矫正和保安处分的相关理论和实践。

主流的各种处遇论基本都认为，刑罚（包含社区矫正的执行方式）或保安处分应该以风险预防为核心，通过犯罪或违法行为预防实现社会风险管控，实现对公众权利的安全保障。[①] 所以，犯罪预防的处遇目的，实际是权利保护的基本要求，这也是包括刑罚在内的处遇的正当化根据。而依据刑罚目的理论，风险管控目的又包括一般风险管控和特殊风险管控的方式，二者都起到对违法犯罪行为的预防作用，"一般预防和特殊预防这两种途径都服从于相互交织的最终目的，并且都是符合法律的"。[②] 一般风险管控实现的主要机制是通过惩罚所体现的法律威慑（deterrence），即通过明确的事先确立的罚则（包括刑罚或违法处罚）对社会中一般的潜在犯罪人或违法行为人进行阻吓，使其畏惧于惩罚而不敢实施违法犯罪行为。而特殊风险管控的主要机制是适度监管（surveillance）和教育恢复（rehabilitation），针对已经违法犯罪的人进行的监督管控和教育改造，降低其人身危险性使其能有效复归社会，避免再犯。包括社会矫正在内的各种处遇措施都同时需要满足一般风险管控和特殊风险管控的双重目的，但就主要目的而言，特殊风险管控是社会矫正所要达到的主要目标，而一般风险管控主要通过法律对社会矫正制度的规定而实现，其意义在于社会矫正制度的设置本身，而非社会矫正制度的内在逻辑。

真正控制和引导社会矫正基本逻辑和处遇模式的处遇目的（保安处分与社区矫正亦是如此）是特殊风险管控。因为社会矫正的处遇对象不是社会一般潜在违法犯罪者，非抽象个体，而是已经通过违法犯罪行为体现出人身危险性的个体，是危险性程度和内容千差万别的具体个人。对于这样的个体正如菲利的观点，无法一般性的直接规定，而是要根据其具体情况确定具体的矫正方案。[③] 社会矫正对违法犯罪行为人所实施的隔离、教育、治疗和保护都是为了消除行为人的人身风险，重塑其回归社会的能力，从而实现社会防卫

① 参见刘强主编：《社区矫正制度研究》，法律出版社，2007 年版，第 49 - 51 页。

② ［德］克劳斯·罗克辛：《德国刑法学（总论）》，王世洲等译，法律出版社，2005 年版，第 122 页。

③ 参见［意］菲利：《实证派犯罪学》，郭建安译，中国人民公安大学出版社，2004 年版，第 179 页。

和风险管控，维护社会安全秩序。

此外，随着新派理论的逐步更新发展，特殊预防目的除了在维护社会秩序的意义上是对公共安全的权利保障之外，也强调对被处遇对象的权利保障。这种权利保障体现为两个方面，一是实现特殊预防的机制必须遵循必要性和比例性原则，对被处遇对象的自由限制和处遇措施必须限于教育改造所必须的，且需与被改造对象的人身危险性成比例。原劳动教养制度虽然与社会矫正一样是基于对处遇对象的教育改造而实施，但其最受诟病之处就是违反了必要性和比例性原则，过度强调了监禁处遇，将本不必要监禁处遇的较轻人身危险性的处遇对象实施长时间集中处遇，其期限甚至长过针对较轻人身危险性对象所实施的治安拘留和监禁刑罚的期限，从而，侵害了受处遇对象的权利而应予以废止。社会矫正的具体评估和处遇举措都需与受处遇对象的人身危险性程度相适应，符合必要性和比例性的原则。二是特殊风险管控机制的实现有赖于国家的矫治水平和恢复社会能力的训练，随着社会福利制度的发展，国家有义务也有责任保障受处遇对象复归社会、融入社会的权利。所以，安置帮教或更生保护本身就是特殊风险管控机制的应有之义，社会矫正相较于原劳教制度明显更有利于复归社会、融入社会的实现。从复归社会的福利权而言，相较于劳教制度，社会矫正是更加科学有效的替代措施。

因此，就社会矫正所要达到的社会管控目的本身也是一种权利均衡，就是在维护社会秩序、保障公众权利安全与保护受处遇人自由权和复归社会福利权之间的衡平。原劳动教养制度本应承担起这一权利权衡职能，但是，由于其规定的模糊性、实施的专断性和措施的严重性，严重背离了受处遇对象的诉讼权利和人身自由权这一保护目标，从而产生了严重问题而应予以变革。作为替代措施的社会矫正必须吸取劳动教养制度的这一缺陷，明确风险管控目标的具体内涵，实现权利均衡的科学化和合理化。

（三）社会矫正的制度衔接

我国刑法体制与西方不同，只有在定量因素上达到严重危害社会的行为才能作为犯罪入刑，这与西方发达国家的刑法对犯罪的定性规定不同。在定性分析的视野下，只要符合刑法规定的行为性质的危害社会行为都纳入犯罪体系，所以，犯罪行为既可以是严重危害社会的行为，也可以是在我国作为一般治安处罚行为的轻微危害社会行为，如违反交通规则或单纯的无伤害攻击行为。这导致西方国家的犯罪违法性在较轻社会危险性意义上远远广于我国，较轻犯罪的范围也远远大于我国。[1] 而较轻犯罪恰恰无论在西方还是我国都是适用社区矫正的主要对象，这就进一步导致西方国家的社区矫正适用范围远远超过我国。中外社区矫正适用的落差恰恰正是社会矫正制度的适用空间。

我国《刑法》的定量特点充分体现在犯罪与治安违法行为的二元制之中，犯罪与治安违法行为很多情况下并非定性差异而是定量差异。此外，我国《刑法》第十三条的定量出罪机制还将许多情节显著轻微危害不大的不视为犯罪，从而排除在刑罚范围之外。犯罪圈因为定量机制的过滤而相对收缩，且定量逻辑的区分因素一以贯之。原劳教适用对象主要都是定性上与刑法犯罪规定的行为特征一致、但定量尚未达到犯罪标准的行为，依然是通过定量因素来划分刑罚可罚性与劳教实施性，区分犯罪与违法行为。所以沿用这种定量逻辑，原劳教适用对象的违法行为依然不能作为犯罪行为对待，则社区矫正作为刑罚执行方式就不能适用于这些行为，西方国家的广义社区矫正就不能为我们所直接套用，而是应该专门针对原劳教适用对象另设社会矫正制度，作为对违法行为的矫治，与国外的轻罪或违警罪社区矫正相对应。当然，这种社会矫正制度的对象应与社区矫正的对象不同但紧密衔接，社会矫正与社区矫正在处遇目的和评估处遇标准上一致，从而实现定量标准上下的处遇逻辑的一致性。作为社会矫正的原劳教适用行为与社区矫正的适用的犯罪行为，依然是依据定量因素区分，以共同的行为定性相衔接，两种处遇措施对象的区分应以刑法的严格规定为界限。被刑法排除在外的定量不足的行为并非放任不管或治安一罚了之，而是作为社会矫正对象加以处遇，以此实现刑法的社区矫正与社会矫正的无缝衔接。

而就社会矫正与治安管理处罚的衔接而言，二者毫无疑问在对象上具有重合性，但在功能上又具有互补性。治安管理处罚主要强调处罚性，其体现的是处遇目的中一般预防的威慑力，而社会矫正主要强调教育矫治性，其体现的是特殊预防的处遇目的。二者并不会出现重复规定的问题，在相互配合的情况下，治安管理处罚和社会矫正达到功能互补的衔接效果，兼顾一般预防和特殊预防两大目标。

因此，虽然社会矫正制度宜于独立规定，但是，其并非与刑法和治安管理处罚法的二元体制相脱节，而是紧密衔接和功能互补的：一方面，社会矫正

---

① 参见梅传强：《论“后劳教时代”我国轻罪制度的建构》，载《现代法学》2014 年第 2 期。

与社区矫正实现对较轻人身危险性矫治对象的无缝衔接：即同质的违法犯罪行为，在定量标准之上的构成犯罪施以刑罚，执行社区矫正；在定量标准之下构成违法行为施以社会矫正。社会矫正与社区矫正在功能、目标和评估处遇标准实现一致性，保证衔接不存在空白。另一方面，社会矫正与治安管理处罚实现功能衔接：对违反治安的行为，治安管理处罚重在惩罚功能的运用和实现，即保证一般预防目的；社会矫正重在教育改造功能的实现，保证特殊预防目标。两者相互配合实现两种预防目的兼顾的综合预防效果。

第三节 社会矫正的基本制度设计

一、社会矫正之实体法设计

基于前一节对社会矫正的定性、目的和制度衔接的基本界定，可以对目前作为劳教替代措施的社会矫正的制度框架加以基本梳理，确立未来的制度设计和发展方向。

第一，需确立社会矫正的基本原则。首先，社会矫正的实施应符合必要性和比例性的原则。从受处遇对象的权利保障目的出发，社会矫正措施针对受处遇对象的人身风险而言应该是必要的，且处遇必须与受处遇对象的人身风险水平相适应。一方面，只有违法行为人具备社会矫正的必要性、在能够通过矫正消除其人身风险而复归社会的情况下才需进行社会矫正。这就要求对违法行为对象的人身危险性进行事先科学评估，进而对其社会矫正必要性进行判断。另一方面，社会矫正的具体处遇举措也必须与被处遇对象的社会风险水平相适应，其对人身自由权和社会权的限制及强制不能超过遏制社会危险性所需要的比例。这就需要社会矫正确立合理可行的危险性评估及处遇规则，保证实施合比例的处遇措施。其次，社会矫正必须坚持教育矫正优先的风险管控基本原则。虽然，社会矫正也具有隔离和管理的功能，但必须以教育矫正目的为优先，这是由社会矫正的对象和性质所决定的。社会矫正的制度设计重点应放在科学有效的教育矫正措施上，而不应重点以管制和隔离矫正对象为目标，否则就会重复原劳动教养走向随意剥夺人身自由的缺陷。最后，社会矫正出于复归社会的要求，应坚持社会参与和保护更生的原则。社会参与是保障被处遇对象能有效复归社会的必然手段，只有持续参与社会活动，依靠社会力量的帮助挽救，才能保障教育矫正效果和复归社会的可靠性。保护更生是国家责任的体现，是保障被处遇对象实现复归社会平稳过渡的有效途径。通过更生保护或安置帮教，被处遇对象能更加无碍融入社会，进一步消除其再犯可能性。

第二，明确社会矫正的具体适用对象。社会矫正要实现特殊预防的效果，就需要明确进行风险管控的范围，明确原劳教适用对象的适用范围，并进一步扩展到具有同等人身危险性的主体。首先，原劳教适用对象中以定量不构成犯罪但却具备犯罪行为性质的情形(原《公安机关办理劳动教养案件规定》第九条前七款)，可以有条件地纳入社会矫正范围，明确以不构成犯罪作为社会矫正适用对象的前提，以与社区矫正相区分。对原劳动教养适用对象并非一切都需要纳入社会矫正，借鉴作为社区矫正对象的管制、缓刑、假释等情形的共同特征，应对社会矫正具体适用对象附加不需要治安处罚、有悔改表现、没有再犯罪的危险和不会对居住社区造成重大不良影响等条件，以保证社会矫正不会威胁到社会的安全，且有矫正的可能性。其次，对性质上也不具备犯罪行为特征，而只是常习性违法行为人，如吸毒、卖淫、嫖娼人员纳入社会矫正的对象(原《公安机关办理劳动教养案件规定》第九条第八、九款)。这些主体并非刑法意义上罪犯，但由于其特殊成瘾问题而可能带有一定的人身危险性，因此，应通过一定的社会矫正治疗和心理辅导使其戒除恶习，消除本身的社会危险性，正常回归社会。社会矫正此时应与特定的戒除机构紧密合作，社会矫正同时进行强制戒瘾处遇。第三，对检察机关免于起诉、人民法院免予刑事处罚的实施危害国家安全、危害公共安全、侵犯公民人身权利、侵犯财产、妨害社会管理秩序的犯罪行为的人，如果确有人身危险性，在经过科学评估后可以进行社会矫正。检察机关免于起诉的主体不是罪犯，不能适用刑罚及社区矫正；而人民法院免予刑事处罚的人严格来说是罪犯，只不过免予刑事处罚而已，因此，对之不能适用作为刑罚执行方式的社区矫正。这两类主体都有可能存在一定的人身危险性，如果放之任之则可能出现再犯，因此，必要时在评估其人身危险性基础上可以实行社会矫正。再次，社会矫正制度的范围可以适度扩展至收容教养的对象。根据《刑法》第十七条规定："因不满十六周岁不予刑事处罚的，责令他的家长或者监护人加以管教；在必要的时候，也可以由政府收容教养。"我国对不满十六周岁不予刑事处罚的对象规定了收容教养制度。但收容教养采取集中于少年管教机构监禁性处遇的模式，对具有较轻人身危险性的少年违法行为人来说存在很大的弊端，不仅剥夺了少年人身自由，而且其复归社会容易产生困难。因此，收容教养可以逐渐采取社会化处遇的方式，向社会矫正靠拢。规定对已满十四周岁不满十六周岁不予刑事处罚的犯罪少年如果家庭无法予以管教的，纳入社会矫正的范围。通过社会参与矫正，更有利于少年的教育改造和复归社会。最后，其他根据人身危险性宜于采取社会矫正而非集中机构式矫正的主体。例如，根据国务院《卖淫嫖娼人员收容教育办法》，可以对卖淫、嫖娼人员集中进行六个月到二年的法律教育和道德教育、组织参加生产劳动以及进行性病检查、治疗的行政强制教育措施。卖淫、嫖娼人员人身危险性相对不高，采用社会矫正的方式如果能更好地取得矫正效果，使之改正恶习、复归社会，则在社会矫正运行成熟之后，就可以将其纳入社会矫正的范围，通过司法程序和科学人身危险性评估，确定科学合理的社会矫正对策，防范对自由的不当剥夺和较差的教育效果。

第三，社会矫正的评估和处遇机制设计。科学的社会矫正的评估和处遇机制是社会矫正成功运作的核心，也是社会矫正的关键制度。而科学的社会矫正评估和处遇机制需要消化吸收最新的社区矫正理论成果，掌握学科前沿。必要时，社会矫正制度可以实现与社区矫正制度风险评估和处遇机制进行衔接和一体化，前述社区矫正的处遇模式发展和评估机制的辨析由于制度相似性都适用于社会矫正。

二、社会矫正的程序法设计与接轨

原劳动教养制度备受诟病之处就在于其程序的非司法化和非法定化，从而导致被劳教对象缺乏程序权利保障，无法行使程序性救济权利，最终导致自由权和人身权的肆意损害可能。[①] 吸取这一教训，社会矫正的程序必须纳入法定化和司法化的轨道，程序设计必须充分保障被处遇对象的申辩和救济权利，达到正当程序的基本要求。启动机关、司法裁判和证据规则等都可以参酌刑事诉讼法的基本原则和权利保障机制，最大限度保证程序的正当性和权利保护性。当然，社会矫正程序可以与社会矫正实体规则同步规定，相互协调，程序作为实体的保障，实体作为程序的实现。

首先，在公安部门或司法行政机关设立专门的社会矫正机构，作为社会矫正的申请和启动机关。社会矫正的启动方式依情形不同可分为几种：第一是由违法行为被害人或利害关系人向社会矫正机构提出矫正申请，由矫正

① 参见刘仁文：《劳教制度的改革方向应为保安处分》，载《法学》2013年第2期。

机构具体受理判断是否启动社会矫正的认定程序。这种情形限于违法行为有被害人或利害关系人，且社会矫正机构未主动启动程序的情形。第二，社会矫正机构依据违法行为的性质和人身危险性的判断，主动启动社会矫正程序。对于无被害人或被害人未申请启动社会矫正的，社会矫正机构也可以根据违法行为性质和人身危险性程度，认为有必要进行社会矫正的，主动启动社会矫正程序。第三，在检察院免于起诉或法院免予刑罚的情形下，检察院和法院认为有必要启动社会矫正，应向社会矫正机构提出启动社会矫正程序的申请。

其次，社会矫正机构需向法院提交申请实施社会矫正的申请书和相关证据材料。社会矫正机构负责申请社会矫正而无直接决定权，由法院来决定是否实施社会矫正。社会矫正机构应该根据社会矫正实体法的规定准备申请书和证据材料，证明被申请人的人身危险性符合社会矫正的相关条件。为确定被申请人的人身危险性情况，社会矫正机构可以进行社会调查程序，拥有公安机关侦查权水平的调查权，必要时，可以申请对被申请人的相关医学鉴定或专业鉴定，证明其吸毒情况或精神状况等。

再次，由法院开庭审理判决是否予以社会矫正措施。劳动教养的行政内部自定和非司法化程序是造成权利侵害的重要原因。作为限制人身自由权的举措，按照权利保障的相关要求，理应纳入法治化和司法化的轨道，通过申请与判决相分离的制约程序和庭审程序，保障被申请对象的程序性权利。只有严格程序的公正性和救济性，才能最大限度地实现保障权利的目标："'矫治法'规定有一个'申请—决定'的程序，也就是由公安机关提出申请，法院作为第三方来决定是不是要采取社会矫正措施以及具体时间。"[①]法院内部应设立专门的社会矫正审理机构[②]，由专任法官来决定是否判决施加社会矫正措施。借鉴刑事诉讼的经验，实行公开庭审原则，刑事诉讼程序中的证据提交、质证和辩论环节都可以直接借鉴，证据规则和专业鉴定都可以严格按照刑事诉讼的相关规定加以严格要求，被申请人享有充分的发言权、举证权、质询权和辩论权，当然，也有权利聘请律师或进行专业鉴定。判决可以采取两审终审制，确有错误的还可以再审，充分保障被申请人的上述权、申诉权和救济权。法院作出的判决应说明判决依据和理由，并明确宣布采用或不采用社会

① 《违法行为矫治法列入今年立法计划　取代劳教制度》，载《华商晨报》2005 年 3 月 14 日。

② 参见熊秋红：《完善废除劳教后的法律制度》，载《中国社会科学报》2014 年 3 月 5 日。

矫正或相应的社会矫正措施的判决结果。

最后，法院作出的社会矫正判决交由专门的社会矫正机构来执行。社会矫正机构同社区矫正机构可以是同一机构，但必须分开实施。社会矫正与社区矫正在对象属性、人身危险性程度和矫正举措方面都存在相应的差别，不能混同实施，而应由专门人员各自负责。而且，社会矫正机构还可能与戒除毒瘾机构、心理矫正机构、未成年人学校和家庭密切配合，形成开放而高效的社会参与的社会矫正执行机制。被矫正对象应按照机构要求定期参与矫正活动，进行定期风险评估，以合理确定下一步矫正处理措施。除上述制度外，社会矫正还应建立执行中的救济制度。被处遇对象认为在执行过程中其权利受到侵害，可以向社会矫正机构或人民法院进行申诉控告，社会矫正机构或人民法院应进行必要的审查，作出处理意见。而社会矫正到期或社会矫正机构认为不需要进一步矫正的，社会矫正机构应提请人民法院作出解除矫正的判决。

三、结论：社会矫正的必要机能

出于法律体制的差别和价值取向的不同，我国的社会矫正制度既不同于西方国家的保安处分制度，也不同于其社区矫正制度，而是一种具有我国国情特色的、结合了社区矫正和保安处分特点的特有劳教替代措施，其目标是为了更好地实现风险管控和权利保障，实现社会的安全与受处遇对象的程序权利和自由权利的均衡保护。通过与社区矫正制度并行的独立社会矫正制度的设计和适用，我国可以逐步发展探索出符合我国实际需要的、有中国特色的刑罚补充制度，或特有的保安处分制度模式，这也是基于风险管控的社区矫正理论可以为立法领域的制度发展所作出的积极贡献。

第四节　社会矫正救助制度的必要设置

一、社会矫正救助的制度性质与定位

纵观世界各国包括非刑处分在内的广义社区矫正具体制度，都有一硬一软两种制度。一方面，硬的一面是保安处分或社会矫正制度。这一制度与刑罚制度相配合，属于广义刑法的一部分，专门针对那些具备人身危险性的对象但又不构成犯罪或处刑完毕的人，为保护社会而实施的强制社会管教和治

疗措施。其对象主要有仍有危险的刑满释放犯或社区矫正期满者;特定的成瘾者以及未成年人不构成犯罪者等,体现的是基于社会风险防卫视角的管理主义思路。另一方面,软的一面即更生保护制度,这一制度专门从关心受矫正对象正常复归社会生活的视角出发,在非强制及自愿基础上帮助受刑人更好地回归社会、融入社会,体现的是基于有效融入社会、防范再犯风险的复归社会思路。[①] 两种制度相互配合,既注重保护社会安全,又保证犯罪人融入社会恢复生活能力,根本上是为了更好地防控当下即时风险和长远未来风险,全程防范再犯风险。

未来设计的社会矫正救助制度作为社会矫正制度的必要补充性制度,应定位于更生保护类型的非强制制度,性质上属于软性制度的一部分。这一类软性制度目前在我国社区矫正中通过适应性帮扶举措和安置帮教机制存在,但缺乏制度化和体系化,从而,造成了更生保护难以有效达到配合行刑或刑后回归的目标,这与我国缺乏完善的、科学的更生保护制度体系有关。此外,在我国目前没有完整保安处分制度、社会矫正制度的情况下,只能通过增强安置帮教等软性更生保护制度的政策硬度来解决这一问题,也造成了更生保护制度的定位不清。但未来应区分具有强制性的矫正措施与具有福利救助性的更生保护措施,将社会矫正救助制度定位于软性的更生保护措施,使之形成对未来社会矫正的有益补充。

二、更生保护与社会矫正救助的概念比较

更生保护,顾名思义即为更生人的帮助与扶持制度,着眼于违法犯罪者接受社会刑罚处遇措施之后难以复归社会而造成再犯可能性的现实,通过对违法犯罪者服刑或接受处遇措施必要的帮助和保护措施,使其正常复归社会、融入社会,减少再犯危险。更生保护与矫正措施构成一体两面,以复归社会为着眼点,相对于矫正的硬性要求,其通过软性的帮助措施促进矫正对象更好地融入和立足社会、巩固矫正效果、彻底消除对社会的风险,因此,在许多国家和地区成为矫正必不可少的组成部分。

更生保护的概念界定有狭义与广义两种。狭义观点认为,更生保护限于非强制性、基于更生人自愿求助的“任意性更生保护”措施,而不包含若干基于国家公权力作用而强制更生人服从的“法定更生保护”制度,如假释

---

① 参见许福生:《台湾地区社区处遇制度之探讨》,载《刑法论丛》2012年第4期。

(Parole)、缓刑(Probation)、保安处分、社区矫正(Community Corrections)等;广义观点则鉴于"法定更生保护"与"任意性更生保护"间有许多共通点,认为二者均应包含在更生保护工作的范畴内,认为更生保护包含刑罚处遇过程中的强制"法定更生保护"与过程后的"任意性更生保护"。我国台湾地区使用更生保护一语指的是"任意性更生保护",在日本则采用更生保护一体化,系指"广义更生保护"。① 前者更生保护制度即任意更生保护制度,是指经刑释人员或社区矫正人员等申请,由专门的更生保护民间机构提供收容性、过渡性和帮助复归性保护措施的专门制度。其适用范围是刑释人员、社区矫正人员、检察机关酌定不起诉或法院免除刑罚人员以及结束少年管教的人员。而后者是广义的更生保护制度,包括针对社区矫正人员和少年管教人员的强制更生保护制度以及针对刑释人员、完成少年管教措施人员、酌定不起诉人员和罚金人员的任意更生保护制度(正式名称为:更生紧急保护)。②

我国目前以安置帮教为核心的社会矫正救助的对象仅限从监狱、看守所依法刑满释放人员和社区矫正期满被解除矫正的人员。在未来设置社会矫正制度的前提下,社会矫正救助必然包括对接受社会矫正的对象采取的救助保护措施,因此,应借鉴更生保护制度加以设计配套。

未来社会矫正制度与台湾地区更生保护制度较为接近,都包括非强制性针对矫正对象的帮扶照管制度。我国台湾地区更生保护介入时点可以更早,对社区矫正服刑人员也可以给予基于服刑人员同意的任意更生保护措施。而日本更生保护制度实质上为社区矫正与更生保护的一体化,其中,与我国社会矫正救助制度对应的只有紧急更生保护制度。此外,更生保护比社会矫正救助适用对象普遍范围上更广,除刑释人员外,还包括社区矫正人员、酌定不起诉或判决免刑人员、罚金刑人员等。

三、社会矫正救助制度的目标

目前,类似社会矫正救助的制度实施中有两种层次的目标取向:较低要求的再犯预防目标与较高要求的更生福利目标,前者限于帮教对象只要融入社会生活、消除其再犯几率即可,有明确的风险预防和管理主义思路,典型的如美国的重返社会(Return Society);后者不仅要求帮教对象融入社会,还要

① 参见刘晓梅、张智宇:《日本更生保护制度及其对中国的启示》,载《社会工作(下半月)》2010年第7期。

② 参见王珏、鲁兰:《日本更生保护制度》,载《中国司法》2007年第11期。

为其培育工作能力和谋求工作机会、关心其可持续的生活能力和状况，帮助其生活不断向好，有浓厚的福利主义倾向。目前在英美德等国，再犯预防目标占据主流地位，将更生能力和更生状况问题完全交由社会解决；而在我国台湾地区和日本，仍然有浓厚的福利主义倾向，两者在更生保护立法中都明确规定了即要预防再犯又要使帮教对象自力更生的双重目标。社会矫正救助可区分目标层次，确认重点目标和长远目标，以再犯预防为重点目标，随着人财物力的丰富，长远兼顾更生福利目标的达成。

四、社会矫正救助的规范体系参考

日本1996年整合颁布了新制定的《更生事业保护法》，废止了《紧急更生保护法》，并将其中有关获释者保护之规定移至《犯罪者预防更生保护法》中。2002年修正《犯罪者预防更生保护法》及《更生保护事业法》，充实更生保护设施的处遇内容、扩大更生紧急保护之对象、延长保护期间，将更生保护扩展为监所外服刑、保安处分与更生保护一体化的制度，其中，与社会矫正救助相对应仅限于《犯罪者预防更生保护法》中的紧急更生保护部分。[①] 纵观日本的更生保护法律制度，由于日本的更生保护一体化的特点，其范围包括社区矫正等服刑制度，跟前述救助与社会矫正分开设计的思路差别很大而难以参考。

而我国台湾地区的更生保护制度不仅范围与社会矫正救助大体相当，而且规定体系也相对完善，形成系统化的特点，未来可以作为社会矫正救助制度设计时参考。我国台湾地区更生保护制度有三重规范构成体系，相对完整：在第一位阶出台更生保护基本规范，规定更生保护的目标、性质、对象、程序、组织机构和管理机关等基本制度内容；在第二位阶的行政规范层面出台更生保护基本规范的实施细则，负责对基本法规范进行细化和补充；在第三位阶的具体事务规范层面则根据更生保护会的垄断更生保护的民间组织地位，通过更生保护会这一民间组织的机构运作规则模式制定更生保护的具体实施规定，包括更生保护会的组织体系、财产管理、接受捐款、组织运作、接受保护人、提供培训和补助及小额贷款等各种细致规则。社会矫正救助可以参考这一模式区分位阶，顶层规范规定一般架构性和原则性规则，而具体救助流程和办法，可在设置枢纽型社会矫正救助民间组织的基础上，以民间组

① 参见郭华、刘荣志：《日本更生保护的立法演变与发展》，载《中国司法》2011年第12期。

织规范运作的方法出台具体细则规定。

我国台湾地区的更生保护规范体系，分为两大位阶。一大位阶是设置更生保护事业的基本规范及其实施细则，规定了更生保护事业之办理机构、保护对象及方式等。其余更生保护规范均非属基本规范的第二位阶。通过发布《更生保护会组织及管理办法》、《更生保护会财产管理办法》等，并函颁《财团法人台湾更生保护会奖励方案》、《财团法人台湾更生保护会生产事业人事管理要点》等，将更生保护制度具体化。另外，由财团法人台湾更生保护会通过后经核定、核准的规章，则有《财团法人台湾更生保护会及所属各分会工作人员管理办法》、《财团法人台湾更生保护会应受保护人就业遵守要点》、《财团法人台湾更生保护会奖助应受保护人就学办法》等，民间组织规范数量繁多。①

五、社会矫正救助制度的设置

（一）社会矫正救助的机构设置

参考我国台湾地区和日本的社会矫正机构设置，未来社会矫正救助的具体机构较为适宜设置为官督民办性质，在司法行政机关内设社会矫正救助部门作为官方监管机关，负责政策法律制定、工作指导和协调、宣传推广以及财政资助等宏观管理工作，但不负责具体矫正救助工作的展开。民间成立专门的社会矫正救助组织，负责具体帮教工作。日本社会矫正救助组织彻底民营化和松散化，且社会矫正救助组织没有专门立法，其成立与实施均按照一般民间组织运行，参考性不强。而我国台湾地区半垄断的民间组织设置则更值得关注。我国台湾地区的更生保护独具民办垄断性特色，台湾更生保护会是规范中唯一明确职能的更生保护民间组织，其负责人长期由地区检察部门领导担任，具有垄断特点；而在更生保护工作上，这一组织也具有民间的垄断地位，更生保护政策性拨款直接拨给这一组织，由这一组织具体使用，而其他民间组织要参与更生保护也只能通过与这一组织合作来展开。② 更生保护会在各地设分会，分会中有具体工作人员称为辅导员，负责更生保护具体展开。这一组织其机构设置、人员安排和体系地位都皆具特色，社会矫正救助制度可以采取这一设置机制，既能灵活实现政策目标，又能广泛动员社会力量

---

① 参见黄宗旻：《台湾更生保护制度之研究》，台湾大学法律学研究所硕士论文，2004 年。

② 参见蔡琇如：《犯罪人复归社会议题之考察——从我国现行处遇制度谈起》，台湾大学法律学研究所学位论文，2011 年。

参与。

其中，参考我国台湾地区的更生保护会模式，未来可以设置统一的社会矫正救助的社会组织为执行机关，办理救助事业，受司法行政部门指挥、监督；其登记前应经司法行政部门之许可，并由司法行政部门制定其组织及管理办法。至于救助行政事务，则由司法行政部门主管。司法行政部门应该注重对社会矫正救助法规之起草、社会矫正救助制度之规划、社会矫正救助的专门社会组织之设立许可及其事业之规划、指导、监督等业务（可由司法行政部门组织法规明确规定）。

其实除专门社会组织外，尚应鼓励和允许其他提供社会矫正救助的组织，只是它们未如专门社会组织般直接在法律上拥有地位，并且按照法律必须透过专门垄断性社会矫正救助组织才能参与这一活动。

（二）社会矫正救助的场所设置

可以借鉴我国台湾地区更生保护场所的设置模式，其皆由垄断性民间组织出资设立，县级专门救助组织皆设有至少一处辅导所，辅导所不仅负责刑释人员更生保护，还包括对社会矫正人员的非强制性更生保护，社会矫正执行机关另设社会矫正教育管理强制性场所。即未来社会矫正救助也应设立不同级别的社会矫正救助场所，城市里设立市级社会矫正救助场所，县和县级市设立相应的小型社会矫正救助场所，一般设置办公管理、技能培训、心理辅导、更生活动、临时收容等功能区块，是社会矫正救助的重要基地。社会矫正救助的生活区可以提供必要的食宿待遇，用于临时过渡；而技能培训区按照教学场所设置，多与企业或学校合班实施，比较完善的机能培训场所还有实验实习的功能；活动区主要由舞台等可举办活动的较大空间场所组成，可进行各种会议、电教或文艺活动；心理辅导区则按照心理辅导规律设计，注重隐私性和舒缓性，方便进行辅导帮助。此外，由于制度设计的关系，社会矫正救助场所常常兼具非强制的社区矫正的教育帮扶和社会救助保护功能。日本更生保护由于与社区矫正实施制度合一，因此，更生保护场所与社区矫正机构矫正场所经常合一，且为官方出资设立。民间组织自己也设有各种更生活动场所，但没有统一的标准和定式。①

虽然，社区矫正与社会矫正救助职能并不重合，但是，社区矫正工作中也有适应性帮扶这一矫正成分，因此，出于节约资源、提高效率的原则，也可以

---

① 参见刘亚：《日本的更生保护制度》，载《现代法学》1990年第2期。

设置社区矫正与社会矫正救助合一的多功能更生保护场所。北京市阳光之家目前就是作为安置帮教与社区矫正职能兼顾的模式。

（三）社会矫正救助的程序设置

社会矫正救助在提前启动、社会调查、接收照管等方面应设置相对细致的程序，主要包括：第一，社会矫正救助工作对象应提前参与社会矫正对象的风险评估工作，提前掌握矫正对象具体风险情况，有助于未来救助。第二，工作人员提前与矫正对象联系，做好宣传、培训和更生协议签署工作。第三，接收后按照不同情况分流处置，与民政福利机构建立畅通渠道的救助机制。第四，确立明确的解除条件和程序，根据需要确定社会矫正救助方式。

从上述主要程序要点出发，社会矫正救助应包括准备、启动、接收、照管和解除五大步骤，与社会矫正强制措施本身无缝衔接。

第一，准备程序包括三个方面：一是提前社会调查或协助社会调查。提前评估社会矫正对象可能的人身危险性来确认社会矫正的准入与需救助程度。社会调查不能仅仅局限于决定是否予以社会矫正本身，还要通过调查确定是否需要以及采取何种相应的社会矫正措施。二是提前宣传辅导。社会矫正救助的工作人员应提前接触需社会矫正的人员，鼓励矫正对象了解申请和积极参与接受救助工作。提前辅导有助于矫正对象了解救助业务，以便日后若需协助时知所咨询。三是及时提前培训。

第二，启动程序有两种情况：被社会矫正对象自愿申请或者社会矫正执行人员认为有必要而提出并经本人同意，然后通知相应救助部门。社会矫正救助制度因为是软性制度，采取自由保护方式、不具强制性，故矫正救助部门应采取被动立场。社会矫正救助的相关部门接获通知或申请，即填发救助通知书，交专门的救助工作人员接触访问，全程辅导；辅导完毕，便将辅导情形具体记录，形成专门救助档案。

第三，接收也有两种情况，特殊的过渡接收措施和一般接收措施：对有特殊性情况采取过渡措施接收，一般情况下出资送回原籍并登记，而对无住所、无生活能力、患重病或精神病等特殊情形者采取特别过渡，在社会矫正的救助场所容留过渡一段时间，但不能时间过长以节约资源救助更多需帮助的，过程中根据不同情况分别予以技能培训、送往福利机构或精神病院。

第四，采取一般性照管措施：采取前述直接措施或间接多元措施帮助其自立更生、复归社会。照管是一般的救助措施，而救助由于属于软性制度，其最大的困难在于没有强制约束力，只能作为矫正的辅助手段。所以，需要考虑采用矫正救助协议的方式、救助接受情况作为矫正表现纳入评估范围等方式可以有效增强照管的效果。救助协议作为软性救助措施约束化的有效条件，已在我国安置帮教工作中有所试点。由于社会矫正救助的非强制性，矫正对象往往难以有效进行管理，救助效果难以维持。可以考虑签署救助协议的方式，以对救助对象提供物资帮助和技能免费培训的方式确定救助对象权利，同时，规定救助对象应承担定期报告、交谈和接受心理辅导等义务。

通过协议的权利义务来固定救助管理措施，是社会矫正救助巩固措施的重要手段。我国可以将规定救助对象获得帮助权和承担接受管理义务的社会矫正救助协议提前到救助准备工作中，积极接受未来救助协议也可以视作是矫正对象积极接受改造的组成部分予以正向评分。

第五，完成救助：受保护人符合法定解除条件停止其救助。符合特定条件的，可以视为完成救助工作：原保护之目的已完成、经过救助已能自立谋生、已辅导就业就学或自觅工作、受救助人请求停止保护以及其他无保护必要性的情况。

六、社会矫正救助分类措施

未来社会矫正救助可采取三大类的具体措施：第一类，暂时保护：即提供社会矫正时由于特殊状况而帮助恢复正常的具体过渡衔接，重点是提供资遣和暂时的收容，即接送和临时安置举措，具体包括暂时收容、出资送回原籍或其他处所、予以小额贷款的就业或个体经营起步。第二类，直接保护：包括直接教育培训和送由救济或医疗机构安置或治疗。第三类，间接保护：辅导帮助就业、就学或间接生活帮助。适用顺序是以暂时保护为初步过渡，并提供直接保护，远期提供间接保护。社会矫正救助在实施这些具体措施时，应区分对象的要求而采取不同类型的措施，确定其合理的施行顺序和适用策略，过渡措施仅具衔接或临时性质，适用于社会矫正救助开始，应相对缩短适用时间，为此力度可适当提高；直接措施是实施重点，应集中主要精力抓好；间接保护作为长远目标，需做好与社会结合，重点借助其他社会机制。

（一）暂时保护

这一措施作为过渡临时性保护措施，主要用于复归社会的临时制度衔接，包括出资送回原籍或其他处所，精神病人或其他没有生活能力的人予以安置前的临时生活性收容，或予以小额贷款或其他适当方式扶助生活或经营起步。具体而言可以包括：旅费资助；各种车票的代购及提供；食宿费的资助；户口的协助申报；必要医药费的资助；护送受救助对象回原籍、回家或护送至其他处所；小额借款；暂时收容于救助场所。

应通过社会矫正救助的专门场所解决无家可归或暂时性的居住问题，并施以就业、技能训练、心理咨询等辅导。收容期限适宜不超过一月，申请延长者以三个月为限。收容期间除供给食宿外，可以视情况发给日用品及零用金，并辅导参加技能训练、就业、就学或转介收容。除一般辅导所外，尚可以按照需求进行心理戒毒、戒酒辅导。另外，对无着落的青少年应重点进行特殊救助。

（二）直接保护

直接保护以教育感化或技能训练为主要方式；对于衰老、疾病或残废的救助对象，送由福利救济机构或医疗机构安置或治疗。一方面，对有正常生活能力的救助对象来说，必要的道德理念和规范的教育可以使得救助对象更好地适应社会秩序，融入社会生活；而必要的职业技能训练又可以使得被救助对象有充分的社会生活能力和生活空间，能够较为成功地走上持续生活的正轨。另一方面，对于衰老、疾病或残废的、缺乏或不完全具备必要的生活能力之救助对象，需要在保障基本社会生活的救助前提下才能进一步加以矫正，否则矫正难以达到复归社会的效果。[①]

（三）间接保护

以辅导就业、就学或其他适当方式进行。一方面是要进行技术和职业能力的培训，让矫正对象未来可以在社会立足，融入社会；对于有意愿继续就学深造的未成年人，救助部门将协助其办理入学、复学、转学等手续，或发放奖助学金或生活补助金。另一方面为矫正对象提供事业启动资金，使其在社会中顺利起步。比如，可以提供一定的小额无息或低息的福利性信贷给矫正对象，鼓励其从事个体经营。

借鉴相关经验，可以采取各种市场经济运作手段，既减少成本又能扩展救助方式。一是与企业联办技能培训班，培训人员到定点企业就业，企业承担培训费用。二是从授人以鱼到授人以渔，从以前的直接生活资助向小额贷款方向过渡，通过创业贷款或就业贷款，帮助尽快恢复生活能力。例如我国台湾地区的有效做法在鼓励更生人创业的政策指示下，采取特殊方案：向更生人提出创业计划、不动产担保，并提供一定比例之工作机会给更生人，更生

① 参见李学斌：《更生保护制度与重新犯罪控制》，载《青少年犯罪问题》1995 年第 3 期。

人便可获得贷款,五年无息内摊还。在减少对更生保护工作的补助后,更生保护会亦得辅导更生人自行创业,筹资继续推动类似方案。三是帮扶特定更生支持企业,以对其长期低息贷款或补贴或税收优惠换取提供更生人工作机会,建立长期互助协作机制。比如,一般民间雇主每雇用一名受救助对象,每月可获特定补助。为矫正救助者提供工作机会,可以鼓励企事业单位积极参与接纳矫正对象,再比如,可以采取拨款提供贷款供业者创业,五年内无息摊还,唯一的条件是须雇用一定比例的救助对象。通过这些经济运作手段,既拓展了救助途径又降低了救助成本,取得多赢的效果。

从立法论和政策论的视角,在劳动教养制度废止后,应以社区矫正的模式来填补由于劳教废止后留下的制度和实践空白。这是因为基于风险管控的社区矫正制度可以有效平衡权利保障和风险管控两大基本目标,既消除原劳教制度的权利侵害弊端,又能填补原劳教制度废止后的风险管治不足,使得社区矫正值得从行刑制度向行政处遇扩张。首先,就社区矫正作为替代方案的必要性而言,原劳教废止后的诸种替代方案都存在重重弊端,要么突破刑法谦抑性、要么牵一发动全身的动摇整体刑事制度,因此,难以解决劳教废止后的矫治真空问题。社区矫正制度从原理上能够实现权利保障和风险管控这两大矫治基本要求,可以成为劳教废止后的有效替代方案。其次,从制度设计和衔接的层次而言,劳教废止后填补的社区矫正模式应该采取双轨制,在社区矫正行刑制度之外另行设计可类比保安处分的对原劳教对象的社会矫正制度,与我国现行犯罪与治安违法行为的二元治理机制相协调。再次,要实现这一双轨制的体系完善,社会矫正需要完整制度设计,从执行机关到执行程序方面都必须形成严格的提请、决定到执行的规范程序,并坚持司法认定的基本原则。最后,借鉴国外经验和矫正原理,社会矫正制度有必要在制度上补足所谓的社会矫正救助机制。社会矫正救助制度从复归社会、防范再犯风险意义上具有必要机能,故需为补充社会矫正制度设立,该制度着眼于福利性社会回归支持和帮助,通过过渡安置、职业培训、生活保障和完善福利等措施帮助矫正对象顺利融入社会,因此,需设立单独的机制、程序和责任主体加以落实,与社会矫正改造措施相互衔接和配合,依靠社会化力量实现有效的体系性帮扶。

结　语

复归与防范：风险时代的刑罚社会化征途

传统的刑罚制度研究通常在现有惩罚原理内部寻求理论支持和实践基础，常常陷入理论要素反复整合、循环论证的逻辑怪圈，对解决制度实践具体问题作用有限。而刑罚制度特别是行刑制度实践是刑事司法体制甚至社会整体犯罪控制的关键环节，不可避免地受到社会背景特征和流行司法理念的影响，从而，出现传统刑罚理论所不能说明和理解的问题，因此，必须跳脱出传统的逻辑限制，在考量时代的独特背景和影响特征的前提下，反思和重塑名实相符的理论模型，形成对实践有指导意义的理论体系。

而以社区矫正为典型代表的行刑制度正面临着与以往社会格局迥异的风险时代的考验。无论是较为现代的行刑矫治主义还是更为传统的行刑惩罚主义都无法体现和表达当下社会风险多发而广泛的深刻影响。作为社会控制的重要环节，社区矫正制度实践对社会风险特别是犯罪风险的关注、归纳和精算，应当成为社区矫正行刑实践的中心考量元素，这是刑罚制度作为社会调控机制的必然要求。然而，与犯罪论领域对风险社会和风险刑法深入热烈的持续讨论不同，刑罚论还未充分意识到风险时代对刑罚社会化带来的深刻变革和重要影响，因此，包括社区矫正在内的行刑实践机制在具体问题分析和政策应对时，对风险特征的关注和考量仍然薄弱，从而，无法有效地落实行刑的社会化需求，出现种种实践问题。因此，从刑罚社会化的机理出发，适当跳脱出传统报应、预防与矫治的刑罚论传统逻辑，从理论和实践两个基本层面考量风险时代以社区矫正为代表的刑罚制度对风险这一社会重要特征的决定性影响就成为本书研究的出发点和落脚点，本书的结论也必然回归于此。

从风险管控的逻辑出发，来自不同理论预设的正义修复、规范矫治和监督管控机能分别满足了对社区矫正的不同风险防范的制度需求面向，推动社区矫正向目标多元和机能复合的多维图景延展，最终成为社区矫正机制设置与证成、运行导向与规制以及措施分析与择取的决定性因素。在这一过程中，我国社区矫正机能无论在理论研究还是制度实践层面都面临着从矫正一元向复合机能的延伸扩展。这种延展主要是面向两个方向的：一是复归，即通过对矫正对象的良好改造消除其人身危险性，从而使其作为一个正常人回归社会，前述正义修复和规范矫治都体现了这方面的意涵，这是社会融合意义上的风险管控的表征；二是防范，即通过对矫正对象与社会的隔绝使其人身危险性无法转化为对社会的伤害，监督管控正是在这个意义上起作用，这是社会排斥意义上的风险管控的体现。所以可见在风险管控语境下，社区矫正既有作为社会融合机制的一面，也有作为社会排斥机制的一面。然而，这种社区矫正的一体两面由于体现不同层面的风险管控，因此并不会造成互相冲突：一方面，社会复归所代表的融合的一面针对的是矫正后犯罪人人身危险性消除的情形下所具有的行刑意义；而另一方面，社会防范所代表的排斥的一面针对的是矫正中犯罪人仍然具备人身危险性的情形下隔离所具有的行刑意义，但并不排除未来犯罪人人身危险性消失之后可以继续复归社会，实现社会融合。

而更进一步而言，社区矫正行刑其实是矫正中防范与矫正后复归的综合应用，防范与矫正不仅不会冲突，更起到互为补充的积极作用。一方面，社会防范是社会复归机能实现的基础。社区矫正的一个基本理念前提是矫正对象不会对社会构成风险或者风险能够得到很好抑制，而这种抑制就依靠社会防范实现。社区矫正通过社会防范机能在实现当下风险抑制时，改变了过去监禁刑所使用的物理式隔绝的僵化手段，而采用灵活多样的中间刑措施，监督与控制并重，保证矫正对象既能最大程度融入社会，又不会对社会构成威胁性风险。在此基础上，社会复归机能才能通过与社会的融合得以优化实现。另一方面，社会复归是社会防范的目的。相对于社会复归，社会防范的当下风险控制只可能是临时性的治标之策，由于治理成本和治理技术的限制，社区矫正的防范之策无法长期持续进行。而社区矫正措施中真正实现长期、稳定的对矫正对象之风险预防的，是通过社会复归机能实现的人格正常化和社会融入：不管是通过正义修复实现的社会对矫正对象的谅解和接纳，还是通过规范矫治实现的对矫正对象的人格修复，最终都保证了矫正对象作为正常社会化主体融入社会，成为社会的正常一员，从而彻底消除人身风险，实现根本预防。所以，社会防范本身并不是矫正的根本目的，而是为了维护社会复归而提供的基本保障手段。因此，要想无缝实现刑罚的风险管控目标，就必须将社会复归和社会防范两种功能紧密结合，以最终保证刑罚社会化实施的最佳效果。这也是风险管控下社区矫正能够优越于监禁刑和全开放行刑的制度优势：监禁刑在社会复归方面无法达到有效社会融合的目标；而全开放行刑则在社会防范方面又难以有效隔绝当下侵害风险。社会复归和社会防范相互配合、相互保障的双面机制，是社会化行刑的社区矫正在风险时代应对风险管控需要的突出优势，即风险社会情形下，复归与防范相互配合共同实现了社区矫正的圆满实施，也是刑罚社会化的必经之路。

参考文献

一、中文文献

[1] 艾晶:《女犯社区矫治的可能性研究》,中国社会科学出版社,2014 年版。

[2] 陈晓明:《修复性司法的理论与实践》,法律出版社,2006 年版。

[3] 陈兴良:《刑法的人性基础》,中国方正出版社,1999 年版。

[4] 陈兴良:《刑法的启蒙》,法律出版社,2003 年版。

[5] 陈伟:《人身危险性研究》,法律出版社,2010 年版。

[6] 储槐植:《美国刑法》,北京大学出版社,1987 年版。

[7] 但未丽:《社区矫正:立论基础与制度构建》,中国人民公安大学出版社,2008 年版。

[8] 房保国:《被害人的刑事程序保护》,法律出版社,2007 年版。

[9] 冯卫国:《行刑社会化研究——开放社会中的刑罚趋势》,北京大学出版社,2003 年版。

[10] 甘雨沛、何鹏:《外国刑法学(上册)》,北京大学出版社,1984 年版。

[11] 郭建安、郑霞泽:《社区矫正通论》,法律出版社,2004 年版。

[12] 郝艳兵:《风险刑法——以危险犯为中心的展开》,中国政法大学出版社,2012 年版。

[13] 黄希庭:《人格心理学》,浙江教育出版社,2002 年版。

[14] 江山河:《犯罪学理论》,格致出版社,2008 年版。

[15] 李川:《刑罚目的理论的反思与重构》,法律出版社,2010 年版。

[16] 李伟:《犯罪被害人学》,中国人民公安大学出版社,2010 年版。

[17] 林山田:《刑罚学》,台湾商务印书馆股份有限公司,1983 年版。

[18] 刘强:《各国(地区)社区矫正法规范选编及评价》,中国人民公安大学出版社,

2004 年版。

[19] 刘强:《社区矫正制度研究》,法律出版社,2007 年版。

[20] 刘强、武玉红:《英国社区刑罚执行制度研究》,中国法制出版社,2011 年版。

[21] 鲁兰:《中日矫正理念与实务比较研究》,北京大学出版社,2005 年版。

[22] 马克昌:《刑罚通论》,武汉大学出版社,2006 年版。

[23] 马克昌:《近代西方刑法学说史》,中国检察出版社,2004 年版。

[24] 梅义征:《社区矫正制度的移植、嵌入与重构》,中国民主法制出版社,2015 年版。

[25] 苗有水:《保安处分与中国刑法发展》,中国方正出版社,2001 年版。

[26] 邱兴隆:《比较刑法(第二卷)》,中国检察出版社,2004 年版。

[27] 邱兴隆:《关于惩罚的哲学:刑罚根据论》,法律出版社,2000 年版。

[28] 王平:《恢复性司法论坛》,群众出版社,2005 年版。

[29] 王顺安:《社区矫正研究》,山东人民出版社,2008 年版。

[30] 吴宗宪:《社区矫正导论》,中国人民大学出版社,2011 年版。

[31] 吴宗宪:《社区矫正比较研究(上)》,中国人民大学出版社,2011 年版。

[32] 吴宗宪:《社区矫正比较研究(下)》,中国人民大学出版社,2011 年版。

[33] 吴宗宪:《西方犯罪学》,法律出版社,2006 年版。

[34] 吴宗宪:《罪犯改造论》,中国人民公安大学出版社,2007 年版。

[35] 谢望原:《刑罚价值论》,中国检察出版社,1999 年版。

[36] 许福生:《刑事政策学》,中国民主法制出版社,2006 年版。

[37] 许福生:《变动时期的刑事政策》,台湾地区警察大学出版社,2003 年版。

[38] 阎耀军:《社会预测学基本原理》,社会科学文献出版社,2005 年版。

[39] 杨诚、王平:《罪犯风险评估与管理:加拿大刑事司法的视角》,知识产权出版社,2009 年版。

[40] 翟中东:《国际视域下的重新犯罪防治政策》,北京大学出版社,2010 年版。

[41] 翟中东:《社区性刑罚的崛起与社区矫正的新模式》,中国政法大学出版社,2013 年版。

[42] 翟中东:《刑罚个别化研究》,中国人民公安大学出版社,2001 年版。

[43] 张甘妹:《刑事政策》,三民书局,1979 年版。

[44] 张明楷:《责任刑与预防刑》,北京大学出版社,2015 年版。

[45] 张文显:《法理学》,北京大学出版社、高等教育出版社,2011 年版。

[46] 张新民:《社区矫正风险评估研究》,南京大学出版社,2009 年版。

[47] 张昱、费梅苹:《社区矫正实务过程分析》,华东理工大学出版社,2005 年版。

[48] 赵秉志:《刑法论丛(第 38 卷)》,法律出版社,2014 年版。

[49] 中国社会科学院法学研究所:《"后劳教时代的刑法结构完善"学术研讨会论文

集》2013 年 11 月。

[50] 蔡国芹:《美国社区矫正体制的中间制裁制度》,载《时代法学》2007 年第 6 期。

[51] 蔡琇如:《犯罪人复归社会议题之考察——现行处遇制度谈起》,台湾大学法律学研究所学位论文,2011 年。

[52] 陈国坤:《劳教废止后对违法犯罪行为惩治和矫正的法律导向》,载《时代法学》2014 年第 4 期。

[53] 陈伟:《认真对待人身危险性评估》,载《比较法研究》2014 年第 5 期。

[54] 陈兴良:《论人身危险性及其刑法意义》,载《法学研究》1993 年第 2 期。

[55] 陈兴良:《刑法谦抑的价值蕴含》,载《现代法学》1996 年第 3 期。

[56] 程品刚:《违法行为矫治法应解决的若干问题》,载《湖北经济学院学报(人文社会科学版)》2007 年第 4 期。

[57] 储陈城:《劳教违法行为的归宿——基于对"保安处分说"和"二元分流说"的批判分析》,载《法学》2014 年第 8 期。

[58] 杜宇:《"犯罪人—被害人和解"的制度设计与司法践行》,载《法律科学(西北政法大学学报)》2006 年第 5 期。

[59] 冯卫国、王超:《中外社区矫正风险评估因素结构差异研究》,载《法学杂志》2014 年第 7 期。

[60] 郭华、刘荣志:《日本更生保护的立法演变与发展》,载《中国司法》2011 年第 12 期。

[61] 何杰:《我国社区矫正中适用家庭监禁制度探析》,载《昆明师范高等专科学校学报》2008 年第 1 期。

[62] 黄宗旻:《台湾更生保护制度之研究》,台湾大学法律学研究所硕士论文,2004 年。

[63] 姜楠:《美国矫正制度中的中间制裁制度》,载《中国司法》2015 年第 3 期。

[64] 金碧华:《社区矫正风险评估机制的分析与思考》,载《南通大学学报(社会科学版)》2009 年第 2 期。

[65] 孔一:《社区矫正人员再犯风险评估量表研究》,载《犯罪与改造研究》2012 年第 7 期。

[66] 劳东燕:《风险社会与变动中的刑法理论》,载《中外法学》2014 年第 1 期。

[67] 李川:《从特殊预防到风险管控:社区矫正之理论嬗变与进路选择》,载《法律科学》2012 年第 3 期。

[68] 李川:《三次被害理论视野下我国被害人研究之反思》,载《华东政法大学学报》2011 年第 4 期。

[69] 李川:《修复、矫治与分控:社区矫正机能三重性辩证及其展开》,载《中国法学》2015 年第 5 期。

[70] 李贵方：《不定期刑比较研究》，载《法律科学》1992 年第 1 期。

[71] 李学斌：《更生保护制度与重新犯罪控制》，载《青少年犯罪问题》1995 年第 3 期。

[72] 林亚刚、黄鹏：《劳教改革与刑罚权扩张论辩》，载《西部法学评论》2014 年第 2 期。

[73] 刘仁文：《劳教制度的改革方向应为保安处分》，载《法学》2013 年第 2 期。

[74] 刘宪权：《废除劳教：完善法治的重要一步》，载《解放日报》2014 年 1 月 6 日。

[75] 刘军：《该当与危险：新型刑罚目的对量刑的影响》，载《中国法学》2014 年第 2 期。

[76] 刘晓梅、张智宇：《日本更生保护制度及其对中国的启示》，载《社会工作（下半月）》2010 年第 7 期。

[77] 刘亚：《日本的更生保护制度》，载《现代法学》1990 年第 2 期。

[78] 鲁嘉微：《邵名正教授谈〈违法行为矫治法〉》，载《中国司法》2007 年第 5 期。

[79] 卢建平：《法国违警罪制度对我国劳教制度改革的借鉴意义》，载《清华法学》2013 年第 3 期。

[80] 梅传强：《论“后劳教时代”我国轻罪制度的建构》，载《现代法学》2014 年第 2 期。

[81] 任华哲：《社区矫正中重新犯罪的风险与控制刍议》，载《理论月刊》2011 年第 8 期。

[82] 阮齐林：《后劳教时代惩治违法犯罪的法律结构》，载《苏州大学学报》2014 年第 1 期。

[83] 时延安：《劳动教养制度的终止与保安处分的法治化》，载《中国法学》2013 年第 1 期。

[84] 苏青：《我国〈刑法〉“禁止令”如何才能“令行禁止”——兼论与社区矫正的衔接问题》，载《法学杂志》2013 年第 10 期。

[85] 王华菊、才凤伟：《诊断、干涉和重塑：安置帮教工作的运行逻辑》，载《中国人民公安大学学报》2015 年第 4 期。

[86] 王晶、张莉：《违法行为矫治法的制定及其与刑法的协调》，载《政法论坛》2014 年第 2 期。

[87] 王利荣：《论行刑教育化》，载《法律科学（西北政法学院学报）》1999 年第 2 期。

[88] 王平、安文霞：《西方国家循证矫正的历史发展及其启示》，载《中国政法大学学报》2013 年第 3 期。

[89] 王珏：《社区矫正试点及有关思考》，载《监狱理论研究》2006 年第 1 期。

[90] 王珏、鲁兰：《日本更生保护制度》，载《中国司法》2007 年第 11 期。

[91] 汪玉芳、付姗姗、杜冰花：《劳教事由类型研究——基于劳教案件的实证分析》，

载《西南交通大学学报(社会科学版)》2014 年第 4 期。

[92] 武玉红:《在社区矫正中犯罪被害人的参与和权利保护》,载《上海公安高等专科学校学报》2009 年第 2 期。

[93] 吴宗宪:《论社区矫正立法与刑法修正案》,载《中国司法》2009 年第 3 期。

[94] 鲜铁可:《安塞尔新社会防卫思想研究》,载《中外法学》1994 年第 2 期。

[95] 熊秋红:《完善废除劳教后的法律制度》,载《中国社会科学报》2014 年 3 月 5 日。

[96] 许福生:《台湾地区社区处遇制度之探讨》,载《刑法论丛》2012 年第 4 期。

[97] 许华孚:《傅科对于当代犯罪控制的启发》,载《犯罪与刑事司法研究》2004 年第 3 期。

[98] 许华孚:《英美刑罚发展与台湾经验之探究:一个批判性的分析》,载《犯罪与刑事司法研究》2004 年第 2 期。

[99] 游伟、陆建红:《人身危险性在我国刑法中的功能定位》,载《法学研究》2004 年第 4 期。

[100] 于阳:《完善我国社区矫正风险评估体系的思考——基于再犯危险的分析》,载《犯罪与改造研究》2011 年第 8 期。

[101] 袁林、姚万勤:《用刑法替代劳教制度的合理性质疑》,载《法商研究》2014 年第 6 期。

[102] 翟中东:《缓刑适用中的再犯罪危险评估问题》,载《河南警察学院学报》2012 年第 2 期。

[103] 翟中东:《危险评估与控制——新刑罚学的主张》,载《法律科学》2010 年第 4 期。

[104] 张崇脉:《当代美国循证矫正及其启示》,载《中国刑事法杂志》2013 年第 6 期。

[105] 张崇脉:《欧美社区矫正中的电子监控》,载《中国监狱学刊》2011 年第 3 期。

[106] 张明楷:《论刑法的谦抑性》,载《法商研究(中南政法学院学报)》1995 年第 4 期。

[107] 张明楷:《刑罚裁量与人权保障》,载《云南大学学报(法学版)》2005 年第 2 期。

[108] 张绍彦:《社区矫正在中国——基础分析、前景与困境》,载《环球法律评论》2006 年第 3 期。

[109] 张苏军:《在循证矫正方法及实践与我国罪犯矫正研讨班上的讲话》,载《犯罪与改造研究》2013 年第 1 期。

[110] 张颖:《被害人保护制度的冲突与平衡》,载《西南民族大学学报(人文社科版)》2009 年第 4 期。

[111] 赵志强:《电子监控在社区矫正中的应用》,载《江西警察学院学报》2013 年第4 期。

[112] 郑列、马方飞:《社区矫正的新发展——恢复性司法的运用》,载《犯罪研究》

2007 年第 4 期。

[113] 周光权:《抽象性问题及其意义———对刑法领域法治立场的初步考察》,载《中国社会科学》2001 年第 2 期。

[114] 周愫娴:《以风险评估为基础至新刑罚学: 新远道与旧乡愁》,载《月旦法学教室》2013 年 2 月第 124 期。

[115] 周勇:《循证矫正的理念、方法与价值》,载《中国司法》2013 年第 7 期。

[116] [美]埃德温・萨瑟兰等:《犯罪学原理》,吴宗宪等译,中国人民公安大学出版社,2009 年版。

[117] [挪]约翰尼斯・安德聂斯:《刑罚与预防犯罪》,钟大能译,法律出版社,1983 年版。

[118] [美]克莱门斯・巴特勒斯:《罪犯矫正概述》,龙学群译,群众出版社,1987 年版。

[119] [意]贝卡里亚:《论犯罪与刑罚》,黄风译,中国大百科全书出版社,1997 年版。

[120] [英]边沁:《道德与立法原理导论》,时殷弘译,商务印书馆,2000 年版。

[121] [英]边沁:《立法理论》,李贵方等译,中国人民公安大学出版社,2004 年版。

[122] [美]E. 博登海默:《法理学: 法律哲学与法律方法》,邓正来、姬敬武译,中国政法大学出版社,1987 年版。

[123] [意]菲利:《犯罪社会学》,郭建安译,中国人民公安大学出版社,1990 年版。

[124] [意]菲利:《实证派犯罪学》,郭建安译,中国人民公安大学出版社,2004 年版。

[125] [英]戈登・休斯:《解读犯罪预防——社会控制、风险与后现代》,刘晓梅、刘志松译,中国人民公安大学出版社,2009 年版。

[126] [美]汉斯・托奇:《司法和犯罪心理学》,周嘉桂译,群众出版社,1986 年版。

[127] [德]黑格尔:《法哲学原理》,范扬、张企泰译,商务印书馆,1996 年版。

[128] [英]吉登斯:《超越左与右》,李惠斌、杨雪冬译,社会科学文献出版社,2005 年版。

[129] [意]加罗法洛:《犯罪学》,耿伟、王新译,中国大百科全书出版社,1996 年版。

[130] [德]康德:《法的形而上学原理》,沈叔平译,商务印书馆,1991 年版。

[131] [德]阿图尔・考夫曼:《法律哲学》,刘幸义等译,法律出版社,2004 年版。

[132] [德]克劳斯・罗克辛:《德国刑法学(总论)》,王世洲等译,法律出版社,2005 年版。

[133] [德]李斯特:《德国刑法教科书》,徐久生译,法律出版社,2000 年版。

[134] [意]龙勃罗梭:《犯罪人论》,黄风译,中国法制出版社,2000 年版。

[135] [意]龙勃罗梭:《犯罪及其原因和矫治》,吴宗宪等译,中国人民公安大学出版社,2009 年版。

[136] [法] 米歇尔・福柯:《规训与惩罚》,刘北成、杨远缨译,三联书店,2007 年版。

[137] [日]木村龟二:《刑法学词典》,顾肖荣等译,上海翻译出版公司,1991 年版。

[138] [日]牧口常三郎:《价值哲学》,马俊峰译,中国人民大学出版社,1989 年版。

[139] [英]皮特·雷诺:《解读社区刑罚——缓刑、政策和社会变化》,刘强、王贵芳译,中国人民公安大学出版社,2009 年版。

[140] [美]普拉诺:《政治学分析词典》,胡杰译,中国社会科学出版社,1986 年版。

[141] [德]乌尔里希·贝克:《风险社会》,何博闻译,译林出版社,2004 年版。

[142] [日]大谷实:《犯罪被害人及其补偿》,黎宏译,载《中国刑事法杂志》2000 年第 4 期。

二、英文文献

[1] American Bar Association. Standard Relating to Probation. Chicago: ABA Documents, 1981.

[2] American Friends Service Committee. Struggle for Justice. NY: Hill and Wang, 1991.

[3] A. T. Harland. Choosing Correctional Options that Works: Defining the Demand and Evaluating the Supply. Thousand Oaks, CA: SAGE Publishing, 1996.

[4] Andrew Karmen. Crime Victims: An Introduction to Victimology. Boston: Wadsworth Publishing, 2003.

[5] Andrews D. A., James Bonta. Risk-Need-Responsivity Model for Offender Assessment and Rehabilitation. Ottawa: Public Safety Canada, 2007.

[6] Andrews D. A., James Bonta. The Psychology of Criminal Conduct (4th ed.). Newark: LexisNexis, 2006.

[7] Andrews D. A., James Bonta, Hoge R. D.. Classification for Effective Rehabilitation: Rediscovering Psychology. Criminal Justice and Behavior, 1990(1).

[8] Andrews D. A., James Bonta, Stephen J. W.. The Recent Past and Near Future of Risk and/or Need Assessment. Crime & Delinquency, 2006(1).

[9] Andrews D. A., Bonta J. L., Wormith S. J.. The Level of Service/Case Management Inventory (LS/CMI). Toronto: Multi-Health Systems, 2004.

[10] Andrews D. A., Craig Dowden. The Risk-Need-Responsivity Model of Assessment and Human Service in Prevention and Corrections: Crime-Prevention Jurisprudence. Canadian Journal of Criminology and Criminal Justice, 2007(4).

[11] Andrews D. A., I Zinger, R. D. Hoge, et al. Does Correctional Treatment Work? A Clinically Relevant and Psychologically Informed Meta-Analysis. Criminology, 1990(3).

[12] Andrews D. A., Dowden C.. Managing Correctional Treatment for Reduced Recidivism: A Meta-analytic Review of Program Integrity. Legal and Criminological Psy-

chology，2007(10).

[13] Arnold H. Loewy. Criminal Law in a Nutshell. Eagon：West Group，2003.

[14] Austin J L.. The Proper and Improper Use of Risk Assessment in Corrections. Federal Sentencing Reporter，2004(3).

[15] A. Worrall，C. Hoy. Punishment in the Community：Managing Offenders，Making Choice. Dovon：Willian Publishing，2005.

[16] B. Campbell，Transforming the Sentencing Framework. Prison Service Journal，2003(4).

[17] Bailey Walter C.. Correctional Outcome：An Evaluation of 100 Reports. Journal of Criminal Law Criminology and Police Science，1996(2).

[18] Bonta J.，Wormith S. J.，G. McIvor，et al. Developments in Social Work with Offenders. Philadelphia：Jessica Kingsley Publishers，2007.

[19] Braithwaite John. Restorative Justice and De-Professionalization. The Good Society，2004 (1).

[20] Campbell M. A.，French P. D. S.，P. Gendreau. Assessing the Utility of Risk Assessment Tools and Personality Measures in the Prediction of Violent Recidivism for Adult Offenders. Ottawa：Public Safety Canada，2007.

[21] Clarke Ronald V. G.，Derek B. Cornish. The Reasoning Criminal：Rational Choice Perspectives on Offending. New York：Springer-Verlag，1986.

[22] Correctional Service of Canada. The Statistical Information on Recidivism-Revised Scale：A Psychometric Examination. Ottawa，2002.

[23] Daniel W. Van Ness. Anchoring Just Deserts. Criminal Law Forum，1995(6).

[24] Davies Garth，Dedel Kelly. Violence Risk Screening in Community Corrections. Criminology and Public Policy，2006(5).

[25] David F. Greenberg. The Incapacitative Effect of Imprisonment：Some Estimates. Law & Society Review，1975(4).

[26] David Nelken. The Futures of Criminology. London：Sage Publication，1994.

[27] Dean John Champion. Probation，Parole and Community Corrections in the United States，5th ed.. Upper Saddle River，N. J.：Pearson/Prentice Hall，2005.

[28] Doris Layton MacKenzie. Evidence-Based Corrections：Identifying What Works. Crime & Delinquency，2000(46).

[29] Dorne Clifford K.. Restorative Justice in the United States. N. J.：Prentice Hall，2008.

[30] E. A. Fattah. Understanding Criminal Victimization：An Introduction to Theoretical Victimology. Toronto：Prentice-Hall Canada，Inc，1991.

[31] Edward J. L., Brian L.. The Role of Offender Risk Assessment: A Policy Maker Guide. Victims & Offenders, 2010(3).

[32] Edward J. Latessa, Harry Allen, Bruce S. Ponder. Corrections in the Community, 14th ed.. NYC: Pearson Publishing, 2015.

[33] Edward J. Latessa, Paula Smith. Corrections in the Community. London & NY: Routledge, 2013.

[34] E. H. Johnson, J. P. Clark. Crime. Correction and Society: Introduction to Criminology. Wales: Dorsey Press, 1978.

[35] E. J. Latessa, P. Smith. Corrections in the Community. Burlinton: Anderson, 2007.

[36] Eric J. Wodahl, Brett Garland. The Evolution of Community Corrections: The Enduring Influence of the Prison. The Prison Journal, 2009(3).

[37] Ernest van den Haag. Punishing Criminals: Concerning a Very Old and Painful Question. NY: Basic Books, Inc. ,Publishers, 1979.

[38] Feeley M. , Simon J.. The New Penology: Notes on the Emerging Strategy of Corrections and Its Implications. Criminology, 1987(3).

[39] F. Bérard, M. Vacheret Full, G. Lemire Honorary. Risk Management in the Correctional System of Canada: A Problematic Model. The Howard Journal of Criminal Justice, 2013(52).

[40] F. Mcneill, B. Whyte. Reducing Reoffending: Social Work and Community Justice in Scotland. Dovon: Willan Publishing, 2007.

[41] F. Schmalleger, J. O. Smykal. Corrections in the 21st Century. New York: Mc Graw Hill, 2007.

[42] Francis T. Cullen, Brandon K. Applegate. Offender Rehabilitations: Effective Correctional Intervention. Aldershot: Dartmouth Publishing Co, 1997.

[43] Gail A. Caputo. Intermediate Sanctions in Corrections. Denton, TX: University of North Texas Press, 2004.

[44] G. A. Roundtree, D. W. Edwards, J. B. Parker. A Study of the Personal Characteristic of Probationers as Related to Recidivism. Journal of Offender Counseling Services Rehabilitation, 1984(8).

[45] Garland D.. Concepts of Culture in the Sociology of Punishment. Theoretical Criminology, 2006(4).

[46] Garland D.. The Limits of the Sovereign State: Strategies of Crime Control in Contemporary Society. The British Journal of Criminology, 1996(36).

[47] G. Larry Mays, L. Thomas Winfree Jr.. Essentials of Corrections. Belmont:

Thomson Wadsworth,2005.

[48] Gendreau P., Little T., Goggin, C.. A Meta-analysis of the Predictors of Adult Offender Recidivism: What works!. Criminology, 1996(34).

[49] Graeme Newman. The Punishment Response. Albany, NY: Harrow and Heston, 1985.

[50] Griset Pamela L.. Determinate Sentencing: The Promise and Reality of Sentencing Reform. Albany, NY: SUNY Press, 1992.

[51] Hoffman P. B., Beck J. L.. Parole Decision-making: A Salient Factor Score. Journal of Criminal Justice, 1974(2).

[52] Joan Petersilia. Community Corrections: Probation, Parole and Intermediate Sanctions. Oxford: Oxford University Press,1997.

[53] Joan Petersilia. Probation in the United States. Crime and Justice, 1997(22).

[54] Jock Young. Searching for a New Criminology of Everyday Life. British Journal of Criminology, 2003(1).

[55] Jock Young. The Exclusive Society: Social Exclusion, Crime and Difference in Late Modernity. Thousand Oaks: Sage Publications, 1999.

[56] Leanne Fiftal Alarid. Community based Corrections. Wadsworth: Wadsworth Publishing, 2014.

[57] Lipton Douglas, Martinson Robert, Wilks Judith. The Effectiveness of Correctional Treatment: A Survey of Treatment Evaluation Studies. New York: Praeger, 1975.

[58] Office for Criminal Justice Reform, Restorative Justice: Helping to Meet Local Needs. Edinburgh: Office for Criminal Justice Reform, 2005.

[59] Ogloff J. R. P., Davis M. R.. Advances in Offender Assessment and Rehabilitation: Contributions of the Risk-Needs-Responsivity Approach. Psychology Crime & Law, 2004(3).

[60] O'Leary Vincent, Todd R. Clear. Directions for Community Corrections in the 1990s. Washington, DC: U. S. Department of Justice, National Institute of Corrections, 1994.

[61] O'Malley P. Volatile, Contradictory Punishment. Theoretical Criminology, 1999(3).

[62] O'Malley P.. Crime and Risk. London: Sage, 2000.

[63] Philip Bean. Punishment: A Philosophical and Criminological Inquiry. Philosopy,1983(58).

[64] Peter B. Hoffman. Twenty Years of Operational Use of A Risk Prediction Instrument: The United States Parole Commission's Salient Factor Score. Journal of Crimi-

nal Justice, 1994(6).

[65] Peter Strelan, Jan-Willem van Prooijen. Retribution And Forgiveness: The Healing Effects of Punishing for Just Deserts. European Journal of Social Psychology, 2013(43).

[66] R. A. Duff. Punishment, Communication and Community. Oxford: Oxford University Press, 2001.

[67] P. Raynor. Risk and Need Assessment in British Probation: The Contribution of LSI-R. Psychology Crime & Law, 2007(2).

[68] Robert Harris. Crime, Criminal Justice and the Probation Service. Routledge, 1992.

[69] Robert Elias. The Politics of Victimization: Victims, Victimology and Human Rights. Oxford: Oxford University Press, Inc., 1986.

[70] Robert D. Hanser. Community Corrections. NY: SAGE Publications, 2013.

[71] Robert Martinson. What Works? Questions and Answers about Prison Reform. The Public Interest, 1974(25).

[72] Robinson Paul H., Barton Joshua Samuel, Matthew Lister. Empirical Desert, Individual Prevention and Limiting Retributivism: A Reply. New Criminal Law Review, 2014(17).

[73] Ruggiero Vincenzo. An Abolitionist View of Restorative Justice. International Journal of Law Crime & Justice, 2011(2).

[74] Shannon M. Barton-Bellessa, Robert D. Hanser. Community-Based Corrections: A Text/Reader. NY: SAGE Publications, 2011.

[75] Shearing C. D.. Punishment and The Changing Face of the Governance. Punishment & Society, 2001(3).

[76] Sebba L.. Third Parties: Victims and the Criminal Justice System. Columbus: Ohio State University Press, 1996.

[77] Bonta J., Wallace-Capretta S., Rooney J.. Restorative Justice: An Evaluation of the Restorative Resohutions Project. Ottawa, Ontario: Solicitor General Canada, 1998.

[78] S. Rex, A. Bottoms, G. Robinson. Alternatives to Prison: Option for an Insecure Society. Devon: Willan Publishing, 2004.

[79] T. D. Miethe, H. Lu. Punishment—A Comparative Historical Perspective. Cambridge: Cambridge University Press, 2005.

[80] Van Ness, Daniel W., Karen Heetderks Strong. Restoring Justice: An Introduction to Restorative Justice. 4th ed. NYC: Routledge, 2010.

[81] Webster C. D., Douglas K. S., Eaves, D., et al. The HCR-20: Assessing Risk for Violence (Version 2). Burnaby: Simon Fraser University, 1997.

主题词索引

H

J

T

X

Y

Z

中英文对照表

中文	英文
保安处分	Security Measures
报应	Retribution
被害人学	Victimology
被害保护	Victim Protection
剥夺再犯能力	Incapacitation
大数法则	Law of Large Numbers
电子监控	Electronic Monitoring
动态量化模式	Dynamic Quantitative Model
犯因性需求	Criminogenic Needs
犯罪人格	Criminal Personality
分类管控	Classified Management
风险社会	Society of Risks
风险管控	Risk Management
风险精算	Risk Actuarial
风险控制	Risk Control
风险评估	Risk Assessment
风险刑罚学	Risk Penology
风险需求响应模式	Risk-Need-Responsivity Mode
风险预防	Risk Prevention

复归社会	Return Society
缓刑	Probation
恢复性司法	Restorative Justice
假释	Parole
监督管控	Supervision and Management
教育矫正	Education Correction
矫治	Corrections and Treatment
禁止令	Restriction Order
精算司法	Actuarial Justice
静态量化模式	Static Quantitative Model
居家处遇	Home Detention
马丁森炸弹	Martinson Bomb
密集监控模式	Intensive Supervision
认知心理学	Cognitive Psychology
日间报告中心	Day Report Center
社区矫正	Community Corrections
他者犯罪学	Criminology of Others
特殊威慑	Special Deterrence
特殊预防	Special Prevention
刑罚目的	Purpose of Punishment
刑事政策	Criminal Policy
行刑	Execution of Punishment
循证矫正	Evidence-based Corrections
一般威慑	General Deterrence
一般预防	General Prevention
医疗模式	Clinic Mode
再犯风险	Risk of Crime Relapse
诊断式处遇	Clinical Treatment
正义修复	Restoration for Justice
中间刑	Intermediate Sanctions
中途之家	Halfway Houses

后　　记

本书作为江苏省社科基金青年项目“基于风险管控的社区矫正理论与实践研究”的最终成果，是笔者近年来对社区矫正制度理论与实践问题持续研究的阶段性总结，也是笔者长期对刑罚论持续关注和思考的具体成果之一。拙作的顺利完成，得到了太多的鼓励和支持，借此机会，对在研究过程中关心帮助过我的良师益友表示深深的谢意。

首先，感谢刘艳红教授长期以来在学术方面的指导、鞭策和鼓励，刘老师不吝赐教，指导的学术经验和启发使我受益匪浅。感谢周少华教授在学术上特别是刑罚论方面的深入指导和启发，坚定了我对刑罚论的研究信心。还要感谢孟红教授、欧阳本祺教授、尹吉教授、刘建利副教授、钱小平副教授、王禄生副教授、梁云宝副教授、杨志琼博士等刑事法团队同仁长期的帮助和支持。最后，特别感谢周佑勇教授长期以来对我辈青年教师的关心和支持。

本书有幸入选东南学术文库，对文库编委会的专家们表示特别致谢。也要感谢东南大学出版社耐心细致的编辑工作。感谢家人、师长、同仁、朋友长期的关照和帮助。

东南学术文库

SOUTHEAST UNIVERSITY ACADEMIC LIBRARY

已出版的图书

《法律的嵌入性》
张洪涛 著 2016

《人权视野下的
中国精神卫生立法问题研究》
戴庆康 等著 2016

《新诗现代性建设研究》
王珂 著 2016

《行为金融视角
——企业集团内部资本市场效应》
陈菊花 著 2016

《明清小说戏曲插图研究》
乔光辉 著 2016

《世界艺术史纲》
徐子方 编著 2016

《马克思对黑格尔的五次批判》
翁寒冰 著 2016

《中西刑法文化与定罪制度之比较》
刘艳红 等著 2017

《所有权性质、盈余管理与企业财务困境》
吴芃 著 2017

《拜伦叙事诗研究》
杨莉 著 2017

《房屋征收法律制度研究》
顾大松 著 2017

《基于风险管控的社区矫正制度研究》
李川 著 2017